コスモポリタン教育論

グローバルな正義とケアの視点

小林建一

本の泉社

まえがき

　本書は、だいぶ遠大な教育的議論に恥をさらして参入するようなものである。その教育とは、「コスモポリタン教育」である。コスモポリタンとは、コスモポリタニズムを信ずる人とか、世界主義者のことをいう。あるいは、国境や国籍を超える世界的な視野と行動力をもつ人などをいう。

　コスモポリタン、コスモポリタニズムという言葉は、「コスモス」、つまりギリシャ語のKosmos、英語のCosmosにその源がある。コスモスとは、秩序ある宇宙とか世界をさしている。

　だから、コスモポリタンは、このような宇宙や世界で生活を営み行動する人を意味すると考えてもよいだろう。現在、地球上には、たくさんの国家が存在し、先住民、現住民、移民、難民を問わず、人びとはいずれかの国家のなかで暮らしている。人びとを民族として見るなら、歴史的に国家をもたない民族もいるが、そのような人びとでも現存のいずれかの国家の社会に住み着いている。

　このように、人びとはいずれかの国家内のいずれかの地域に住んでいる。この地域は、国内の一隅であると同時に、地球全体の一隅でもある。このため、人びとは、コスモスたる宇宙の惑星の一つである地球の住人であるといわれるかもしれない。また、将来的に地球を離れた宇宙空間に住むことも科学技術の発展によっては不可能ではないと思われるが、それはあまりにも非現実的である。ゆえに、本書においては、コスモスという言葉を使う場合は宇宙空間を除くこととし、地球上の住人を名づけてコスモポリタンということにする。さらに、地球上のどこかに存在しているという意味で事実としてコスモポリタンであることと、コスモポリタンであるべきだということとは異なるという認識に立つ。

　このあるべきという意味でのコスモポリタンは、古代ギリシャの思想の一つであるストア派の唱えたコスモポリタニズムにおいて、人類

全体を一つの共同体とみなし、そこに足場をもつ市民とする考え方がもたらしたものである。つまり、コスモポリタンは、地球上の同じ人類の一員としての生活態度や行動様式を身につけた人びとであり、このような人びとであればこそ、互いに尊重し合い、暴力や争いを避けて共存できる。その行きつく先は、カントのいう永遠の平和が実現された世界社会の住人であろう。

　現実の世界情勢を見るなら、このような理想とは異なり、人類はあまりにも厳しく深刻な状況におかれているといってもよい。一歩間違えば、核兵器により人類が絶滅し、地球が崩壊するおそれさえあるといわれる。これは誇大な妄想としてわきに置いたとしても、世界には貧困や飢餓、暴力、抑圧、迫害など、平和で幸福な生存を希求する人類にとって、あまりにも否定的な事象が多く存在していることも事実である。これに対し、世界の国ぐには手をこまぬいているわけではない。国際機関である国際連合を中心にさまざまな努力もなされているが、解決の道筋はまったく見えていないといっても過言ではないだろう。

　このような状況にあるとすれば、世界中の人びとができるだけ多くコスモポリタンであるとの自覚をもって、人類共通の課題解決のために思考し行動できるならば、地球と人類の存続も展望できるのではないかと想像してしまう。今ふうの言葉でいえば、「持続可能な社会」の実現へと近づいていくことができるのではないだろうか。

　教育とは、何らかの目的をもって人を導いていく営みである。今日、さまざまな目的のもとに教育活動が行われている。多分にもれず、コスモポリタンに育てることをめざして、コスモポリタン教育も実践されている。教育の分野においては、コスモポリタンを育てるという直接的な表現をしないで、その資質・能力を意味する「コスモポリタン・シティズンシップ」を育てるという表現をする場合が多いかもしれない。また、これに代えて「グローバル・シティズンシップ」という場合も多く見られる。このように、コスモポリタン教育の論じ方はさま

ざまである。

　コスモポリタン教育はともすれば、学校教育の分野で多く取り上げられてきたように思う。しかし、子どもの年齢段階でコスモポリタンを育てる教育は完成するはずもなく、大人の教育としても大切であると思われる。つまり、生涯にわたってコスモポリタン・シティズンシップを育む学習という視点をもつことが課題であろう。筆者の手には負えない大きな課題である。

　コスモポリタン教育という遠大な分野に挑むには、本書はささやかすぎるが、より活発な議論と研究の推進の一契機になればと思う。

目　次

まえがき …………………………………………………………… 2

凡例 ………………………………………………………………… 10

第1章｜研究の目的・方法・構成 ……………………………… 11

1　研究の目的

2　研究の方法

3　構成

第2章｜コスモポリタニズムの世界市民教育論 ……………… 25

1　はじめに

2　道徳論としてのコスモポリタニズム

3　コスモポリタニズムの人間像とリベラルなコスモポリタン

4　コスモポリタニズムとグローバルな正義

　　（1）コスモポリタニズムにとってのグローバリゼーション

　　（2）グローバルな正義へのアプローチ

5　コスモポリタニズムの世界市民教育の構造

　　（1）人間性の要素としての「世界市民精神」

　　（2）世界市民のグローバルな正義感覚の形成

6　グローバルな正義感覚の形成と生涯学習

7　おわりに

第3章｜コスモポリタンと成人教育 …………………………… 47

1　はじめに

2　グローバリゼーションと成人のシティズンシップ教育

3　コスモポリタン的社会とグローバルな正義

　　（1）価値対立とリベラルな正義

　　（2）共通的価値としてのグローバルな正義

4　コスモポリタンと成人のアイデンティティ形成

5　コスモポリタンの自己形成と成人教育としての学習実践

　　（1）コスモポリタン教育の学習内容論

　　（2）コスモポリタン教育の学習方法論

6　おわりに

CONTENTS

第4章 | グローバルな正義と「社会的企業」の教育力………69

1 問題の所在
2 グローバルな課題と「グローバルな社会正義」
3 グローバルな正義感覚と社会的企業
4 社会的企業の教育力の構造と展開
    (1)社会正義と教育力の間
    (2)市民的公共性と社会的企業の教育力
    (3)英国における社会的企業とその教育力
5 英国の社会的企業のグローバルな展開と正義感覚の形成
    (1)フェアトレード
    (2)ストリートペーパー
6 グローバルな社会的企業の日本における可能性と課題

第5章 | コスモポリタン・シティズンシップとアイデンティティ……91

1 研究目的
2 世界市民教育とグローバルなシティズンシップ
3 コスモポリタン・シティズンシップとアイデンティティ
    (1)心理社会的なアイデンティティ
    (2)グローバルな正義感覚の道徳心理
4 アイデンティティ形成とケアリング
    (1)正義とケアの対話
    (2)ケアリングの応答関係と距離の問題
    (3)距離の問題を克服したケアリング
5 今後の課題

第6章 | シティズンシップと道徳的能力
―正義感覚の能力とケアする能力……………………………107

1 問題意識
2 シティズンシップ教育とアイデンティティ形成
3 正義とケアの倫理の対話と統合の可能性
4 正義感覚の能力とケアする能力の相互関係
    (1)正義感覚の能力の発達と学習
    (2)ケアする能力の発達の道徳的視点
    (3)道徳的能力の相互補完関係の構造
5 シティズンシップ教育の課題

7

第7章 | 人権感覚を育むコスモポリタン教育 ·················· 125

1 はじめに
2 コスモポリタンの道徳的能力の育成
3 人権のアポリアと人権教育
   （1）人権とグローバルな正義
   （2）人権教育の意義と役割
   （3）人権のアポリアとケアの倫理の視点
4 国境を超えるケアとコスモポリタン教育
5 ケアの同心円構造と人権教育の行方
6 おわりに

第8章 | コスモポリタニズムと「愛国主義」 ··················· 149

1 はじめに
2 コスモポリタニズムと愛国主義の対立と調和の可能性
   （1）愛国主義の光と影
   （2）コスモポリタニズムの愛国主義への挑戦
3 愛国主義のコスモポリタン的な排除と包摂の論理構造
   （1）コスモポリタニズムの理想と愛国主義の排除
   （2）コスモポリタニズムの非現実性と愛国主義の包摂
4 新たなコスモポリタニズム概念とコスモポリタン教育の課題
5 おわりに

第9章 | コスモポリタンを育てる平和教育 ··················· 169

1 はじめに
2 平和教育の目的とコスモポリタン
3 平和主義と平和教育
   （1）「絶対的平和主義」と「平和優先主義」
   （2）ノディングズの「平和主義」
     （i）宗教の積極的側面
     （ii）平和運動
     （iii）平和主義にチャンスを与える
   （3）平和主義の心理学的メカニズムと平和教育
4 コスモポリタンを育てる平和教育の課題
5 おわりに

第10章 | コスモポリタン・シティズンシップ育成のリアル
―ユネスコスクール ･･････････････････････････････････････ 193

1 はじめに
2 コスモポリタン・シティズンシップ教育とユネスコスクール
3 ユネスコスクールにおけるグローバル・シティズンシップ教育の展開
4 コスモポリタン・シティズンシップ教育の行方とユネスコスクールの未来展望
5 おわりに

第11章 | コスモポリタン・シティズンシップ育成のメソッド
―ナラティヴ・メソッド ･･････････････････････････････････ 213

1 課題の提起
2 ヌスバウムのコスモポリタン像
3 コスモポリタンの共感力と想像力
4 想像力とナラティヴ（語り・物語）の手法
5 ヌスバウムの「物語的想像力」とコスモポリタン・シティズンシップ
　　（1）世界市民の想像力と文学の役割
　　（2）人間の発達と同情的想像力
　　（3）文学と同情的想像力
　　（4）カリキュラムにおける思いやりと政治的な課題
　　（5）世界市民性の育成と多文化主義
6 コスモポリタン教育におけるナラティヴ・メソッドの課題

あとがき ･･ 238
引用・参考文献 ･･ 242

凡　例

1　本書の記述は、基本的には、人文科学系の諸分野における論文の記述のスタイルである
MLA（Modern Language Association）によった。
2　MLAでは、注とそれに続く引用・参考文献を個々の論文本文の末尾に一括掲載するが、
本書においては、注を各章本文の末尾に掲載し、引用・参考文献については本書本文の末尾
に一括掲載した。
3　引用・参考文献については、MLAは和書と洋書の両方を含む場合、筆頭著者の苗字（last
name）のアルファベット順にすることになっているが、本書は多くの章が和書と洋書の両方を含むこ
とから、和書のみの章の場合も統一性を考慮し、アルファベット順にした。
4　洋書については、邦訳がある場合は、それからの引用を優先した。このため、当該洋書の
原書については、引用・参考文献としてあえて掲載はしていない。

第1章

研究の目的・方法・構成

1 研究の目的

　生涯にわたり学習をとおして、コスモポリタン（「世界市民」）としての資質・能力（「コスモポリタン・シティズンシップ」）を育むコスモポリタン教育において、育成の中心対象となるのがグローバルな正義感覚の能力とケアする能力であり、これらをどのような方法で訓練すると教育効果をえられるかを、規範理論研究として明らかにすることを目的とする。

　コスモポリタンは、古代ギリシャの思想の一つであるストア派の唱えたコスモポリタニズムにおいて、人類社会全体を一つの世界とみなし、一人ひとりがその市民であるという考え方がもたらしたものであり、地球上の同じ人類の一員としての生活態度や行動様式を身につけた人びとである。このような人びとであればこそ、互いに尊重し合い、暴力や争いを避けて共存・共生することが可能と考えられる。ところが、世界の現実に目を向けると、各民族がそれぞれ国民国家を形成し、国家内では格差や差別などが厳然として存在しているだけでなく、国家間の戦争や紛争が絶え間なく続いている。つまり、国家内で社会的排除問題を抱えながら、市民が「国家市民」として政府を支え、国益の追求が国家間の争いや摩擦を生みだす構図となっている。このような状況を克服するには、国境を超えてコスモポリタンとしての資質・能力を育み実践することが有効と考えられる。

　このコスモポリタンは、世界市民ではあるが、世界国家が実現していないのだから、「世界国家市民」ではない。仮に世界国家が実現し、その構成員であるとしても、先人たちが憂慮してきたように巨大な権力性を発揮し暴走する国家であっては、国家内での争いを避けられる保証はない。世界国家はこのようなおそれがあるゆえに、現実的な思考として、世界市民とはそのような国家を前提とせずに、世界中のどのような国家や地域、国家連合に帰属あるいは存在していようとも、世界の人びとの平和と福祉のために、地球規模で考え地球上のいかなる場所においても行動することのできる人である。いわば、特定の場所へのアイデンティティをもつ個人としての市民でありながら、人類

社会全体を一つの世界社会ないし共同体とみなし、それへのアイデンティティをもつということである。このような人間への形成をはかるのが、コスモポリタン教育にほかならない。

　このような意味では、コスモポリタンの育成は、近年、国家政策として進められている「グローバル人材育成」とは明らかに異なる。これまでも、育成の対象とされる「グローバル人材」とは何かについて議論がなされている。大西 (169-171) によると、当初、公的な議論の場に登場したグローバル人材とは、主として外国人の学生や労働者を指していたが、しだいに日本人を対象とするようになり、日本の成長・発展のために必要な、英語力はもとよりそれ以外のスキルや能力を身につけた人と定義し、そのような人材の育成を実現するための方策について議論がなされるようになった。日本の少子高齢化にともなう人材や労働力の不足を外国人に依存することが現実の課題になっている今日、グローバル人材の育成を日本人に限定することに疑問を感じるが、それ以上に日本の成長・発展に貢献できることに主眼をおくグローバル人材の育成は、人類全体の福祉や地球の平和と繁栄に貢献するという、広く開かれた視点ではなく、きわめて偏狭な視点に立つものといわざるをえない。

　たしかに、グローバル人材育成は、経済産業省の主導に文部科学省が賛同し、ともに推進しているものである。文部科学省 (2) は「グローバル人材の育成については、これまでも政府内で様々な検討がなされてきた。その中で、『グローバル人材』に求められる要素として、語学力のみならず、相互理解や価値創造力、社会貢献意識など、様々な要素が想定されている。」という概括のもとに、さらに具体的にグローバル人材の育成について説明を加えている。[1] 藤掛 (381) は、グローバル人材を端的に「英語ができ、多国籍企業や国連職員を目指す人というのみならず、人がやりたくないことを率先してやる人材」と定義する。このような説明や定義からは、一見して、活動の場としては多国籍企業、国連や世界銀行などの国際機関、国際NGO・NPO、国際ボランティアなどが想定され、それぞれの場において業務を遂行する能力をもつことが、グローバル人材に期待されているようである。[2] そ

第1章　研究の目的・方法・構成　　13

れは明らかに、日本人をグローバル人材の育成の対象にするものである。

　しかも、このような活動の場と機会を与えられるのがグローバル人材であるのだから、限られた人びとが資質・能力を発揮できるといえる。わが国の教育政策としては、初等教育から高等教育まで一貫して、このようなグローバル人材育成に向けた制度構築を行ってきた。⁽³⁾ それだけに、必然的に能力獲得において競争原理が働くのみならず、エリート選抜機能が目的化する。由井 (63) は、この人材育成をエリート育成のための取り組みとして、「現在のグローバル社会において、あらゆる社会階層の人々がグローバル社会の一員としての生き方を否応なしに求められる中で、特定の上位層のみに『グローバル人材』としての資質を育成するという試みは、いささか経済資本主義、新自由主義がもたらす格差の再生産を是認するような取り組みといえる」と批判する。そのうえで、「このような時代に生きる人々に対して普遍的に必要とされるのは、競争に勝ち抜く力ではなく、グローバル社会の一員としての自覚を持ち、グローバルな課題の解決に向け主体的・積極的に行動するグローバル・シティズンシップ（グローバル市民性）であろう。」と提起する。しかしまた、このように普遍的に必要とされる、グローバル市民性が求められるのは日本人だけではない。地球上のあらゆる国ぐにの人びとに求められるべきであるが、これについてどのように考察するのもきわめて大きな課題である。本書において追究することはもちろん不可能であり、日本国家の枠組みのなかにおける人びとのグローバル市民性の追究にとどまらざるをえない。

　本書では、グローバル・シティズンシップの定義についてのみならず、そのコスモポリタン・シティズンシップとの異同の議論については若干後述する。しかし、グローバル社会の市民にふさわしい資質・能力は、そのようなグローバル・シティズンシップ（グローバル市民性）といってもよく、グローバルに働くことのできる「正義感覚の能力」と「ケアする能力」が道徳心理的レベルの資質・能力として、育成すべきグローバル市民性の中核かつ重要な要素となるべきことを規範理論研究として明らかにすることをめざす。

2 研究の方法

　人文社会科学の研究方法は、実証研究と規範理論研究とに大きく分けられる。実証研究は、データ分析が中心になり、量的研究、質的研究のいずれもデータを説明できる理論でなければならないとされる。これに対して、規範理論研究は、何らかの価値を当為的に措定する価値志向の方法である。このなかには、塩野谷(8)のように、「価値自由」あるいは「価値前提」に立って、価値を事実として科学的に研究する「価値研究」の立場さえ存在する。

　実証研究の基礎をなしているのは、「実証主義」である。この考え方の厳密な定義はここではおくが、社会学の分野におけるコント Comte 以来、今日まで人文社会科学においてそれぞれの方法論として取り入れられてきた。それは、一般的に、自然科学の方法をモデルとし、経験的に裏づけられた事実（観察と論理によって認識される）にもとづいて、学問的な知識を構築するものである。このような方法がどの程度用いられているかは興味関心のあるところだが、筆者にとってはこれへの追究は及ぶものではない。

　実証研究の方法は、データを量的に、あるいは質的に分析し、事実を説明する点で自然科学の方法と類似しており、それ以上に規範理論研究のように価値を志向することはしない、自己限定的な方法である。このような方法は、今後も続けられる可能性が十分にある。しかし、実証主義の考え方にもとづく方法論は、これまでも批判されてきた。

　このような批判は、教育学研究においてもなされてきた。森田 (5-7) は「教育学における実証性と教育的価値」という視点で、実証と価値の問題を振り返っている。自然科学のめざましい発展にともない人文社会科学の方法の実証主義的傾向に、遅ればせながら追随している教育学について、戦後教育学に重要な位置を占める勝田守一は「教育的価値」の概念を導入することで、「個別科学の実証的な研究成果と教育関心における価値選択との葛藤を統合する」ことを試みた。つまり、実証研究にもとづく教育という事実が何らかの価値づけを含む活動であることを指摘し、「教育的価値がこうした事実概念の域を超えて教

育学的認識を導く概念装置として用いられている」と述べる。

　たしかに、勝田 (10-11) は、教育学は人間の学習と成長発達の過程に関わる現実の科学として、実証的な方法に立脚しなければならないが、人間形成のための志向的活動に関係しており、研究の問題関心を方向づける価値の問題を内包しているから、この価値の選択が主観的な恣意の次元を超えて「教育的価値 (人間形成の価値志向)」を追求し、その研究によって方向づけるという自覚に立って、実証研究をその実証性において、また人間の成長発達が自然的過程かつ歴史的社会的過程にほかならない以上、その問題関心おいて、批判することを引き受けなければならないと提起する。しかし、森田 (8) にいわせると、そのような教育的価値とは「経験的な論証を超えた超越的概念」であり、「実証された個別的事実の当否を判定する超越的な基準」としてあらかじめ前提されたものである。教育学の独自性を強調する勝田の理論から教育的価値を探りだそうとすれば、「個体はそれ自身の身心の内的条件と自然的・歴史社会的環境との相互関係のもとで、学習という活動によってそれ自身を成長させる。／教育の過程が成立するためには、この基本的な諸要因の諸関係を基礎としなければならない。……それらはすべて人間の発達と学習とそこで成長する諸能力および諸価値と、社会との関係の問題に集中する。」(勝田 9-10) ということにほかならないであろう。とすれば、それはア・プリオリな前提として妥当かどうか、どのような視点から判断するのかなど、きわめて解決困難な問題に逢着してしまう。

　しかしここで、実証研究に戻ってしまうと、なおさら問題である。それでも、研究方法において事実と価値の双方を考慮しなければならないとすれば、対比される実証研究と規範理論研究のいずれかを選択する二者択一ではなく、それらを対話させるとか協働させるなどの方法を考えなければならないであろう。

　かつての実証主義論争において、「認識を導く関心」の概念を提起し、認識主体の「関心」にもとづいて科学の対象が構成されているとするハーバーマスHabermasの理論では、先行する関心 (欲求、態度、選好など) をとおして事実が認識されていることになる。価値は人間が関心

をもつ望ましい姿についての観念であり、事実の評価尺度であると同時に、事実に内在してこれを動かす力である。このような視点を双方の研究方法の関係にあてはめると、規範理論研究が実証研究を規定するという論理になるだろう。

　これに対して、双方の相互規定的関係を導き出すことができるのが、エリクソンEriksonの発達理論である。この理論によると、心理社会的な発達において出現する「徳＝活力virtue」は、観察しうる発達の事実が成人期という規範的人間像にどう貢献するかという、目的論的な構成の意味をもっている。いいかえると、徳＝活力に示される発達の事実性と、育てられるべき「肯定的な目標」という価値・規範性とは、相互に根拠となりあう関係にある。これが人間形成としての真実であり、経験的な心理学と価値的な倫理学によって相互補完的にとらえられる。このような実証科学と規範科学の相補関係からは、実証研究と規範理論研究の相互規定性の発想をえることができる。

　このような方向へと導くことの可能性をもつエリクソンの理論はまた、実践の理論でもある。そのアクチュアルな理論の実践性の立場においては、実証科学がとらえる経験的事実に関する知識が規範や価値の基盤にもなっているし、アクチュアルな現実に実際に参加することによって、実践そのものの観察をとおして変革の可能性を見いだすことができた。この点からも、実証研究と規範理論研究の対話や協働の可能性も見とおすことができる。けれども、実証研究にもとづく事実に対して、規範理論研究の視点から価値や規範の基準に照らして評価し、そこから研究主体が意識的に、かつ当為的に課題を提起していかない限り、教育研究は前進しないことも論理必然である。事実をふまえながらの価値追究の課題は、このような実証研究の成果をふまえて、自らの発展形態として結実していく規範理論研究によってこそ解決できるものである。

　規範理論は、人文社会科学が急速に実証主義化していくなかで、さまざまなレベルや分野において進行する危機に対して、新しい価値や規範を学問的に追究する動きが顕著となり、ロールズRawlsらによって復権的に唱えられたものである。以来、今日まで多様な規範理論が

提起され対立してきた。規範理論は、哲学や倫理学のような単一科学を意味せず、それらを重要な基礎とするが、政治学や経済学、社会学等との学際的な性格を有する。この理論について、完全に統一されたとらえ方は存在しないが、今日のように世界観や人間観が多様に変化するなかで生きぬくためには、今後とも多難が予想される社会における諸実践への行動指針を示しうる規範理論研究が有効となるだろう。

　なるほど、価値中立を求める実証主義にもとづく実証研究によっては、事実の認識や存在の記述ができたとしても、そこでは価値判断は行われない。それらの事実や存在は、人間生活や社会変動のなかから自然過程として生成したのではなく、人びとのさまざまな実践の帰結である。そのような実践は、目標や動機という価値によって方向づけられ、行動に移されたものである。そして、価値判断とは価値によって対象を評価する、つまり価値づけることであるから、価値前提に立つ規範理論研究がそれを担うにふさわしい。また、実践は、規範理論における「あるべき」「なすべき」という当為や行為規範のもとに、与えられた方向性にそって具体的な行動をとる潜勢力を有する。このような点から、価値づけは実践への動機づけの機能を果たすといえる。つまり、価値判断は、対象たる事実を価値づけながら、実践を動機づけるという意味で実践的である。いいかえると、教育実践は、実証研究において明らかにされた事実としての側面をもつだけでなく、省察的実践のなかで学びを進める人びとによって担われ、次への展開や変容を価値志向的に求める側面を内在させているため、外からの当為や行為規範が動機づけとなり、新たな行動へと移る可能性を潜在させている。規範理論研究は、新たな実践の展開を動機づけるのに貢献できるのである。

　以上の記述をまとめると、教育学の理論とは、単に実証研究にもとづくデータを説明するだけの理論ではなく、データをふまえて推理や思考などを行い、課題提起をも理論的に追究する知識の体系とも理解できる。逆に、実証研究にもとづく事実に対して、規範理論研究の視点から価値や規範の基準に照らして評価し、そこから研究主体が意識的に、かつ当為的に課題を提起していかない限り、教育学の理論は発

展しないことも論理必然である。このような点からも、実証研究と規範理論研究の対話や協働の可能性も見とおすことができる（小林5）。

　それゆえ、本書では、量的研究、質的研究のいずれかの実証研究をふまえて、規範理論研究の立場から、主にロールズ、ヌスバウムNussbaumu、ノディングズNoddingsの理論に依拠して、コスモポリタンとしてふさわしい資質・能力の一端と考えられる、グローバルな正義感覚の能力とケアする能力を養成することを中心とするコスモポリタン・シティズンシップ教育の理論構築をはかろうとする。この作業を進めるにあたっては、先行研究をテクストとして分析し解釈し、そのうえに立って思考や洞察をとおして、新たな価値の創造に取り組む。

先行研究は、学術論文や著書、研究機関の報告書などの記録情報として蓄積されているが、これらの中からもっとも重要なテクストと位置づけなければならないのが、政治哲学者のロールズの正義に関する著作と教育哲学者ノディングズのケアリングに関する著作である。これらを補完するものとして、政治哲学者のヌスバウムの正義に関する著作をあげたい。コスモポリタンの資質・能力としてのコスモポリタン・シティズンシップの構成要素の中でもっとも注目すべきなのは、グローバルな正義感覚の能力とケアする能力であると考える。前者については、ロールズがあまりにも著名な『正義論』において心理学的な基底にさかのぼって考察しており、また後者については、ノディングズがケアリングの哲学的考察のなかで、生活や活動においてケアする能力が発揮される具体的場面を描写している。さらに、ヌスバウムは、両者の理論の架橋となるような哲学的論理に特徴がある。もちろん、これらを主要なテクストにすることで、研究が完成するとはとても断言することはできない。ほかに多種多様なテクストが存在し、それらを補完的・付随的に用いる必要があることはもちろんである。

　本書においては、これらのテクスト分析による質的研究をふまえて、規範理論研究として、コスモポリタンの人間像を描写しながら、グローバルな諸課題の解決にとって必要なコスモポリタンの資質・能力の中心となるのが正義感覚の能力とケアする能力であり、これらをコ

第1章　研究の目的・方法・構成　　19

スモポリタン教育においてコスモポリタン・シティズンシップの重要な構成要素として涵養するべきことについて、価値志向を込めて主張する。すなわち、本書のねらいは、政治哲学や教育哲学などの規範理論のテクストを用いてコスモポリタン・シティズンシップの形成に、正義とケアの視点から価値志向的に取り組むことである。

3 構成

第1章では、本書における研究方法を述べる。どのような学問分野においても、研究を進めるにあたっては、研究方法論が議論される。教育学研究の成果をまとめようとする本書においても、この方法を明らかにする。人文社会科学の研究方法は、大きく実証研究と規範理論研究に分けられるが、本書においては二者択一ではなく、双方の対話や協働が有効であることを根拠づける。

第2章は、コスモポリタニズムの世界市民教育論を展開する。コスモポリタンは、コスモポリタニズムの人間像として語られるが、本章においては、コスモポリタニズムが単一の世界を直接的に構成する個人主義的なリベラルなコスモポリタン像を提起しているという、ヌスバウムの哲学にもとづき、コスモポリタンを「世界市民精神」をもつ「世界市民」として明らかにする。しかし、そのような精神の中心となるべきはグローバルな正義感覚であり、その形成について考察する。ただし、ここでは、子どもから大人までの生涯にわたって成長・発達する個人としての世界市民を想定する。

第3章は、今日のグローバルな課題に対してリアルに対応できる存在として、大人、つまり教育学の分野の成人教育において対象とされる成人に焦点を当て、グローバルな正義の視点から、人間形成の完成期にあると考えられる成人がコスモポリタンとして、いかにアイデンティティ形成をはかることができるかについて考察する。

第4章においては、グローバルな正義感覚は、公教育活動やNGO・NPO・ボランティアなどの非営利組織の学習活動をとおして形成されうると考えるが、「社会的企業」という新たな組織は営利を求める企業でありながら、国境を超えて貧困の削減に貢献する活動を行ってお

り、この活動における学習をとおして形成されうることを明らかにする。

　第5章では、コスモポリタン・シティズンシップの構成要素としてアイデンティティをいかに位置づけ、いかにその形成をはかるべきかについて議論する。世界市民教育の目的は、コスモポリタン・シティズンシップを育成することである。このため、構成要素であるアイデンティティの構造を具体的に理解し、形成のあり方について熟考する必要がある。本章においては、心理社会的レベルまで掘りさげてその構造を追究し、グローバルな正義の倫理にもとづく正義感覚と、ケアの倫理にもとづき国境を超えて見知らぬ他者との応答関係を構築するケアリングとが、相互補完関係において機能を発揮すべきことを提起する。

　第6章は、コスモポリタン・シティズンシップの育成にとって、その構成要素であるアイデンティティを形成することが課題となるが、これを道徳心理のレベルまで深めて追究する。すなわち、アイデンティティ形成に関わる正義感覚とケアリングの相互補完の問題は、それぞれ「正義感覚の能力」と「ケアする能力」の機能論と育成論が絡み合った、道徳的能力論のレベルで究明されなければならない。そのようなアプローチをとおして、シティズンシップ教育の新たな意義を見いだしうることを明らかにする。

　第7章においては、コスモポリタンはグローバルに人権を尊重する感覚をもつ必要があり、そのための人権教育を展望する。グローバルな正義は、人権の普遍性を語るにあたっても不可欠である。そこで、人権を普遍的なものとして実現するために行動しようとする資質・能力をグローバルな正義感覚として、その育成をはかることがめざされる。しかし、人権への沈黙を強制される人びとが存在するという人権のアポリアがある。これを克服するためには、国境を超えて他者を思いやり、気遣うケアの倫理の視点が必要である。ケアの倫理にもとづきグローバルに人権尊重をうったえることにより、人権感覚を養うコスモポリタン教育を展望できる。

　第8章は、コスモポリタン教育は、必然的にかつ全面的に「愛国主

第1章　研究の目的・方法・構成　　21

義」教育と対立するものでないことを明らかにする。コスモポリタン教育が人権を尊重し、暴力や差別、貧困などのない平和な世界の実現をめざすのに対し、愛国主義教育は国民国家への忠誠を求め、自国中心主義的で他国を敵視することから、最悪の場合に国家間の戦争を招くおそれがあるので、つねに敵対関係にあるという図式が描かれる。しかし、ノディングズのケアリングの考え方に立つと、コスモポリタン教育が両義性をもつ愛国主義を排除することも包摂することも可能である。ここに、コスモポリタン教育と愛国主義教育が調和する一面を見いだすことができる。

　第9章では、平和教育がコスモポリタンを育成することについて追究する。平和の概念の変容にともなって、平和の実現に向けた実践や行動ができる人びとを育成する平和教育にも多くの課題が生じるようになった。なかでも、「平和主義」についての議論は、平和教育の目的や内容はもとより、コスモポリタンの育成の方法に相克をもたらしている。しかし、コスモポリタン教育は、全人類の命を尊重することを要求するので、人間（市民）の命を脅かす戦争を否定する平和教育としての性格をもつ。このように考えると、ノディングズのケアの視点からの「平和主義」理解をふまえることにより、コスモポリタンを育てる役割を果たす平和教育の構造を明らかにすることができる。

　第10章においては、コスモポリタン教育の現実の実施機関である、「ユネスコスクール」の意義と課題について検討する。ユネスコスクールは、国連の一機関であるユネスコによって世界的に実施されている。これは、学校教育としてのグローバル・シティズンシップ教育、つまり「地球市民教育」の実践の例である。ユネスコの認定する現在のユネスコスクールの使命、目的と活動を見ると、国際理解教育、持続可能な発展のための教育（ESD）、地球市民教育のいずれも重要視され、学校はそれらから選択できるので、ユネスコスクールの多様性につながる反面、使命自体はあいまいになりやすい。また、グローバル・シティズンシップの概念が定まらず、ますます広くなる傾向があることや、国際機関による教育の実施が必然なのかどうかなどの問題があり、総合的な見地から再検討することが課題であるといえる。

第11章では、コスモポリタン・シティズンシップ育成の教育実践における方法としての「ナラティヴ・メソッド」の意義と課題について、ヌスバウムの文脈に即して明らかにする。コスモポリタンに不可欠なグローバルな正義感覚の能力やケアする能力に限らず、コスモポリタンにふさわしい行動がとれる力量形成の土台となるのが想像力である。このため、想像力はコスモポリタン教育において養成すべき重要な能力に位置づけられる。ヌスバウムは、「ケイパビリティ・アプローチ」の視点から、この想像力を物語的な手法（ナラティヴ・メソッド）によって育成できることを明らかにした。コスモポリタンの資質・能力の育成の方法として重要なてがかりとなったといえる。

【注】

(1) 文部科学省による具体的な説明は、次のとおりである。すなわち、「○『報告書〜産学官でグローバル人材の育成を〜』（産学人材育成パートナーシップグローバル人材育成委員会. 2010年4月）『グローバル化が進展している世界の中で、主体的に物事を考え、多様なバックグラウンドをもつ同僚、取引先、顧客等に自分の考えを分かりやすく伝え、文化的・歴史的なバックグラウンドに由来する価値観や特性の差異を乗り越えて、相手の立場に立って互いを理解し、更にはそうした差異からそれぞれの強みを引き出して活用し、相乗効果を生み出して、新しい価値を生み出すことができる人材。』」／「○『産学官によるグローバル人材育成のための戦略』（産学連携によるグローバル人材育成推進会議. 2011年4月）『世界的な競争と共生が進む現代社会において、日本人としてのアイデンティティを持ちながら、広い視野に立って培われる教養と専門性、異なる言語、文化、価値を乗り越えて関係を構築するためのコミュニケーション能力と協調性、新しい価値を創造する能力、次世代までも視野に入れた社会貢献の意識などを持った人間。』」と。
(2) それぞれの活動の場における業務を遂行する能力とは何かを、明確に定めることはかなり難しい。これらの活動組織が単独で国際貢献ができる場合はもちろんありうるが、今日のグローバル問題は、それらの組織の連携あるいは協働による解決が求められているからである。国際貢献のケースごとに、どのような人材が必要かを検討していくほかはないと考えられる。たとえば、馬橋は、その一つとして国連とNGOの協働の望ましい姿を模索したものである。また、それらの組織の中でもNGOと各国政府やODA活動との協働も増えている（長坂 99-122, 267-304；辻 263-278；久保田 120-122）。このような協働においては、辻（275）はODAとNGOとの間に専門性（プロフェッショナリズム）が必要であるとし、久保田（125-126）はNGOがボランティアを活用するにあたっても専門性が求められるとする。
(3) とくに、高等学校でのスーパー・グローバル・ハイスクール（SGH）や、大学についての「グローバル人材育成事業（スーパーグローバル大学等事業）」と「大学の世界展

開力強化事業」などは、明確にエリート教育を推進する意図をもっている。前者に対して、由井 (61) は、グローバルリーダーを目指す前段階としてグローバル・シティズン（地球市民）としての資質を涵養すべきであるという趣旨の批判を行っている。また、後者については、吉田 (36) は「日本の企業が競争優位に立つことではなく、日本の位置を確認し世界のなかで日本の果たす役割を考察すること、グローバリゼーションへの対応のための人材育成ではなく、グローバリゼーションという問題をそれへの抵抗も含めて考える人間の育成が必要なように思う。／……こうしたグローバル問題を考えるための知識を学生に与え、解決するための能力を培うことで、グローバル人材は育成されるのであり、キャッチアップ的なグローバル人材ではなく、世界をリードするような人材を育成する気概が必要であろう。」と、批判的に提言している。

第**2**章

コスモポリタニズムの
世界市民教育論

1 　はじめに

　「コスモポリタニズム cosmopolitanism」には、「世界主義」あるい
は「世界市民主義」の言葉が当てられる。これは、端的にいうと、国
民国家や民族を超えた「世界社会 world society」を実現しようとする
思想である。アメリカにおいては、このコスモポリタニズムは「愛国
主義」と訳される「パトリオティズム patriotism」と対比され、直接的
に公共的討論が展開された（ヌスバウム Nussbaum 他）。一方、わが国にお
いては、教育基本法改正に関わって、「愛国心教育」の問題が国民的
な論争を巻き起こしたが、これはコスモポリタニズムとの関連で語ら
れたものではなかった。

　コスモポリタニズムへの認識と理解は、アメリカとわが国とでは歴
史的経緯や社会・文化的背景に応じて異なり、それが教育的な議論に
おいても反映されてきたといえる。しかし、近年の国境を超えて容易
にものごとが展開するグローバル化の進展とともに、そのような認識
と理解もやや普遍的な性格を帯びたものへと変化せざるをえない。国
家同士が共通の市場で結ばれ、環境破壊が国境を超えて広がり、国際
的なネットワークで結ばれた組織による事件やテロが世界のどこでも
起こりうるグローバルな世界社会では、それらの事象は、地域で生活・
行動する人びとにも国家や民族を飛び越してダイレクトに影響を及ぼ
す。このため、人びとは否応なしにナショナルな視点を超えて生活・
行動せざるをえなくなり、その超える視点とはどのようなものなのかが
問われている。そこで、注目されてきたのが、コスモポリタニズムに
おいて「世界市民」を意味するコスモポリタン cosmopolitan としての
視点である。このような視点については、すでにヌスバウム（*Cultivating Humanity*）によって、「人間性の涵養 cultivating of humanity」に
とって必要な人間的能力として提示された。しかし、それは教育学の
立場において重視される実践的な力量としてとらえる配慮に欠けるも
のであった。その力量とは、国境を超える正義の要請に対応するグ
ローバルな正義感覚である。

　本章は、今日のグローバルな世界社会において、コスモポリタンと

しての視点を身につけることがどのような教育的意義をもつかについてまず考察し、次に「コスモポリタン教育」、いいかえるとコスモポリタニズムの「世界市民教育」の構造を明らかにしようとする。とくに、ここで焦点化したいのは、これまでのコスモポリタニズムに欠けていたグローバルな正義の概念と、それが現実的に機能するうえで必要とされる、コスモポリタンの正義を感覚として自己のものにするグローバルな正義感覚の形成の構造である。

2 道徳論としてのコスモポリタニズム

コスモポリタニズムの源流は、古代ギリシャの思想に求めることができる。とくに、ストア派の哲学においては、コスモポリタン、すなわち「世界市民」はローカルな共同体としての国家のみならず、国家の境界を超えた全人類から構成される共同体にも住む存在として想定される。そして、正義や善のような基本的な道徳的価値は、全人類が忠誠を誓うべきものである。ヌスバウムNussbaum（愛国主義とコスモポリタニズム 24-26）によれば、このような世界市民の概念は国民国家を廃棄して世界国家を創設することを提案しているのではなく、「統治形態や世俗的な権力」を超えた「全人類の人間性によって構成される道徳共同体」に忠誠を誓うべきことを意味している。このように、世界市民は道徳的存在であるが、ヌスバウムはさらに政治的実践を担う存在としてもとらえる。

これに対して、これまではジョーンズJones（228-229）のように、コスモポリタニズムを「道徳的コスモポリタニズムmoral cosmopolitanism」と「制度的コスモポリタニズムinstitutional cosmopolitanism」とに区分してきた。すなわち、前者は、国際的な正義にアプローチするにあたって必要であり、国家のレベルを超えた政府権力が民族や階級、性、国籍、市民権にかかわらず、すべての人びとに利益をもたらすという考え方を提起している。しかし、制度的コスモポリタニズムを必然的にともなうものではない。後者は、現実の国家よりも大きな権力を有する超国家的な制度としての「世界政府」や、グローバルな政治機構を必要とするという考え方である。しかしまた、世界政府は極端

な権力集中や暴政の危険性が危惧されており、この意味ではグローバルな制度的メカニズムを通じて正義を実現することは不可能であると、ジョーンズは認識している。

たしかに、国家の枠組みを排除したコスモポリタニズム論は現実的でないが、一方、国家の暴走は国際関係における歴史的経験から十分予想できる。この暴走をくい止め、国際的な正義を実現するために、国際連合のような国際機関の再組織化やEUなどの広域的共同体の形成、その他のグローバルなガバナンスの模索が行われている。これが、制度的コスモポリタニズムの特徴である。このように国家を超える組織や機構を追求しようとする視点は、国家の枠組みをグローバルに拡大したものにすぎない。ともすれば、その現実的なアプローチという意義を強調するあまり、世界市民としての道徳的・政治的メンタリティまでをも否定してしまうことになりかねない。

ひるがえって、道徳的コスモポリタニズムは、世界市民としての存在と行為のあり方を道徳的なあり方としてとらえ直すことができるという意味においては、道徳論としてのコスモポリタニズムということができる。このようなコスモポリタンの道徳的なあり方の追究は、自己の生き方を探求しながら、制度を創造し支えるコスモポリタンという人間の形成のあり方を課題として提起しているものと考えられる。そこで次には、道徳的コスモポリタニズムと評価されるヌスバウムのいうコスモポリタンの人間像を検討したうえで、グローバルな正義を追究するにあたっては、いかなる人間像が望ましいものとされるかについて考察を進めることにしたい。

3 コスモポリタニズムの人間像とリベラルなコスモポリタン

道徳論としてのコスモポリタニズムを語るには、コスモポリタニズムが想定している一定の人間像を分析する必要がある。先述のように、その人間像とは、コスモポリタンであるが、これについての説明はさまざまである。

近代においては、カントKantのコスモポリタニズムにおける人間像に注目すべきである。それは、「世界市民的自己」であり、世界政

府を想定せずに永久平和をめざす諸国家連合の一員というレベルで、各自が十分に世界市民的な意識をもちうる「近代的自己」を意味していた（山脇、公共哲学 214）。これが現代になると、たとえばベイツBeitz (181-182) にあっては、カントの人間像を継承しつつ、国境が単に派生的な意義をもつにすぎない普遍的な共同体に、道徳的な関係として関わるという意味のコスモポリタンとなる。そこでは、対外的な道徳的吟味の視点から国内的な問題を見ていくという基礎原理が理に適っており、国家は他の国の人びとを尊重する正義の責務を負うことも可能である。この意味で、カントとベイツの考え方に通底するのは、コスモポリタンとしての道徳意識を重視する点である。

　ところが、同じく現代でも、ジョーンズ (15) になると、コスモポリタンを公平性、普遍性、個人主義、平等主義の視点をもつ個人として人間像を具体化し、各個人は道徳的関心事の基礎的な単位であり、個人の利益を公平性の視点から考慮するような評価の仕方をすべきであるというように、個人主義の立場を色濃くする。このような人間像は、リベラリズムの枠組みの中にある。リベラリズムは、現代リベラリズムにみられるように、「善に対する正の優位」のもとで、善の選択を行う個人を重視する。このような個人は、ロールズRawls（正義論 68-71）の反省的均衡の論理に示されるように、反省的思考とそれにもとづく行動に信頼をよせられる存在である。このような意味で、コスモポリタンはリベラルなコスモポリタンといえる。すなわち、コスモポリタニズムの人間像は、まずリベラルな正義を基底に多様な善の中から自由な選択を行う自律的な人格と措定できる。

　しかし、コスモポリタンは、このような個人のレベルで完成するとはいえないであろう。元来、コスモポリタンは単一の世界を直接的に構成する個々人と想定されているが、現実には個々人は特定の国家や共同体などに属しており、統一国家としての世界国家とそのもとでの諸制度が存在しない限りは、個々人はコスモポリタンとしての道徳意識をもつにすぎない。しかし、このような道徳意識を要素とするコスモポリタニズムにおいてこそ、国境は恣意的なものであり、全人類への共感と尊重の地平を拓いていくことができる。ヌスバウムのコスモ

第2章　コスモポリタニズムの世界市民教育論　　29

ポリタン論は、このような論理構造をもっていた。これに対しては、批判もある。けれども、ヌスバウム（愛国主義とコスモポリタニズム 221-224）は人間の多様性や差異を否定するものではなく、また全人類を同質化してしまうような、統治形態や世俗的な権力としての世界国家の構築を主張するものでもない。彼女の真意は、世界国家が存在しなくても、家族や集団、国民国家などを離れることなく、それらに属していない人びとを道徳的に平等な存在として考えて行動し、あるいは助けを求めている他者に手をさしのべるのがコスモポリタンであるということにある（216-217）。このようなコスモポリタンは、現に存在し完成した人間ではなく、形成されるべき人間として措定されている。いいかえると、コスモポリタンは必然的に、コスモポリタン教育によって世界市民に育まれる存在にほかならない。

4　コスモポリタニズムとグローバルな正義

（1）コスモポリタニズムにとってのグローバリゼーション

　歴史的には、古代国家にはじまり近代的な国民国家の国家形態に至るまで、人びとやものごとが国境を超えることは、領土拡大や植民地化、交易、文化交流などを目的に行われてきた。しかし、このように国境を超えることをもって、グローバル化とは呼んでこなかった。グローバリゼーションとして強調されるようになったのは、科学技術、とくに通信や情報に関わる技術の著しい発展にともなって、「人」や「物」「財」「情報」などが容易に国境を超えて、自由に移動するようになり、それが20世紀末に急速に進展するようになってからである。これを端的にいうならば、「グローバリゼーションと見なしうる現象は古くからあるにしても、それが強化され世界中に広がってきていることは事実である。」（リュアノ＝ボルボラン Ruano-Borbalan ＆ アルマン Allemand 15）グローバリゼーションを多次元においてとらえようとした立場においても、「グローバリゼーションは、何世紀もの長きにわたって質的に相違する時代の諸境界を横切って進展してきた長期的な過程である」（スティーガー Steger 25）というように、長期にわたる現象である事実が強調される。

このようなグローバリゼーションは、それを推進する立場と反対する立場が拮抗し、さまざまな問題の解決がグローバルなレベルで求められている。グローバリゼーションの倫理を追究するシンガーSinger（i）は、「グローバリゼーションが意味するのは、グローバルな問題をグローバルなレベルで扱いうる状態へと発展すること」と述べ、この命題を確認している。

　グローバリゼーションについては、スティーガーのように多次元においてとらえることで全体像が明らかになると思われるが、本書の及ぶところではなく他に譲りたい。ここでは、推進する立場と反対する立場の根拠を示しながら、コスモポリタニズムは今日のグローバリゼーションにいかに与することができるのかについて考察することにしたい。

　スティーガー(115)は、推進する論理を「自由市場の原理に基づいて世界を統合しようとする支配的な新自由主義」のイデオロギーと規定する。しかし、グローバリゼーションの経済的側面の重要性を認めるが、その多次元的な性格を理解するためには、政治的・文化的・エコロジー的側面との相互関連もしくは相互依存を見る必要があり、推進する論理と反対する論理の対立を超克する視点として、「グローバルな連帯と分配における正義といった平等主義の理念に基づく、グローバリゼーションに関する代替的な構想」(114)を提起する。この構想の根拠となるスティーガーの認識と論理は、「グローバリゼーションの帰結として社会の相互依存がより大きく顕在化することは決して悪いことではない。」ので、そのためには「人類の進化の活力源であった文化の多様性を破壊することなく普遍的人権を保護するような、真に民主主義的で平等主義的なグローバル秩序を構築することである。」(158)というものである。

　これまで反グローバリゼーションの運動が展開されてきたが、それはグローバリゼーションが富裕国と貧困国の間の格差を拡大すると同時に、各国内での格差も拡大したことへの反応である。それは、グローバリゼーションがスティーガーも主張したように多次元的な現象であると同様に、さまざまな位相で主張・展開されていることの証

しである。山田（407）は、このような反グローバリゼーションの位相を解析して、「全体として、国境と問題領域をともに横断してネットワーク化されつつある点が、今日の反グローバリゼーションの大きな特徴であり、その運動が政治的影響力を増している源泉ではないかと思われる。」と、運動の構造をとらえる。しかし、この描写は実証研究の域を超えるものではない。

このようなグローバリゼーションと反グローバリゼーションの相克を概括する視点に対して、グローバリゼーションに批判的でありながら、その本質に深く迫る視点も見られる。スティグリッツStiglitz（グローバリズムの正体）は、グローバリゼーションを新自由主義の考え方と市場万能主義にもとづくもので、[1] 世界を不幸にした「正体」として明らかにし、グローバリゼーション批判論を展開する。また、ネグリNegri＆ハートHardt（＜帝国＞）は、グローバリゼーションを思考する新たな概念として「＜帝国＞Empire」を提起する。これは、脱中心的で脱領土的な支配装置として、外部がなく拡大しつづけるその開かれた境界の内側にグローバルな領域の全体を組み込んでいくような、新たな主権形態を見出すという意味では、やはりグローバリゼーション批判論である。

しかし、いずれもグローバリゼーションを否定してはいない。スティグリッツ（グローバリズムを正す）は、「グローバル化には、先進国と途上国の双方に大きな利益をもたらす潜在力がある……。……問題がグローバル化自体にあるのではなく、グローバル化の進めかたにある」（37）とか、「先進国と途上国がともに利益を得られるよう、現役世代と未来の世代とがともに利益を得られるよう、われわれはグローバル化を再構築できる」（65）と述べ、グローバリゼーションを適切に管理することの必要性を強調する。一方、ネグリ＆ハートは、特定の支配的な国民国家の主権の拡張の論理にもとづく、かつての帝国主義ではなく、そのような国家を含めた諸国民国家や国際機関、多国籍企業などがネットワーク状に結びつき協働する権力を「帝国」ととらえ、その権力が機能する現象としてグローバリゼーションをとらえる。しかし、彼らのグローバリゼーション理解はここにとどまらない。水嶋

(55-58) によると、彼らは多数多様性と能動的な社会的行為体の双方の意味をあわせもつ「マルチチュードMaltitude」[2]の概念を提起し、グローバル化のプロセスの民主化をはかるが、それは「グローバリゼーションのプロセスを再組織化して、新しい目標へとそれを向け直すこと」であり、「つねに多数多様でありながらも、共同で活動できるもの」という意味では、グローバリゼーションの側に立つ「オルタナティヴなグローバリゼーションの運動」と呼ぶべきものである。

　以上からもわかるように、グローバリゼーションをめぐる議論は混迷している。今後も議論は続くだろう。こうしたなかで、地球的規模で考え行動するコスモポリタンの思想であるコスモポリタニズについては、そのような議論の決着いかんにかかわらず、グローバリゼーションを歴史的事実として認識しなければ語りえない。リュアノ＝ボルボラン＆アルマン (16) が述べるように、「グローバリゼーションとは、これまでほどんど注意を向けてこなかった古くからの時代の変化を知覚することを可能にする、新しいメガネのようなものである。」とすれば、今日のグローバリゼーションが歴史的現実であり、それは歴史的過去と歴史的未来をつなぐ位置にあるともいえるので、コスモポリタニズムはグローバリゼーションを歴史的事実性として、とくに今日のグローバリゼーションを歴史的なアクチャリティとして前提にしなければならない。この意味において、グローバリゼーションとは、コスモポリタニズムにとってコスモポリタン（世界市民あるいは地球市民）を育成するための当然の前提にすべき現象といえるだろう。

（2）グローバルな正義へのアプローチ

　ヌスバウム（愛国主義とコスモポリタニズム 221）は、「コスモポリタニズムの理想は人間の文化、言語、生活形式の多様性を積極的に喜ぶ」多元主義にあるという。そうであるならば、コスモポリタニズムは多元的な価値の通約不可能性を前提にする思想といってよい。そこで、このような価値多元主義的な側面を超えて、グローバルな社会における共通的な価値を探る視点を提起しているロールズの正義論に注目することにしたい。ロールズは国民国家の枠組みを前提として、リベラル

第2章　コスモポリタニズムの世界市民教育論　　33

な正義の実現をめざすが、しかし、同じ論理構造のもとで、グローバルな社会である個人を構成単位とするコスモポリタン的社会に適用しうる、共通的な価値としての正義の原理が存在するかどうかは問題である。

　ロールズ（*The Law of Peoples*）のように、それぞれ固有の構成原理をもつ社会から成り立つ「諸民衆の社会」における正義の実現のための原理として「諸民衆の法」をとらえるならば (82-83)、このような法はグローバル化のもとでの各社会の間の調整を目的とする「現実的なユートピア」(11) であり、世界のすべての個人から構成されるような包括的な社会であるコスモポリタン的社会におけるグローバルな正義を体現しているとはいえない。ロールズ（*The Law of Peoples* 117）にとっては、人は必然的にある社会に出生し、その社会が正義に適った制度を備えているかどうかを学び、そのような過程で育成される正義感覚にもとづいて行動することにより社会の安定性が保持されるならば、リベラルな正義が実現したといえる。このため、グローバルな社会における自然的・社会的偶然という運不運の恣意性を不正義と位置づけることもなく、また平等の原理も受け入れがたいとされる。このように、諸民衆の法という概念によって、ロールズは一つの国民国家の枠組みの正義の考え方をグローバルな社会に単純に拡張したのである。

　しかし、このような枠組みで構成された分配的正義の論理をコスモポリタン的社会に再構成しようとする試みがある。その代表的なものとして、ベイツやポッゲ Pogge、さらにロールズの議論の批判的検討を通して「世界分配的正義」を追究しようとした井上のコスモポリタン的視点をあげることができる。これらは、国内の社会の壁を取り払った地球規模の社会を構成する個々人に焦点をあて、もっとも不遇な人びとの状況を改善するために、ロールズのいう「格差原理」にもとづき国境を超えて再分配を行うこと、いいかえるなら個々人の能力・才能の全世界的な「共同資産」化がコスモポリタン的な分配的正義であるというものである。しかし、格差原理は福祉国家的介入にもとづく再分配によってはじめて機能するものであり、そのような権力をもつ世界国家や世界政府なしにはコスモポリタン的社会における再

分配もまた実現不可能である。これをいかに克服すべきであろうか。

　後藤(328)のロールズ解釈によれば、「民主的な人民からなる社会の正義とは、政治的・社会的自由の達成、文化のゆとりや表現力、経済的福祉などの基本財に関する分配に関して安定していることを意味するのである。」しかし、ロールズのいう社会的基本財の分配の正義は、自由と機会、所得と富、自尊心の社会的基礎の分配的正義を意味する。セン Sen (225-262) は、このような正義論を批判し、「善き生well-being」の実現に向けた、衣食住にはじまり社会活動への参加に至る人間の諸機能の組み合わせである「潜在能力capability」の平等な保障を主張する。この潜在能力は、人が財を用いて達成する機能の組み合わせである。しかし、センにおいては、現実的に個々人によって差異のある潜在能力は平等に分配されなければならない対象でこそあれ、すでに完成されたものであり、形成されるべきものと位置づけられてはいない。センとともに歩んできたヌスバウム (*Women And Human Development* 70-86) においても、人間にとって中心的に機能する潜在能力のリストが示されているが、それらは個々人によって選択されるべき機能として措定されている。つまり、ヌスバウムにおいても、潜在能力は機能することが前提されても、形成されるべきものととらえられていない。したがって、ヌスバウムの潜在能力アプローチはさらに分析・検討されなければならない。

5　コスモポリタニズムの世界市民教育の構造

(1) 人間性の要素としての「世界市民精神」

　ヌスバウムのコスモポリタニズム論において、世界市民であるコスモポリタンの道徳的・政治的メンタリティとして唱えられるのが「世界市民精神world citizenship」である。ヌスバウム (愛国主義とコスモポリタニズム 26) によると、この世界市民精神は「人は常に、あらゆる人間のうちにある理性と道徳的選択能力の尊厳を、等しい敬意でもって扱うようにふるまわなければならない。」という普遍的な道徳規範として示される。このようなヌスバウムの見解は、国籍や階級、民族、ジェンダーなどの違いによって人類という同胞の間に壁をつくるべき

第2章　コスモポリタニズムの世界市民教育論　　35

でなく、また人間性は普遍的に認められるべきであり、その人間性の根本的な要素である理性と道徳的能力に忠誠を誓い、尊敬を払うべきであるという、ストア派の哲学者たちの主張の伝統を継承し集約したものである。世界市民は常に、このような精神にもとづいて思考し行動する責任と義務をもつことが求められる。

　ここでは、ヌスバウムの用いている world citizenship を「世界市民精神」と訳出して検討しようとしているが、citizenship そのものには「市民権」「市民としての成員資格」「市民性」「市民としてのあるべき姿」などの言葉があてられ、world citizenship はそれらに単に「世界」を付して用いられている。それだけ、citizenship は包括的に定義づけることが困難な概念である。

　しかし、多くの場合、ヒーター Heater (229-230) のように、citizenship を国民国家への帰属とそこでの権利としての「市民権」を意味する概念ととらえ、world citizenship を道徳的な概念から権利を媒介にした法的・政治的な概念としての「世界市民権」にとらえ直そうとしている。「なぜなら市民権は、他の市民や、市民的権利をわれわれに付与する国家とコミュニティに対する責任ある行動や義務からなる倫理的要素を含んでいるからである」(ヒーター 231)。

　この意味において、world citizenship のとらえ方についてのヒーターの視点はいわゆる権利論である。しかし、ヒーター (230) は、人類全体とのアイデンティティを感じる人びと、地球の環境や他の人間・生き物すべてに対して責任を果たすという道徳意識をもつ人びとなどを、世界市民ととらえる。[3] それは道徳論の視点であり、「市民性」「市民としてのあるべき姿」という訳語にほぼ等しい「市民精神」にもとづいて導かれた、ヌスバウムのいう「世界市民精神」というとらえ方に呼応するものである。先述したように、この精神は人間に共通の理性と道徳的選択能力への尊重であり、これら理性と能力が人間性の根本的な要素であるというシェーマにしたがうならば、グローバル化にともなう広い意味での人間性の現代的なとらえ直しとして、人間性の一つの要素に「世界市民精神」を位置づけることは可能と考える。

　ヌスバウムは、このような人間性というものを単に先験的・抽象的

に措定するのではなく、経験的・具体的で多様な人間の生活のなかに見いだしている。人間性は、世界市民であるためには一連の同心円に囲まれているものとして、自己を考えることによって規定されるからである。すなわち、最初の円は自己を囲んでおり、次の円は直接の家族を包含し、さらに順番に、隣人たちやローカルな集団などが続き、このリストに民族やジェンダー、性などにもとづく集団を付け加えることができ、これらすべての円の外には、もっとも大きな円、すなわち人類全体があると考えるからである（ヌスバウム、愛国主義とコスモポリタニズム 27-28）。そして、このような「人間性の涵養」にとって必要な能力としてヌスバウム（*Cultivating Humanity* 9-11）があげるのは、第1に自己と自己の伝統を批判的に吟味する能力、第2に自己をローカルな地域や集団の市民としてのみならず、他のすべての人間と結ばれた人間として見る能力、第3に「物語的想像力」（自己と異なる人間の立場に立つために、そのような人間の物語の読者になることをつうじて感情や願望、欲求を理解する能力）である。これらの能力を育てることをとおして人間性が涵養されていくという意味において、「世界市民精神」に示されるヌスバウムのコスモポリタニズム的人間形成は、十分に世界市民教育としての意義をもちうる。これをもって、ヌスバウムのコスモポリタン教育論ということができる。

　ヌスバウムにおける世界市民としての人間性を涵養するコスモポリタン教育は、多文化教育においてもっとも効果的に行いうると見なされる。これまで、多文化教育は、国民国家や国民的アイデンティティを拒絶するものと受け取られる傾向にあった。しかし、必ずしもそうではない。ガットマン Gutmann（民主的市民権 117-124）の多文化主義にもとづく民主教育論において語られるように、「民主的市民権」という概念によって、正義について熟慮し要求できるようエンパワーされた民主的市民が選択肢の一つとして、政治的主権を有する共同体である国民国家を受け入れることを可能にするという考え方もある。しかも、そのような民主教育の内容と方法は、「国境を超える互恵主義」としてのコスモポリタニズムの視点からコスモポリタン的なものでなければならないという（ガットマン、民主教育論 339-346）。したがって、ヌ

第2章　コスモポリタニズムの世界市民教育論　　37

スバウムのように、全世界の人類という共同体に第一の忠誠を誓う必要もなく、エンパワーされた民主的市民の合意にもとづいて正しい民主的政体としての国民国家が構築されるならば、世界においても正義の実現が可能となるのである。このことは、民主的市民が同時にコスモポリタンでもあり、コスモポリタンにとっても国民国家は重要であることを意味する。

　このように、国民国家を含めたローカルなものへアイデンティティを感じることこそが、人類共同体へのそれを促すという構図を示すことになる。しかし、この構図は、多文化主義の哲学の必然的帰結ではない。山脇（公共哲学 209）のいうように、公共哲学からのアプローチとしても、諸地域の文化的歴史的多様性を顧慮しながら、また文化や歴史の多様なコンテクストに根ざしながら、同時に、国家の枠組みを超えた地球規模で対峙する必要のある問題や人類の課題と取り組む「グローカルな公共哲学」が同様の視点を提起しているように思われる。けっきょく、これらの提起からいえるのは、コスモポリタンの人間性の涵養の場が日常の生活世界であり、それがいかなるレベルの共同体に包摂されようともローカルなものであること、また人間性の要素としての世界市民精神の形成には、グローバルな社会における正義や人権、福祉などの道徳的価値を自己のものとする諸個人の学びの実践が必要であるということである。この意味では、コスモポリタニズムのいう世界市民の形成は、ローカルな実践の中でグローバルに考えるという、学習の場と学習実践の理論の追究によって可能になるというべきである。

　以上のように、人間性の要素としての世界市民精神の形成にとって道徳的価値に関わる学習は不可欠であるが、もっとも基本的な道徳的価値といわれる正義の問題に焦点をあてると、ヌスバウムのいうような人間性の涵養は先述の３つの能力に加えて、コスモポリタンとしての正義感覚の能力の育成をも目的とするよう、とらえ直されなければならない。このことはつまり、グローバルな正義感覚がコスモポリタン教育においていかに位置づけられるべきかを問うことである。

（２）世界市民のグローバルな正義感覚の形成

　ロールズ（正義論 15；正義感覚 251）によれば、正義感覚そのものは、民主的社会の構成員である「自由かつ平等な道徳的人格」の基本的側面としての能力である。それは、相手の立場に立って行為することを望む安定した道徳的な心的傾向性を特徴とする（正義論 382-387）。そのような道徳的人格であることを期待される安定的な社会の構成員としての市民が、各自の目的や関心にもとづいて行動するにあたっては、一定のルールに従おうとする正義感覚をもちあわせていなければならない。しかしまた、正義感覚は、「愛や好意、信用や相互信頼という自然的態度」ないしは「私憤や公憤を感じる」能力としての正義感覚の能力である（正義感覚 247-250）。

　このような正義感覚の能力をすべての人々が原初的にもっているというのが、ロールズの議論の前提である（正義感覚 247）。そして、ロールズは、原初的な能力を適切に発達させることができることを示唆し、主著の『正義論』において安定的な社会で成長するとともに、正義の原理を理解するようになり、それに愛着をもつようになる主要な段階を「権威の道徳性」「連合体の道徳性」「原理の道徳性」という道徳的発達段階として表している（正義論 362-375）。

　ロールズにおいては、このような段階は、国境の壁を意識した国民国家や市民社会の枠組みの中で構想されたものである。とくに、原理の道徳性は社会の見知らぬ人びとの間の関係を規律する道徳原理として説明され、正義感覚の発達の基底としてとらえられている。しかも、原理の道徳性は見知らぬ他者との関係という匿名性を前提としている。それは、国境の壁を意識したものであるとしても、道徳性であるがゆえに容易に国境を超えることが可能であることは道徳的コスモポリタニズムの意味から推論して明らかである。

　先述のような正義感覚の能力は、社会の構成員が正義の諸原理の要求にしたがって行為しようとし、正義に適った社会の諸制度を維持しようとする感覚を実践に移す能力であるから、この社会を国民国家からコスモポリタン的社会に置き換えるだけで、グローバルな正義感覚の能力への変換が可能となる。ここでは、ロールズの「諸民衆の法」

の構想のように、国民国家を超えて世界各地に生活している自由で民主的な市民の間で妥当する正義と、その判断に必要な正義感覚の能力を論じるような仮言的な方法は必要がないのである。しかし、世界政府や世界国家が現実性をもたない以上、グローバルな正義感覚の能力の形成は依然として道徳的コスモポリタニズムの枠組みのなかで考えざるをえない。

　ここで、手がかりになると考えられるのが、先述のようにヌスバウムが提起したコスモポリタンに不可欠な能力の一つである「物語的想像力」の育成の方法である。この能力は、他の批判的な自省的能力と、すべての他者と結ばれた人間として考える能力と密接に関係した能力であるととらえられている。ヌスバウムは、この能力を次のように説明する。

　　物語的想像力は、われわれが常に自分自身と自らの判断を他者と遭遇させるため、批判的なものでないわけではない。そして、われわれは小説の人物と一体化したり、想像上の人生物語をもつ遠くの他者と一体化するとき、必然的にただ一体化するようなことはしないだろう。すなわち、われわれは自分自身の目標と熱望の視点からその物語をまた判断するだろう。しかし、他者の視点から世界を理解することはもっとも重要な手段であり、責任ある判断行為に不可欠である。われわれはその人物が意図している行為の意味をわかるまでは何を判断しているかを知らないのであり、そのような発言の意味はその人物の歴史と社会世界の文脈において何か大切なことを表現している。われわれの学生が達成すべき３つめの能力は、想像力を用いることをとおしてそのような意味を判読する能力である。(Nussbaum, *Cultivating Humanity* 11)

　正義感覚そのものは国民国家や市民社会の枠組みのなかで形成することが可能であるとしても、グローバルな「社会世界」における正義感覚たりうるためには、このような想像力が働き、国境の壁を超えて自己と異なる人間の立場に立つことができなければならない。この意

味では、ヌスバウムの提起する物語的想像力の育成は、物語の単なる認知的な判断ではなく、物語の共有という体験（学習）をとおして自己の目的や方向性に沿って行動する実践性をもつ正義感覚の形成へと向けられなければならないのである。したがって、グローバルな正義感覚の形成においては、その実践力や行動力が発揮できることを課題とするべきであると同時に、物語の共有という体験を含めて他の多様な体験による学習の方法が模索されなければならない。

6　グローバルな正義感覚の形成と生涯学習

　グローバルな正義感覚の形成という課題において、まず検討しなければならないのは、ヌスバウムのいう物語的想像力の育成がいかなる人物の物語の読者となっても可能かどうかである。自分とは異なった立場の人とは、自分以外の人、極論すれば家族から世界的な政治指導者や革命家、芸術家までさまざまで幅が広い。しかも、身近な人物のなかにも、グローバルな視点で考え行動している人物が存在している可能性さえある。このように、いかなる人物の物語を取り上げるかは、いかなる視点に立つかによって大きく異なり、想像力の育成にも差異が生じることが十分予想される。

　この問題は複雑であり、ここではおくが、たとえば、ヌスバウム（*Women And Human Development*）がインドにおけるフィールド・ワークを通じて潜在能力アプローチにおいて描き出したヴァサンティという女性の物語を取り上げることも (15-24)、遠く離れたいまだ出会ったことのない人の立場に立つ学習の一つのケースになると思われる。しかし、正義感覚の形成という点でもっとも注目されるべきなのは、その「戦闘的非暴力」主義が市民的不服従の思想につながることになったガンディーの物語であろう。ガンディーは、インド独立運動の父といわれるように過去の人物にほかならないが、その非暴力不服従の論理と実践に心理歴史的分析のメスを入れたエリクソンは、非暴力性が敵対者の側に公平無私な洗練された感覚の存在することを前提にしていることを明らかにした（エヴァンス Evans 94）。ロールズ（市民的不服従 206-207）に従えば、このような非暴力性は市民的不服従において多数派の正義

感覚に訴えかけるための確信にもとづいた言論の一形態である。この意味で、エリクソンの敵対者の公平な感覚と、ロールズのいう多数派の正義感覚は対立しあうものではない。

　このようなヴァサンティやガンディーの物語を選択するかどうかを含めて、物語をいかなる視点から選択するかは第1の課題である。そして、第2の課題はこの物語をいかなる教材の形態で、いかなる学習の場と方法で学ぶのかである。これらの課題は、ヌスバウム（返答230-231）が提起しているように、グローバルな正義感覚に訴える飢えや孤独、死、あるいは共通の必要や傷つきやすさなど人間性に対する感覚が、ローカルな世界において子どものころから芽生えるという視点に立つならば、たとえば、家庭や学校における発達段階に応じたストーリーテリングや読書などをつうじた学習過程の重要性を認識させる。もちろん、工夫しだいでは成人学習としても組織化が可能である。

　次には、正義感覚の形成が物語的想像力の育成という文学的次元の教育実践にのみ可能かどうかである。物語の共有自体が体験であり、体験が正義感覚を形成する役割を担いうるとすれば、文学的次元の実践に限らず体験の領域は幅広いものと考えられる。

　ヒーター（239-246）は世界市民権の行使の形態として3つの選択肢をあげているが、これらはグローバルな市民社会において正義感覚の形成につながる体験の機会や場となりうる。すなわち、第1の選択肢は、グローバルな行動範囲をもつ市民社会組織への参加である。これは、専門家集団である「国境なき医師団」や、「アムネスティ・インターナショナル」などの人道的活動、乱開発や地球環境破壊に反対する「グリーンピース」に代表される環境保護活動などへ個人が参加するケースである。これらはグローバル・ネットワークに個人が結びつくもので、その活動範囲はローカルからグローバルにまたがる。第2は、既存の超国家的な政治機関への関与である。これは国連などの諸機関で働くことを意味し、参加できる個人は自ずと限られてくる。これへの反省として、第3に個人の参加が容易となるような新しい機会や組織・機関が主張される。「世界連邦主義運動」の展開や「人民の総会」の創設などが、そのような役割を果たしうると提案される。

以上の選択肢のように、個人の能力や力量によって、あるいは集団的な支援によってグローバルに体験活動を行うことのできる人びとが存在しうることは明らかである。しかし、多くの人びとにとっては、ローカルにおいて体験するよりほかはない。しかも、生涯学習の視点に立つと、これらの体験は成人にとって実現が可能であるものの、子どもにとっては不可能であり、子どもが知識を獲得し、それをもとに想像力を錬磨する方法を考えざるをえない。この意味で、正義感覚の形成にあたっては、家庭や学校、地域などの生活世界、また国民国家の枠組み内の全体社会などのローカルなレベルにおいて、自分とは異なる人間の立場に立つ視点をもつことはもとより、グローバルなレベルにおいて、遠くの他者の立場に立つ視点を身につけることが必要であろう。その方法として、山脇（グローカル公共哲学 13）の提起するように、文化の多様性の相互了解とコスモポリタン的自己という考え方が相互補完的に結びつき、ローカルとグローバルの双方を兼ね備えた「グローカル公共哲学」に依拠することが新たな選択肢の一つになると考えられる。[4]

7　おわりに

　コスモポリタニズムは、制度的・政治的なレベルでは、現実性をもたなければ無意味なものと考えられがちである。しかし、一方、道徳的なレベルでは道徳意識ないしは道徳性の形成が可能であるという意味で、教育的な意義をもつことが明らかとなった。世界政府や世界国家、統治能力を有するグローバル・ガバナンスが存在せず、あるいは実現できたとしても、それらの暴走があらかじめ危惧されるという論理的必然性のもとでは、道徳的なコスモポリタニズムこそがコスモポリタニズムの正当化の根拠となりうる。そして、道徳的なコスモポリタニズムがコスモポリタンという人間像を前提にしていることから、コスモポリタニズムはコスモポリタン教育の重要性を導くという点で存在価値を認められる。

　コスモポリタン教育においては、コスモポリタンとしての資質・能力が問われ、その育成がめざされなければならない。本章では、その

第2章　コスモポリタニズムの世界市民教育論　　43

ような資質・能力としてグローバルな正義感覚を位置づけ、その育成を課題として提起した。ところが、このような課題はコスモポリタニズムの理想主義的性格のゆえに、国民国家の枠組みにおける教育政策・制度をつうじて実現することは容易ではないだろう。そこで、現実の政策・制度からいったん離れて考える必要がある。

　道徳意識としてコスモポリタンの視点をもつというのであるから、現実的な可能性として、学校教育や社会教育・生涯学習における道徳教育・学習が考えられる。このような場合でも、子どもについては既存の道徳教育と同列視することは当然避けなければならず、成人にいたっては道徳学習の意義や構築の問題に取り組まなければならない。これらを克服しながら、グローバル化のもとで全人類を同胞と見ることができるような、新たな教育であるコスモポリタン教育の組織化・体系化を試みていく必要があろう。

　このようなコスモポリタン教育は、国境を超えて自由に移動して、他者を援助し、他者と共感するような個人としてのコスモポリタンを育成することもできる。たしかに、経済的にも物理的にも、これが可能なコスモポリタンは存在しうるかもしれない。しかし多くは、ローカルにおいて学ぶことによってグローバルな視点に立つことができ、グローバルな人や組織・機関のネットワークをつうじて行動できるコスモポリタンである。

【注】

(1)　このような分析は、グローバルな資本主義と自由主義を背景にするといいかえてもよいだろう。自由主義の研究で著名なグレイGrayは、この背後に啓蒙思想の価値があると認識する。価値の多元性や文化の多様性を重んじる自由主義ではなく、グローバル化という名のもとに社会や文化を画一化し支配することを警戒したからである。
(2)　このマルチチュードは、ネグリ&ハートがグローバルに民主主義を実現する可能性のある、国境を超えるネットワーク上の権力として提起した概念である。それは、国民国家や国際機関、多国籍企業などに対抗する民主政的な能力をもつ。しかし、この概念の提起以降、世界情勢には多くの変化が見られる。ネグリ（マルチチュードの現在）によると、「こうした変化は、グローバル化に対抗するものではなく、むしろその内部で発展したものなのであって、しかもひとつひとつが相互に依存し合っています。」(40)と分析される。
(3)　ヒーターは、このようなアイデンティティを感じる心理的レベルから責任をもつという道徳性の

レベルを経て、「さらに明確になっていくと超国家的な法則（たとえば自然法や国際法）、やがては普遍的な世界憲法にさえしたがい、それに則って生活をするようになる人々のことだと定義されるようになる。最終的には、その称号の通りに生き、超国家的な政治権力や政治的活動の必要性を信じる人々が世界市民であり、最も世界市民意識をもった人々なら、こうした種類の活動に自ら積極的に関わっていくと定義されるようになる。」(230)と説明し、「世界市民精神」が人間形成や教育のレベルの概念であることを明らかにする。

(4)　この「グローカル公共哲学」については、山脇（公共哲学 218）は「多次元的」な「自己−他者−公共世界」観として理解する。すなわち、「地球市民的自己」、「国民的自己」「エスニックな自己」、「負荷ある自己」等々にわたる、自己の多次元性を認識・了解するとともに、「他者」の多次元性をも認識・了解し、さらに公共世界も、地球全体、トランス・ナショナルな地域共同体、国、地方自治体、宗教、学校等々というように多次元的にとらえていく世界観であるとする。

第2章　コスモポリタニズムの世界市民教育論　　45

第3章

コスモポリタンと成人教育

1 はじめに

　現代社会においては、抑圧、暴力、差別、貧困などからの解放という従来からの課題とともに、地球環境の悪化、グローバリゼーションの進展などの新しい課題が提起されており、社会教育の領域でもこのような課題の解決のための理論と実践が求められるようになっている。とりわけ、グローバリゼーションの進展にともない、国民国家という領域を超えて地球規模で格差や差別などが生み出されているだけではなく、通約不可能と思われるほどの価値の多元化状況も現象している。そこでは、国民国家の枠組みにおいて正、不正を判断する正義は、もはや課題解決の能力を失いつつあるということができる。しかし、このように価値が多元化したグローバルな社会においても、共通の価値を見いだすことができるならば、国民国家の枠組みを超えるグローバルな正義は普遍的なものとして正当化が可能である。

　このような正義の実現は、コスモポリタン（世界市民・地球市民）の形成・育成いかんにかかっていると考える。コスモポリタンとは、国境を超えながらも共通した秩序と連帯の世界における道徳的人格という意味をもちあわせており、教育によってこのような人格が形成されるならば、その正義感覚がグローバルな正義への志向を促すと考えられるからである。それゆえ、コスモポリタン教育の理論は、グローバルな正義にもとづいて構築されるべきである。これまでは、子どもや青年を対象にした学校教育におけるコスモポリタン教育に比べて、社会教育・生涯学習、なかでも成人教育としてコスモポリタン教育を本格的に追究する研究はきわめて少なかったといってよい。

　したがって、本章においては、グローバルな正義にアプローチし、その実現にとってコスモポリタン教育が不可欠であることの理論的根拠を示し、しかもそれが成人教育として成立しうることを学習実践の内容論・方法論を提起しながら明らかにする。この際に依拠するのが、ロールズRawlsの正義論であり、パイクPikeとセルビーSelbyのコスモポリタンを育む学習論である。前者は現代リベラリズムの基底をなし、そのリベラルな正義論が価値多元化状況におけるグローバルな正

義の実現にとって有意義であり、後者は学校教育における学習論であるものの、その基本的枠組みは成人教育に容易に変換できると考えられるからである。

2 グローバリゼーションと成人のシティズンシップ教育

グローバルな正義は、国境を超えた正義ということができる。それは、国民国家の領域における正義を基底にしていると考えられる。この国内的正義の実現にとって、市民としての資質・能力であるシティズンシップ（市民性）を育成するシティズンシップ教育の役割は重要である。わが国においては、これを「市民性教育」や「市民教育」、「主権者教育」などとも呼んでいる。

シティズンシップ教育は、英国ではcitizenship educationとして、責任ある社会的行動や地域社会への参加、民主的社会の知識・技能の習得・活用の能力の育成をねらいとしている（日本ボランティア学習協会 18）。米国においては、civic education や government education という言葉が多く用いられているものの、そのねらいはほぼ同様である。このようなシティズンシップ教育の背景にあるのは、政治的無関心の増大や社会参加意識の欠如などの傾向にデモクラシー（民主主義）の危機を読みとり、それを支えるにふさわしい市民としての資質の訓練が求められるようになったことである。このため、シティズンシップ教育の基本として、デモクラシーの学習と実践をとらえることができる。次代の担い手である子どもたちのシティズンシップ教育が注目されてきたことは、この点からも理解できる。しかしながら、国家や社会の行方に関わる多くの課題解決のために、それらのメンバーとしてデモクラシーを学習し実践できる成人こそがシティズンシップ教育の対象とされるべきである。すなわち、成人のシティズンシップ教育という視点が改めて注目されなければならない。

デモクラシーをいかにとらえるかは、現代政治哲学の重要な課題でもある。デモクラシーの原理は、自律的な個人から構成される集合的な単位（デモス）による自己統治である。この意味では、個人の自律性を前提に、リベラルなデモクラシーの体制を支える政治哲学であるリ

第3章　コスモポリタンと成人教育　49

ベラリズムの正義が国民国家の枠組みにおいてではあれ、国家権力を規制する原理となりえたことはデモクラシーの歴史上も大きな意義をもつ。このため、デモクラシーを支えるシティズンシップ教育はリベラルなシティズンシップ教育と位置づけられた。しかし、議会制民主主義に代表される間接民主主義の形骸化や市民の直接参加的な行動・運動の台頭などにより、このような国民国家の枠組みのデモクラシーは根源的に問い返されざるをえなくなっている。この点から、シティズンシップ教育を国民国家のネーションとしてではなく、市民社会のシティズンとして生きている現実に即したデモクラシーの教育ととらえ直したとしても、それはボーダーレスに国境を超えて普遍的に通用するものとはいえない。

たしかに、経済のみならず政治や社会、文化の構造にも影響を及ぼすといわれるグローバリゼーションの進展は、国民国家という領域性を揺るがし、地球規模で格差や差別のみならず、貧困、暴力などを生み出している。それだけに、国民国家という領域を超えたグローバルな世界社会にも、普遍的な正義が要請されるべきではないかということが提起される。だが、デモクラシーを支えるリベラルなシティズンシップ教育で培われるべき社会制度が正義に適っているかどうかを判断する能力は、たとえばロールズの正義論においては、国民国家の枠組みのなかで働くことが前提にされており、また、シティズンシップ教育における学習と実践の対象の一つでもある権利と義務をみても、その実効性はつねに国家権力と関係しているのである。

とすれば、国民国家の枠組みを超えて正義を構想することは不可能なのか。ロールズの正義論における正義の主題とする「社会の基本構造」[1] はこのような枠組みを前提にしたものと理解されているが、これをグローバルに拡張することができないかどうかである。伊藤（リベラリズムとグローバリゼーション 160-164：貧困の放置は罪なのか 138-142）は、社会の基本構造の存在を地球規模で肯定し、この拡張された領域を正義にもとづいて規制しようとする試みる。[2] これは、有力な肯定論の一つに数えられる。このような論理は、リベラルなシティズンシップ教育に支えられたグローバルな正義の実現が可能かどうかの問題を提

起しているといえる。

　そこで、デモクラシーの学習と実践を進めるリベラルなシティズンシップ教育、本章の論脈に引きつけていうと、成人のシティズンシップ教育の枠組みをグローバルな社会でも生かしうるのかどうか、いいかえると、グローバルな正義の正当化が可能かどうかを追究することが次の検討課題となる。

3　コスモポリタン的社会とグローバルな正義

（1）価値対立とリベラルな正義

　デモクラシーをめぐる問題の根底には、人間社会における価値の多元化があるといわれる。価値の多元化とは、共通性のない多様な価値が存在・対立し、それらの異なる価値が通約不可能であることをいう。このような価値の多元化状況は、国民国家内部における価値対立が民族・宗教、文化などの対立となって現れ、グローバルな社会においてはそれらの対立は「文明の衝突」という悲劇にもなってしまう。価値の対立は、社会の領域がローカルなものからグローバルなものへと拡張するにしたがって、衝撃が大きくなるということである。このような状況はまた、グローバリゼーションのもとで「価値対立の重層化」とでもいうべき困難な問題が生起している側面と見ることができる。したがって、このような価値の対立を調停することが政治哲学の重要な課題とされるに至っている（伊藤、多元的世界の政治哲学 264）。このためにも、価値に共通性を見いだすことが必要である。基本的な価値の間に優先関係を設けようとする現代リベラリズムの立場は、これに応えようとするものである。

　ロールズの正義論は、リベラルな正義による多元的な価値の通約可能性を追究するもので、このような立場を代表している。たしかに、ロールズは、価値の多元性を前提にリベラルな普遍的正義を定式化しようとしたが、しかし価値の対立を回避して政治的安定を求めたため、そのような正義の追究を断念し、西欧的な政治文化に正義の正当化根拠をおくようになったといわれる。すなわち、ロールズ（公正としての正義再説 270-276）の言葉でいうと、「包括的リベラリズム」から「政治的

第3章　コスモポリタンと成人教育　　51

リベラリズム」への正義論の転換である。このようなリベラリズムの枠内で正義に適合する、将来の市民としての子どもの教育に対する国家の関心は、公的諸制度への参加能力を獲得することや、全生涯にわたって自立的な社会構成員であること、政治的諸徳性を発達させることにある。この意味するところは、道理に適った教育は価値として認められるということである。しかし、教育に関わるすべての価値が認められるわけではない。ロールズの価値の多元化への対応はこのようなものであるが、多元的な価値の通約不可能性へ挑戦したという意義は失われていないと思われる。

　ロールズが共通的な価値としての正義を定立するにあたって依拠するのは、リベラリズムの原理としての個人主義の核となる個人の視点である。しかし、これは、個々ばらばらな孤立した存在ではなく、ローカルな社会のみならずグローバルな社会においても、他者と関係している存在としての個人を基点に考えることである。とくに、グローバルな社会では、各個人をますます孤立させてしまう力が大きく働くが、それだけにこの視点は価値の対立を調停する基準を追究するにあたって不可欠なものである。このように考えるならば、伊藤（多元的世界の政治哲学 267-268）が述べるように、他者との関係性への熟慮的な判断と内省が必要であり、各個人のそれらを相互に結びつける新たな公共空間が創造されなければならない。なぜならば、リベラルな正義の定立にあたっては、異質の各個人の判断と内省にもとづく合意形成が可能となるような公共性が求められるからである。このような空間は、そこにおいて価値対立の調停のための熟議や闘技などが行われるという意味で、デモクラシーの新しい理念の追究が可能となる空間と位置づけることもできる。果たして、このような空間がグローバルな社会において形成可能かどうかである。グローバルな社会をネグリ Negri ＆ハート Hardt が「帝国」と表現するネットワーク的な権力構造をもつ社会と見るなら、そのような空間の形成はもとより、価値の通約や文化横断的な価値の形成はますます困難なものになると想像される。それだけに、リベラルな正義を正当化できる共通的な価値を確認できるのかどうかが問題となる。

52

（2）共通的価値としてのグローバルな正義

　ロールズら現代リベラリズムの個人の視点から語られるリベラルな正義が、グローバルな社会において共通の価値となることができるなら、グローバルな正義は実現されるものと措定される。このような社会としては、世界のすべての個人を直接的な構成単位とするコスモポリタン的社会が想定される。ところが、ロールズがそれぞれ固有の構成原理をもつ社会から成り立つ社会という「諸民衆の社会」は、そのような包括的な社会としてのコスモポリタン的社会ではない。ロールズ（*The Law of Peoples* 82-83）は、諸民衆の社会における正義の実現のための原理を「諸民衆の法」に求めるが、それは国民国家の枠組みで規定される各社会の間の調整を目的とする。したがって、一人ひとりの個人を構成単位とするコスモポリタン的社会に適用しうる正義の原理は存在していないともいわれる（後藤 321）。この意味で、グローバルな社会における共通的価値としての正義の原理はいまだ確立されていない。このことから、伊藤（多元的世界の政治哲学 263）、後藤（326-328）、渡辺（436）などの研究に見られるように、ロールズは一つの国民国家の枠組みにおける正義の問題をグローバルな社会に単純に拡張したにすぎないという評価もなされている。

　諸民衆の法は、グローバル化に立ち向かおうとするロールズ自らが称する「現実的なユートピア」（*The Law of Peoples* 11）の論理の所産ととらえられている。すなわち、グローバルな社会においても、各社会は自律的にそのあり方を決定する諸制度をもつ秩序ある社会であり、人は必然的にある社会に出生し、その社会が正義に適った制度を備えているかどうかを学び、そのような過程で育成される正義感覚にもとづいて行動することにより社会の安定性が保持されるから、リベラルな正義はそれらの社会の間を単に調整する原理として実現するというのが現実的なユートピアなのである。この論理にとどまる限り、国内的正義の問題をグローバルな社会へ単純に拡張したということができる。したがって、これを国内の社会ではロールズによって決して主張されることがなかった、グローバルな社会における諸民衆の自己決定・自己責任の論理であると分析することも可能である（渡辺 445-446）。また、

第3章　コスモポリタンと成人教育　　53

ロールズ (*The Law of Peoples* 117) はグローバルな社会においては自然的・社会的偶然という運不運の恣意性が不正義ではなく、グローバルな平等の原理を受け入れがたいといっているので、自らの国内の社会におけるリベラルな普遍的正義の追究とは明らかに異なる論理構造である。この意味では、ロールズのリベラルな正義論はグローバルな正義を確立するうえで限界がある。しかし逆に、この限界がそれを克服しようとする試みを招いたのも事実である。

　先行研究において可能性が示唆されているように（後藤 326；渡辺 444-445）、コスモポリタン的な分配的正義の論理の検討がそれである。このような正義は、ロールズ自らが言及しているベイツ Beitz やポッゲ Pogge による検討に、その論理構造を見て取ることができる (*The Law of Peoples* 115-119)。すなわち、国内の社会の壁を取り払った地球規模の社会を構成する個々人に焦点をあて、もっとも不遇な人々の状況を改善するために、ロールズのいう「格差原理」にもとづき国内の社会を超えて再分配を行うことである。これはつまり、個々人の能力・才能の全世界的な「共同資産」化ととらえるものである。このような分配的正義論は、単一の世界を直接的に構成する個々人であるコスモポリタンの視点に立ち、グローバルな社会をロールズのいう社会の基本構造と見なし、それに格差原理を適用することによって、リベラルな正義の原理が通用する社会としてコスモポリタン的社会を位置づける。この意味で、ベイツとポッゲはロールズの正義論を補完し、再生する役割を担っただけでなく、グローバルな正義の正当化の根拠を提示したと評価できる。ここではまた、グローバルな社会における共通的価値としてのグローバルな正義を確認できる。

　このように正当化されるならば、グローバルな社会においてはいかなる国の市民であるかを問わず、コスモポリタンとしての個々人が、地球規模での構造的暴力、抑圧や差別、貧困などにあえいでいる不遇な人々や弱者へ共感し配慮するような、規範意識の形成を正義の要請する課題と受け止めてもおかしくはない。

　それでは、このようなコスモポリタンがグローバルな正義の実現にどのような正義の感覚でもって関わるのか。これはコスモポリタンの

アイデンティティの問題と考えられる。

4　コスモポリタンと成人のアイデンティティ形成

　「世界市民」とか「地球市民」とも呼ばれているコスモポリタンは、改めて定義づけると、国民国家や民族を超えたグローバルな社会としての世界のすべての個々人であり、国境を超えて地球的諸課題を文化横断的に解決し、自由で平等な社会を実現することに普遍的な正義を求めようと行動する人間像ということになろう。これはリベラリズムの視点からよく説明できる。世界のすべての個人を包摂し、個人を中心に考えるという点では、個人主義の色彩が濃厚であるのがコスモポリタンの概念である。この意味からも、それはリベラルなコスモポリタンと位置づけられる。

　コスモポリタンについては、身近な人びととの関わりをとおして普遍的なものである全人類への共感と尊重の地平が拓かれるという、道徳意識のレベルを考えることができる。ヌスバウムNussbaum（*Cultivating Humanity* 9-11）によると、そこで働くのは、自己を批判的に吟味し、自己を世界市民と見なすとともに、他者の立場を想像し理解する能力である。このように、現実的なもののうちに普遍的なものを見いだすことができるという視点に立つならば、個々人は現存在のままでコスモポリタンとしての道徳意識をもつことは可能である。しかしまた、現実を直視するなら、国家の枠組みを前提にせざるをえない。柳澤（188-191）のように、国家を超えた課題解決のために、国際機関や国家連合、「グローバル・ガバナンス」などによる連携・連帯によって、国家を超えた課題解決に取り組む政治的なレベルにおいてコスモポリタンを語るのも、そのような理由からである。

　このような意味では、リベラルなコスモポリタンを道徳意識のレベル、政治的レベルのいずれかに位置づけることはできない。個々人が国民国家内の社会において現に生活・生存しながらも、想像力によって他者を理解し、グローバルな正義の実現の主体たりうる存在であることを考えると、リベラルなコスモポリタンの帰属意識たるアイデンティティは双方のレベルから複眼的にとらえる必要がある。すなわち、

第3章　コスモポリタンと成人教育　　55

コスモポリタンのアイデンティティ形成は、国民国家を前提にしたナショナルなアイデンティティと、全世界や地球規模の社会を前提にしたグローバルなアイデンティティがいかに相互に関わるかによって影響を受けるのである。

　しかし、グローバルな正義の実現のために国境を超えるにあたって、ナショナルなアイデンティティは大きな障害となりうる。このようなアイデンティティは、国家によってそれへの忠誠や同一化のために、自民族・自文化中心主義的な文化・教育政策が行われることによって形成されてきたものであり、国家内の異民族・異文化を差別・抑圧する原因ともなってきたからである。各国における国民教育は、このようなアイデンティティ形成に大きな役割を果たしてきたといわれている。しかし、国民国家という枠組みにおいても国家と市民社会のせめぎ合いが注目され、さらにグローバル化が進展し国際社会を意識せざるをえなくなるにつれて、グローバルなアイデンティティによるナショナルなそれの克服への期待を込めて、「グローバル教育」とか「コスモポリタン教育」が提唱されるようになったのであり、その教育実践も展開されている。

　コスモポリタン・アイデンティティはグローバルなアイデンティティではあるに違いないが、そこにとどまってしまうほど抽象的な概念ではなく、具体的な姿を明らかにすることができる。そこで、ベイツ Beitz（181-183）の次の見解に注目しなければならない。すなわち、国境があまり意味をもたない普遍的な共同体としてグローバルな社会を構想し、その構成員として道徳的に関わるという意味でのコスモポリタンの形成が不可欠であるという。ここでは、コスモポリタン・アイデンティティ形成の道徳的根拠が述べられているが、それでも現実社会の認識からは具体性に欠けるかもしれない。また、ヌスバウム（愛国主義とコスモポリタニズム 26）がコスモポリタンを全人類の人間性によって構成される道徳的共同体に忠誠を誓う道徳的存在であるとうたっても、その抽象性には変わりがないといえる。したがって、さらに具体的な根拠を探ることが求められる。

　今日のグローバルな環境においては、あらゆるものが容易に国境を

超え、情報が瞬時に地球をかけめぐり、ローカルなあるいはリージョナルな生活世界自体が地球規模で相互依存関係にあることはたしかである。このようなグローバルな社会においては、全人類の道徳的共同体のメンバーたるコスモポリタンは、世界的な貧困の解消や人類の利益・幸福を実現するのための、正義感覚を身につけて行動することが必要になってくる。このことは道徳意識のレベルからの要請である。しかし、これに加えて、社会の諸制度と実践的に関わる政治的コスモポリタンの視点がなければ、コスモポリタン・アイデンティティの真の姿をとらえ、その形成を促すことはできないと思われる。

　そこで、このような形成の方法として、ロールズの「反省的均衡」の理論に着目しなければならない。この理論は、原理、判断、人格や社会の総体的な理論の間にフィードバックがくり返されて整合的な原理が選択されていくというものである。これを、伊藤（リベラリズムとグローバリゼーション 170）のように「自己の判断や自己の文化、さらには自己のおかれている文脈をも対象化し、異化し、批判し、それを通じて普遍的な価値や規範を練り上げていく方法」と理解し、グローバルな正義の実現を担うべきコスモポリタンがアイデンティティの自己形成のための有効な手段として活用することは可能である。この意味でも、リベラルなコスモポリタンについては、個々人の反省的思考とそれにもとづく行動に信頼を寄せる個人主義を中心とする、ロールズらの現代リベラリズムの理論を再構成した結果として位置づけることができる。したがって次には、このような反省的均衡の方法をたずさえたコスモポリタンが自己形成を行うにあたっての、学習実践について考察を進めることにしたい。

5　コスモポリタンの自己形成と成人教育としての学習実践

　コスモポリタンの構想にもとづいた教育は、わが国ではとくに学校教育において「グローバル教育」や「地球市民教育」、「コスモポリタン教育」などとして理論化・実践化されているが、しかしコスモポリタンの本質的な理解については本書で検討したほどには深まりが見られず、これに応じて内容と方法は必ずしも十分なものとはいいがたい。

ましてや、社会教育の分野では、それらの用語を使いながら成人教育として展開する試みは、管見の限りではいまだ存在しないように思われる。したがって、内容と方法について本格的に追究している研究も見あたらないようである。本章では、これらの用語の異同や関連の問題、さらに用語の統一が必要であるかどうかの検討はおくことにし、成人教育としてコスモポリタンのアイデンティティ形成のための学習実践がいかに構想され、今後の発展を期待する場合、いかなる課題が提起されるのかについて検討することにしたい。

　まず、成人教育としてのコスモポリタン教育の研究は始まったばかりであるということを確認しておきたい。地球市民として共通した社会秩序世界をもつようなコスモポリタンな責任意識の形成を、社会正義の実現に向けたグローバルな学習に位置づけることに可能性を見いだそうとする論脈は（高橋 95-96）、グローバルな正義の実現のために、コスモポリタンのアイデンティティ形成に向けた学習実践を構想しようとする本書に先行するものであり、成人のコスモポリタン教育の必要性を提起したと評価されうるが、具体的な学習実践論を展開したものではない。これに対し、人間としての共通性を出発点とするヌスバウムは「人間性の涵養」をめざして「世界シティズンシップ教育」を主張し、このために必要とされる学習実践を成人教育に位置づけようとする試みは（林 255-258）、具体的な学習実践論といえる。しかし、これはヌスバウムの哲学的議論の域にとどまっており、成人教育におけるコスモポリタンの育成に関わる学習実践論として再構築されることが課題であろう。

　成人教育としてのコスモポリタン教育は、以上のような先行研究をふまえて構築されるべきである。もちろん、コスモポリタンのアイデンティティ形成が幼児期の学校教育から実践されていることにかんがみると、[3] 生涯学習の視点に立ってその形成がどのように段階的、連続的に行われるのか、その過程のメカニズムの解明なども課題となる。しかし、本章では成人期のコスモポリタン教育という視点から、成人教育における学習の内容論と方法論に焦点化して考察することにしたい。わが国の成人学習論においては、学習課題論と学習主体論をめ

58

ぐって議論がなされ、学習内容と学習方法はこのうち学習課題論の枠
組みにもとづくものと考えられている。たしかに、今日、学習主体論
も積極的な展開を見せつつあるが、なおも学習課題論が中心になって
いると認識されており（三輪 10-12）、本章の考察視角はこの流れに沿う
ものという問題点は残されている。

　このように考察を行うにあたって、依拠するのが英国のパイクとセ
ルビーの『地球市民を育む学習—Global Teacher, Global Learner—』
である。この研究は教師を対象とした研修プロジェクトの成果である。
すなわち、現職教員の研修への参加と教室での実践をとおしてえられ
たのがこの成果である。「Ⅰグローバル学習の理論」、「Ⅱグローバル
学習のためのアクティビティ」、「Ⅲグローバル学習の環境づくり」か
ら構成されているが、本章において参照しようとするのは、教室での
学習実践の事例から成り立っているⅡを除いて、成人学習の場合にも
適用できるⅠとⅢである。しかし、これらについては学習の内容論と
方法論に明確に分けて展開されているものでないため、成人学習の視
点から必要な論脈を取り出し、コスモポリタン教育の学習内容論と学
習方法論に組み入れる手法をとることにしたい。

（1）コスモポリタン教育の学習内容論

　コスモポリタンのアイデンティティ形成において何が学ばれるべき
か、これはコスモポリタン教育の学習内容論として追究されなければ
ならない。

　コスモポリタンが地球市民として思考し行動できる人間像であるか
らには、人間の自己実現と地球の存続発展に関するあらゆる事柄が学
習内容になりうる。ちなみに、成人教育として行われている多文化教
育、開発教育、環境教育、人権教育、平和教育などの分野に注目して
みても、すべてにおいてコスモポリタンのアイデンティティ形成に不
可欠な学習内容を含んでいることがわかる。これら各分野はコスモポ
リタンに必要なメンタリティの形成につながる学習内容をもつという
点では共通しているが、それぞれの学習内容は固有のものである。た
とえば、共生のために他者の立場を想像し理解する能力、持続可能な

第3章　コスモポリタンと成人教育　　59

開発を通じて全人類の幸福を実現しようする実践力、持続可能な社会としての地球上のすべての人びとと協力・連帯する行動力、国境を超えて他者に対する尊重と配慮への能力のそれぞれの育成を目標として、固有の学習内容を編成している分野は、それぞれに対応して多文化教育、開発教育、環境教育、人権教育・平和教育といえるが、すべてコスモポリタンのメンタリティの構成要素となりうる能力の育成に貢献するものである。

　このように、コスモポリタン教育の学習内容がいずれか一つの分野に限定、もしくは包摂されえないという意味では、少なくともその複合的性格が明瞭である。しかしまた、単に各分野から学習内容を必要に応じて取り出し整理することで、学習内容論が完結したとは必ずしもいえない。なぜならば、コスモポリタン教育という独自の分野を構築しようとすれば、それぞれ固有の学習内容論を構築してきた各分野のみならず、それ以外の他の分野からも広く摂取し、創造的に一定の体系性をもつ学習内容論を構築しなければならないからである。したがって、このような構築が試みられなければならない。ここでは、第2節および第3節における考察の結果から、その際の選択・決定の基準になるのがグローバルな正義であるという視点をとる。

　グローバルな正義という基準のもとに学習内容を取捨選択するにあたって、有力な方法となりうるのがロールズの「反省的均衡」の理論である。コスモポリタンがアイデンティティの自己形成の手段として、反省的均衡の方法を活用する可能性については先述したとおりであるが、ここでは自己形成につながる学習内容の選択・決定の過程で重要な役割を果たしうる方法が反省的均衡であると具体的に位置づけたい。

　改めていうならば、反省的均衡とは、判断と原理、さらに原理の背後にあってそれを導くために用いられる社会や人格に関する理論をも加えた三者が、試行錯誤的な自己反省による相互調整としての複線的なフィードバックをつうじてバランスを保っている状態である。このような定式にあてはめて導かれる学習内容論は、グローバルな正義の原理やコスモポリタンの理論とのフィードバックをとおして、コスモポリタンのアイデンティティを形成するための学習内容の選択・決定

の判断が行われ、これらの間のバランスが失われると学習内容の変更や組み替えの必要が生じるというものである。このような方法にもとづく学習内容の選択・決定の一例としては、生命や人権、環境の問題があげられる（小林 98-99）。これらの問題はコスモポリタン教育の学習内容になりうるが、先述の各分野の教育からもわかるようにほんの一部にすぎない。成人教育としてのコスモポリタン教育の学習内容の全体性と体系性を志向するならば、やはりパイクとセルビーの研究に学ばなければならない。この研究は、学校教育における子どもを対象にしたものであるが、生涯発達の視点からその学習内容論を構成していると評価できるからである。

　しかし、学習内容論としての全体性・体系性を求めようとすると、グローバルな正義を基準にすることの妥当性が問われることになる。グローバルなレベルで価値が多元化・多様化している中で、グローバル・スタンダードを設定すること自体が一種の「帝国主義」につながるものと批判されかねない。だが、いかなるスタンダードをも相対化しつつ、ネットワーク的構造を形成してしまうのがグローバルな社会である。これを学習内容論に引きつけると、その全体性・体系性はあらゆる内容をネットワーク的に結合しうるが、それだけに内容は際限がなくなってしまう。したがって、グローバルな正義の基準をもちだそうとするならば、あくまでもこのような正義を基準にしながら全体を見すえる視点をおいてほかに、学習内容論の構築は考えられないのである。すなわち、全体を構成、再構成する枠組みとして、グローバルな正義にもとづくコスモポリタン教育の学習内容論が位置づけられてよい。

　パイクとセルビー（53）においては、学習内容論は「Ⅰ グローバル学習の理論」で展開されている。このような学習の理論の前提認識は、グローバルな不平等で有害な相互依存関係である。これを減少させるには、グローバル・システムの中で新しい文化やコミュニティの次元が生成することであり、そのために個人やグループのエンパワーメントや自立を重視する「人間の可能性」パラダイムの浸透が必要である。そして、グローバル学習とはこのようなパラダイムを可能とするため

に、すなわちグローバルな視点をもつために不可欠なものであり、システム、視点、地球環境、関わることへの認識を高めることや、プロセスを重視するというねらいを満たすべく、知識、技能、態度における目標が具体的にあげられている。たとえば、知識については開発・発展や環境、平和と対立など、技能については個人としての成長や人間関係、想像力など、態度については他者に対する理解や正義と権利の尊重、世界に対する関心などが目標であり、学習内容はこれらのもとに編成されることになる。もちろん、このような分類は固定的で排他的なものではなく、相互の関連性や依存性を十分認識したうえでとらえられるべきものとされる。

　以上のような論脈から、パイクとセルビーのグローバル学習の理論は価値の中立性を基本にしているようにも見える。しかし、彼らは人間を中心にすえた地球志向の学習をグローバル学習に位置づけており、その過程としての「グローバル・マインドのための学習」や「グローバルな認識のための学習」において自文化の枠組みや自分の世界観を超えることのできる想像力や創造力を養うことの意義を強調している（パイクとセルビー 74-77）。このことにかんがみると、コスモポリタンのアイデンティティ形成に必要なものとして、特定の学習内容を編成できると理解してもよい。しかも、これにグローバルな正義の基準を加味して、さらに正義感覚の育成、他者への理解、世界に対する関心などを目標にした学習内容編成であっても、コスモポリタン教育におけるグローバルな正義にもとづく、あるいはそれを実現するためのアイデンティティ形成にふさわしい学習実践を促すものであるならば、成人教育における学習内容論として認めることができる。

（2）コスモポリタン教育の学習方法論

　次に、学習方法論についても、ロールズの反省的均衡の方法にもとづく構築が可能かどうかを検討する。

　パイクとセルビーは、グローバルな相互依存関係を認識しながら、地球の発展と個人の自己実現を導く学習という意味でのグローバル学習の方法を提起した。この方法がすでに英国の学校教育で実践されて

いることは、先述のとおりである。このような方法論において注目すべき点は、学習のプロセスと学習スタイルである。

　まず、学習のプロセスについては、「『外への旅』は、『内への旅』でもあり、２つの旅は、相互に補完し合い、照らし合う」(パイクとセルビー52) というグローバル学習の基本認識が示されている。これをさらに具体的に説明するならば、自己の生活が遠く離れた人びととの問題や将来と密接に関わっていることを学ぶという外の世界への認識によって、自己のものの見方や態度、行動を反省せざるをえなくなる一方、自己の内面に目を向けることで人格的能力が高まり感性も養われ、普遍的なものや自己の外への認識が深まるということになる (パイクとセルビー52)。このような「外への旅」と「内への旅」というグローバルな相互依存関係への認識と、遠くの他者の立場を理解しながら自己の思考や行動を反省する態度は、グローバル学習のプロセスの全体を貫く基本的視点と考えることができる。この意味で、学習プロセスにおいては、メジロー Mezirow などの成人学習論における学習者の批判的省察を重視する省察的学習が行われているといえるが、しかしこれをもってグローバル学習の方法を省察的学習と性格づけるのは早計である。

　コスモポリタンとしての成人の学習論における学習方法であるためには、学習者の批判的省察が必要十分条件ではなく、学習内容の選択・決定や学習活動の具体的展開などの学習実践に関わる判断を、コスモポリタン社会の構想やグローバルな正義などの背景理論や原理に照らし合わせて行うという、いわば外の世界への認識と自己の内面への反省を相互にフィードバックさせる学習のプロセスを不可欠とする。したがって、自己の認識や判断を反省して再定位し、普遍的な原理や価値をとらえていくことを相互にフィードバックするという反省的均衡の方法に省察的学習を組み込むことによって、学習者の批判的な振り返り (省察) をつうじた意識変容が可能となる成人学習としてのグローバル学習の方法が確立されなければならない。これが、学習プロセスへの認識にもとづく成人期のコスモポリタン教育における学習方法論的な課題である。

第3章　コスモポリタンと成人教育　　63

このように、成人期のグローバル学習の方法論は必ずしも確立された
ものとはいえず、さらにパイクとセルビーが提起したような学習ス
タイルの問題が存在している。彼らは、グローバル学習を人間中心・
地球志向の学習として、「自己と他者の肯定」「参加型」「協力的」「体
験的」「創造的」という特徴をもつものと分析し、学習方法が混在し
ていることを認める。これらの学習方法は互いに複合しており、地球
の発展と個人の自己実現をめざした学習プロセスとしてとらえられる
べきであるという (パイクとセルビー 66-70)。

　これまでの成人学習論において、正答を前提としにくい地球的な課
題に取り組むにふさわしい学習方法と評価されてきたのは、これら
のうち参加型あるいは体験的な学習である。しかし、グローバル学
習はこれらの学習方法を単独で用いるだけでは不十分である。たと
え、学校での子どもを対象とした教育であるとはいえ、自己認識 self-
concept あるいは自尊感情 self-esteem が高くないと相互に受容し合う
ことができず、また協力なしには相互的 interactive な学習が成り立た
ないだけでなく、新たな問題解決と広い視野を志向するためには高度
な認知技能としての創造的な思考を必要とするのであるから、このよ
うな学習方法を成人学習の方法から排除する理由はない。むしろ、多
様な学習方法が学習内容や学習主題などに応じて総合的に、あるいは
相互補完的に用いられるべきである。これが反省的均衡の理論にもと
づくグローバル学習の方法論の具体的な課題である。

　さらに、成人学習の実践可能な具体的な学習スタイルについても、
パイクとセルビー (107-117) の提案は示唆に富んだものである。彼らの
学習スタイル論は、Gregorc と McCarthy の学習スタイル研究に強く
影響を受けている。

　Gregorc は、学習スタイルを「具体的・連続的」「抽象的・連続的」
「抽象的・任意的」「具体的・任意的」に分類し、年齢や性別などに関
わりなくすべての人びとにあてはまると主張しているが、人によって
4つのスタイルを均等に活用するか、1つのスタイルを強く身につけ
ていても、複数のスタイルを活用していると認識している。また、Mc-
Carthy は、脳の機能分化に関連させて、学習スタイルを「感覚・感情

と思考」「行動と観察」の2つの軸を中心に「革新的」「分析的」「ダイナミック」「常識的」な学習に4分割しているが、これらとGregorcのいう学習スタイルは部分的にはまだしも、全面的に対応するものではない。しかし、McCarthyによれば、学習者が自己の長所に適した学習スタイルを活用し伸ばそうとすると、ユニークな他者の存在にも気づき、それを尊重する意識が育つという。ここでも、学習者の学習スタイルの選択の必要性とその効用が強調されている。

　このような両者の学習スタイル論について、パイクとセルビーは、学習者が自分やテーマにあった方法か、複合的な方法のいずれかを選択すべきことを示唆していると理解する。このため、教室においては教師と生徒の協同による、また、成人学習の場においてはファシリテーターと成人学習者の協同による、学習スタイルの選択と学習活動が重視される。そこでは、「各自が得意な学習スタイルによって相互に教え合い、協力して学ぶ」（パイクとセルビー 117）という、学校教育と成人教育に共通する学びのパースペクティヴが確認される。ただし、成人教育においては、成人学習者の自主的学習としてとらえ直されることが必要である。

　以上の検討からもいえるように、コスモポリタン教育の学習方法論における学習プロセスと学習スタイルの位置を明らかにした、パイクとセルビーの成人学習論の構築への貢献は、高く評価されるべきである。しかし、この学習方法論では学習の機会と場のグローバル化の問題が欠落している。グローバルな学習内容を学習する機会と場はローカルな国境内でえられることが多いという意味では、コスモポリタン教育はグローカルな教育ということができる。一方、NGO・NPO活動やボランティア活動などをつうじて自由に国境を超えて学習実践を展開することは可能であり、実際にもそのような活動は活発化しつつある。大規模な自然災害については、国境を超えて国家間の援助活動が行われることはよく知られているが、かつてNGO・NPOやボランティアが国境を超えて現地で援助活動を実施した事例をあげることができる。[4] このような活動は、個々人が地球上の他人の苦しみに無関心ではなく、むしろ共感をもつことによってはじめて可能となる。こ

第3章　コスモポリタンと成人教育　　65

の意味で、援助活動はコスモポリタンのアイデンティティ形成に深く関わっているといえる。このような活動事例からは、学習の機会と場のグローバル化の一層の進展を読みとることができる。

　たしかに、パイクとセルビーの『地球市民を育む学習』やわが国における理論と実践にみられるように、コスモポリタン教育は国境内においてコスモポリタンのアイデンティティ形成のための学習実践をめざしている。このような実践をつうじて、各国においてもれなく育成されたコスモポリタンがボランティアやNGO・NPO、国際組織・機構などをつうじてネットワーク的に結ばれるならば、共通的な価値としてのグローバルな正義が実現され、それにもとづくコスモポリタンの社会的実践が可能となる。しかし、国境内の異なる民族・文化間、また先進国・途上国間において学びの環境にも著しい格差があり、そのような共通的な価値をグローバルに共有するコスモポリタンの育成にも大きな困難がつきまとっている。このことはわが国のみならず、各国においても共通している。けっきょく、学習の機会と場のグローバル化の問題は、国境内における学習実践の限界と、国境を超えた学習実践の可能性をいかに追究するかの問題として存在しているのである。

6　おわりに

　コスポリタン教育の理論は、現代リベラリズム、とくにロールズの正義論を基底に導き出すことができるグローバルな正義にもとづいて構築されるべきであるというのが、筆者の立場である。このような理論を成人教育の理論として位置づけるには、もちろん成人学習者の特性を十分把握しながら、学習内容論と学習方法論の再構築が必要となる。これによって、成人期のコスモポリタン教育として、グローバルな視点において共通する価値と、その射程範囲内で地球的課題の解決へのパワーとなるような固有の領域を形成しうると考えられる。本章はこのような成人教育としてのコスモポリタン教育の構築の可能性を追究したものであるが、成人学習論としては多くの課題を残したままである。これらの解決については今後の課題としたい。ここでは、次

のような学習内容と学習方法に関わるやや技術的だが重要な課題を提起してしめくくることにしたい。

　第1は、コスモポリタン教育がコスモポリタンの形成・育成のための学習と実践を導くためには、成人教育としてのプログラムが開発されなければならないということである。成人期のプログラムについては、青少年期までのプログラムに比べて立ち後れの感を免れないのであり、今後の課題は実践可能なプログラムの開発であると考えている。このためにはやはり、パイクとセルビーが「グローバル学習のためのアクティビティ」として掲げている各アクティビティ事例を可能な限り成人学習者用に再編成し、学習プログラム化することが必要である。

　第2は、コスモポリタン教育が成人教育として展開される以上、ファシリテーターの役割をになう社会教育職員の専門的な力量形成が求められるということである。この点についても、パイクとセルビーが「グローバル学習の環境づくり」(307-332)において提起している「グローバルな教師」(312-315)を社会教育職員に置き換え、その研修のためのアクティビティが用意されなければならない。ここで重要なのは、教師と同様、社会教育職員をも生涯にわたる学習者ととらえることである。

【注】

(1)　ロールズ（正義論6）によると、これは「主要な社会制度が、基礎的な権利と義務を分配し、社会的協働から有利性の分割を決定する方法」である。

(2)　この伊藤の試みは、ロールズ正義論の批判的継承者と目されているポッゲ（現実的な世界の正義、貧しい人への義務）の理解をふまえて考察したものであろう。ポッゲは、ロールズのいう「社会の基本構造」をグローバルなものととらえ、世界の最底辺の人びとの状態の改善のために、基本財（資源）の分配によって社会的・経済的な平等の実現をはかろうとした。

(3)　研究成果は決して多くはないが、代表的なものとして箕浦を参照。

(4)　このような事例として、2004年にインドネシア・スマトラ島沖で発生した地震に伴う津波被害を救済しようとした「災害ボランティア」の活動がある。この事例においては、組織に属しない背景も国籍も異なる多数のボランティアが世界各地から実際に被災地におもむき、広範囲にわたる援助活動を行ったことが確認されている。くわしくは、カクチ（2005）参照。

第**4**章

グローバルな正義と
「社会的企業」の教育力

1 問題の所在

　ヨーロッパで急速に台頭している「社会的企業Social Enterprise」は、利益を求めるが、地域社会に貢献するという目的を優先して事業を展開する点で、従来の営利企業ともNGO・NPOのような非営利セクターとも異なる。その多くは、若者や失業者、ホームレス、障害者などの雇用に力を注ぎ、またそれらに対する教育・職業訓練をも行っている。「国家の失敗」と「市場の失敗」を克服しうる「第三の道」に非営利・協同組織の役割が位置づけられるなかで、社会的企業には、非営利でもないその事業活動を通じて、国内的な地域再生や社会的排除の問題を克服する役割が期待されている。[1] このような動きは、社会正義の要請への対応の一つと考えることができる。

　しかし、グローバル化が進む国際社会においては、国境を超えて経済活動が活発化し、多国籍企業はより多くの利益を得ようと展開している。これと同時に、国際NGO・NPOや国際ボランティアなどにみられるような、非営利の活動も活発になりつつある。これらの活動は、途上国の貧困とそれにもとづく抑圧や排除の克服に向けられたものである。たしかに、途上国の貧困は国内的な構造的問題が主因として考えられる場合もあるが、グローバルな制度のもとで先進国の人びとの生活や利益を得る仕組みと関連していることが多い。

　また、先進国内における貧困や格差の問題に対しても、グローバルなネットワーク組織の取り組みが展開されるようになっている。

　このような意味のグローバル化のなかで、途上国と先進国における貧困の削減や格差の是正に、社会的企業が国境を超えて貢献することができるならば、それはグローバルな正義にもとづくといえるのではないか。

　本章は、このようなグローバルな正義が成立しうることを論証したうえで、社会的企業の活動が教育機能を発揮し、人びとの正義感覚の形成をつうじてその実現を担いうることを、ヨーロッパの中でもグローバルな展開の先駆をなすと見られる英国の社会的企業の事例をもとに明らかにし、これをふまえて日本における社会的企業のグローバ

ルな展開の可能性を展望しようとするものである。

2　グローバルな課題と「グローバルな社会正義」

　すべての人間の社会経済的状態の「善さ」の実現を要請する社会正義は、もともと国内社会の社会制度の正否を問うものである。今日の社会正義論にもっとも大きな影響を与えたといわれるロールズRawlsによる正義の構想も、このような国内問題に限定するものと評価されている。ロールズ（万民の法）は国境を超える社会正義にも言及しているが、それは国家間の関係が公正なものであることを要請するにすぎなかった。しかし、グローバル化によって国境を超えて貧困や格差が顕著になり、これらが国家の政治的貧困に起因していたり、あるいは企業の営利活動が何らかの影響を及ぼしているなどという人びとの認識の深まり、そしてまた、国境を超えて非政府・非営利組織が行動することを多くの国家が認めざるをえないという現実は、いやおうなしに社会正義がグローバルなものであるかどうかの議論を巻き起こしている。

　たしかに、国家の枠組みのもとでの国内社会は実体として存在するが、そのような枠組みを超えたグローバルな社会は存在しない。このためか、「グローバルな正義」という言葉を用いても、「グローバルな社会正義」という言葉を用いるのは、いまだ抵抗があるといわれる（神島 84-86）。しかし、国連などの国際機関や国家連合が規範形成の役割を果たしつつあり、国境を超えて機関や人びとがつながりをもつエリアを国際社会と称するような傾向にかんがみると、国境を超えて貧困や格差が社会正義に照らして削減されるべきかどうかを論ずるには、グローバルな社会正義という概念を用いることがむしろ適切と考えられる。実際にも、貧困や格差が削減されるのは、先進国、途上国それぞれの国内社会で生活する人びとであり、それは元来の社会正義の要請でもある。

　グローバルな社会正義については、ロールズに従って正義を義務的なものととらえたうえで、それがロールズと異なって国境を超えると想定することで、実現の可能性が見えてくる。しかし、慈善の義務で

第4章　グローバルな正義と「社会的企業」の教育力　　71

あれば容易に国境を超えうると考えられるが、正義の義務を根拠にグローバルな社会正義を定立するには、しっかりとした構築論を必要とする。この構築論についての詳細な検討は神島（89-93）など他に譲り、ここでは有力な理論を分析し、必要であればそれを克服しうる視点を提起したい。

　まず取り上げるのは、ポッゲPoggeの見解である。ロールズ（公正としての正義）は、もっとも不遇な人びとの状況を改善するための「格差原理」にもとづいて、能力や才能の「共同資産」観を構想し、資源の再分配によって社会経済的な平等化をはかろうとした。[2] ポッゲ（現実的な世界の正義 104-105, 116-119）は、この考えをグローバルな地平において継承し、グローバルな制度から利益をえている先進国の人びとは貧しくさせられている途上国の人びとである他者の資源を奪っており、その損害補償のために「地球資源の配当」が義務として遂行されるべきであるという。それは、貧困の削減を単なる慈善の義務の目的とするのではなく、正義の義務の目的とするものである。

　このように、先進国と途上国の人びとの状態を比較する尺度を所得とし、また地球資源を天然資源としてとらえるポッゲの視点は、資源アプローチといってもよい。

　これに対置されるのが、ヌスバウムNussbaum（69-81, 315-324）のケイパビリティ・アプローチである。あらゆる人間は、生命や身体的健康などの基本的なケイパビリティへの権原をもつのであり、所属する国家に対してその保障を求めることができるだけでなく、相互にその充足をはかるためには、先進国から途上国への所得移転をも要請するというものである。こうして実現されるべきグローバルな社会正義に適った社会が安定的なものとなるため、相互にケイパビリティを尊重し合うような道徳感情が不可欠であり、それを育成する道徳教育が要請される（Nussbaum 408-415）。

　しかし、このようなヌスバウムのアプローチでは、ケイパビリティを導き出す根拠が必ずしも明らかにされていないということができる。

　したがって、ポッゲ、ヌスバウムのいずれか一方の理論のみによっては、グローバルな社会正義を正当化するには不十分である。まった

く新たな視点の提起も期待されないわけではないが、しかし双方の理論を組み合わせ再構成することで、それは可能と考える。すなわち、ロールズの能力や才能の共同資産観を基本に、ヌスバウムのいう基本的なケイパビリティの平等な充足のために、能力・才能の所産である所得や天然資源を地球資源として扱い、その配当を義務として遂行することが、グローバルな地平における社会正義の要請である。

　現実には、このような試論はただちに瓦解するほど、グローバル化が急激に、かつ複雑に進む様相を見せており、それゆえにグローバルな社会正義の問題は困難を極める。にもかかわらず、今日の貧困や格差がグローバルな社会正義にも適っていると断言するには、よほどの勇気が必要である。むしろ、それらの削減はグローバルな社会正義の実現につながるグローバルな課題であると認めるほうが、多くの賛同をえられると思われる。

3　グローバルな正義感覚と社会的企業

　教育学の視点では、グローバルな課題については、人びとが学習活動をつうじてそれを認識し、解決への意欲を自己啓発し、国境を超えて行動する実践力を身につけることなしには、解決できないと考えられる。このような能力をグローバルな「正義感覚」ということができる。

　正義感覚について追究しているロールズ（正義論251）にしたがって定式化すると、それは道徳的人格の基本的側面としての能力である。より具体的には、社会の構成員が正義の諸原理が要求するように行為しようと願い、社会の諸制度が正義に適っているならばそれを維持しようとする感覚であり、それら諸原理をふみにじるか、あるいは諸制度が正義にもとるように運営もしくは破壊されるならば、不正義に立ち向かう性向である。このような正義感覚は、人びとがある社会に必然的に出生し，その社会が正義に適った制度を備えているかどうかを学ぶ過程で形成されるものである。[3]

　このように、正義感覚は国内社会における社会正義を前提にした能力のようにも見える。しかし、ロールズ（正義論624）は正義感覚が「人類愛」と連続しており、その愛の対象が互いに対立しているときに「博

愛」はどうしたらよいかわからなくなってしまうため、正義の諸原理は博愛を導いていく必要があり、正義感覚と人類愛の対象は密接に関係していて、同じ正義の概念によって定義されるという。この意味からしても、ロールズのいう正義感覚は、国内社会を超える射程をもつ社会正義を前提にした能力ということができる。

　しかし、これでもってロールズが正義感覚を、グローバルな正義感覚として完全に位置づけたとはいえない。なぜならば、ロールズは国内的な社会正義をグローバルな社会に単純に拡張したといわれるように、社会正義をそれぞれの国内社会の間を単に調整する原理として取り扱っているにすぎないからである。[4] この点で、ロールズの正義論は、グローバルな社会正義を確立するうえでは理論的な限界を有する。にもかかわらず、正義感覚の概念そのものに注目すると、それはグローバルな社会正義を担い支える正義感覚としての可能性を再確認することができる。正義感覚が人類愛とつながっていると認識しながら、社会正義をグローバルな社会にも通用させる理論構成をしなかったロールズの論脈は惜しまれるが、このことがロールズ理論のグローバル化への対応の現実主義的性格を示していると同時に、逆に人類愛をより重要視する視点をクローズアップさせてくれる。

　このような視点とは、もともとコスモポリタニズムによって提起されたものである。この思想においては、「世界市民」とか「地球市民」とも呼ぶべきコスモポリタンは、国民国家や民族を超えたグローバルな社会としての世界のすべての個々人であり、国境を超える地球的諸課題を文化横断的に解決し、自由で平等な社会を実現することに普遍的な正義を求めようと行動する人間像として明らかにされる。いわば、単一の世界を直接的に構成する個々人が、人類同胞としてのコスモポリタンである。このようなコスモポリタンの視点に立つことによって、地球規模での構造的暴力や貧困、格差などにあえいでいる不遇な人びとや弱者へ共感し配慮するような道徳意識のレベルで、正義感覚をとらえることができる。しかし、これに加えて、社会の諸制度と実践的に関わる政治的ないし制度的レベルの視点をもたなくては、正義感覚は実践力を欠落したものとなる。グローバルな社会正義の実現に

関わる正義感覚は、グローバルな正義感覚ということができるが、コスモポリタンの視点においても、以上のような道徳意識のレベルと政治的・制度的なレベルが複合した正義感覚にならざるをえない。だが，このようなグローバルな正義感覚の形成は、コスモポリタンの視点に立たなければ不可能なのかどうかはなお検討の余地がある。

　先述したように、国内社会の社会的排除の問題の解決をめざして活動を展開した社会的企業は、今日、まぎれもなく国境を超えて活動するようになり、その国際貢献についても議論がなされるに至っている。これまでも、社会的企業の活動にコスモポリタンの視点から焦点をあてることはなかった。しかし、その活動が国内社会の問題に正義感覚をもって取り組むことは社会正義の要請に応えるものであり、各国の社会的企業を担う人びとと正義感覚という能力を結びつけることもまた間違いとはいえない。しかも、経済のグローバル化の一層の進展とともに、社会的企業の活動は多国籍企業のようにはいかないとしても、経済活動を中心とする以上、国内社会にとどまらず国境を超えうることも十分想定されたのであり、実際にも各国において実践例を見ることができる。つまり、その多様な活動の展開のなかで、グローバルな視点も登場するようになったのである。

　このような社会的企業の国境を超える活動が、コスモポリタンの視点からスタートしたものでないことは明らかである。また、活動の担い手がグローバルな正義感覚をもちあわせているのか、もつべきなのかを問うような研究は存在しないため、社会的企業の活動とグローバルな正義感覚を結びつける作業には多くの困難が予想される。ただ、グローバルな視点と実際の行動の面で、注目すべき社会的企業が存在することはたしかである。それを英国の例から知ることができる。したがって、本章ではこれを手がかりに両者の関係構造を分析把握しようとする。

　すなわち、今日の国際社会においては、グローバルな活動を展開する社会的企業は欧米諸国で増えており、グローバルな社会正義に適ったものであることは疑いもないが、担う人びとの正義感覚の形成を問うまでには至っていない。そこで、社会的企業のグローバルな展開の

源流となっている英国の事例に焦点をあてながら、何らかの形で正義感覚が形成される過程を分析検討することは、社会教育研究にとっても有効なものと考える。

　ただし、この考察では社会的企業の活動をつうじて正義感覚が形成されるならば、社会的企業が教育力をもつことを理論づけたうえで、グローバルに展開する社会的企業がグローバルな正義感覚を形成する役割を果たしうることについて、英国を中心に追究することにしたい。

4　社会的企業の教育力の構造と展開

（1）　社会正義と教育力の間

　「教育力」を厳密に定義することは、教育学の根本問題であるためすこぶる困難であり、本書の主要テーマでもないのでおくこととする。しかし、これまでも教育研究においては、家庭や地域、学校、団体などの教育力を問い続けてきた。そこでは一般に、そのような集合体や組織体の人間形成力という意味で、教育力がとらえられている。もちろん、教育というからには学習活動がともなわなければならず、この活動をつうじて教育機能が発揮されることが教育力にほかならない。そして、教育力が人間形成力である以上、正義感覚のような道徳的心情の形成も教育力による達成の目的となり、結果になると考えられる。

　このような教育力を社会的企業がもつべきであり、それが社会正義に位置づけられることになるのかどうかを検討するには、規範的正義論が有効と思われる。これについては、ロールズの「公正としての正義」論が重要なヒントを与えてくれそうである。ロールズの規範的正義論については、その全体が「公正としての正義」論と性格づけられるが、ここでは社会的企業の教育力が社会正義に適ったものかどうかを検討するため、正義の概念と公正の概念の関連を明らかにし、そのうえで教育力の規範的根拠となりうる公共性の位置づけをも試みたい。

　ロールズ（公正としての正義59）は、正義の基礎となるのが公正の概念であり、それはお互いに平等で自由な人びとによって、諸原理が相互に承認されることを意味するという。このような二つの概念の関連は、「正義の二原理」の構想に反映されている。第一原理の「平等な自由原

理」はともかく、第二原理として示されている「公正な機会の平等原理」と「格差原理」は正義と公正のみならず、公共性をも加えた三つの概念の関連構造を明らかにするものである。

　まず、公正な機会の平等原理を分析するならば、この原理が互酬的・互恵的な社会的協働において、人びとが公正な手続きにもとづいて活動すべきことを示していることがわかる。つまり、人びとが公正なゲームや競争、取引などを行うにあたって、公共的なルールのもとに人びとの間に正しい行動が求められる。このような公正な社会的協働は、正義によって条件づけられるのであり、どのような立場の人びとにより多くの機会を与えるべきかは、社会経済的な不平等を是正する視点から判断されなければならない。とすれば、この原理からは社会的企業が教育力をもつべきであるという根拠は導かれないが、しかし、先述したような正義感覚の自己形成への機会を与えるという意味での教育力の公正な活用が求められる。すなわち、社会的企業が教育力をもっているならば、その提供する学習機会への自由なアクセスの実質的に平等な保障がなされなければならないのである。

　それでは、社会的企業が教育力をもつべきかどうかは、社会正義の問題ではないのかどうかである。これは、やはり社会正義の問題である。なぜならば、先述のように正義感覚は社会の諸制度が正義に適っていればそれを維持し、諸制度が正義にもとるように運営されるならばそれを不正義とする感覚であり、社会的企業が正義感覚をもちながら活動したり、あるいは活動をつうじて正義感覚が形成されるならば、社会正義の要請に応えることになると考えるからである。このことは、公正としての正義の中核となっている正義の二原理から導かれたものとはいえない。むしろ、ロールズ（公正としての正義再説 17-18）が社会正義の主題という、社会の諸制度を相互に適合させて社会的協働の一システムとする方法である社会の「基本構造」を規制することに、公正としての正義の特徴がある。そして、ロールズ（公正としての正義再説 18-20）は、公正としての正義は基本構造の正義（国内的正義）からはじめることになり、外に向かってはグローバルな正義へ、内に向かってはローカルな正義（諸制度や会社・結社・団体などに適用される原理）へと影響を

及ぼすことになるという。これらの論脈から、基本構造の正義がローカルな正義を規制するに至って、正義感覚を形成する社会的企業の教育力が社会正義に適うことになるといえる。この点では、ロールズの公正としての正義はそのような教育力の存立根拠ではなく、正当化根拠になりうるのである。

　以上の検討から、社会的企業が教育力をもつことは社会正義に適っているが、それは正義の二原理から直接導かれたのではなく、基本構造の正義の論理が教育力をもつべきであるという何らかの規範的根拠を正当化するにすぎないことを意味している。にもかかわらず、正義の二原理のうち、第二原理の一つである格差原理は社会的企業の教育力が公共性に位置づけられる、規範的根拠を示しているように思われる。いいかえると、格差原理は公共性の規範的な根拠となりうるのではないかということである。

　ロールズの格差原理の一般的理解は、個人の出自や能力、才能などを社会的・自然的偶然による分配として社会的な共有資産とみなし、それらを社会のすべての人びと、とりわけもっとも不遇な人びとの利益のために利用すべきであるという、道徳的な要請にもとづく原理であるとするものである。教育の公共性についてはさまざまな論拠が存在するが、教育の実践的なパワーを表現したものである教育力をそのような公共性の視点からとらえるとすれば、それはどのような論拠から導くのが適切なのかである。すでに、小林（社会教育の公共性）は社会教育の公共性の規範的根拠をロールズの「社会的共同資産」観に求めうると考えたが、社会的企業の活動は正義感覚を形成しうる社会教育実践といえるものであるから、社会的企業の教育力も社会的共同資産観にもとづく公共性に位置づけることができると考える。

　要するに、社会的企業の活動が生み出す教育力による実践は社会正義に適っており、このような社会正義の枠組みの中で、正義の概念は抽象的には公正の概念に基礎づけられつつ、具体的な格差原理の展開をつうじて公共性の規範的な根拠になるという、三者構造をとらえることができるのである。

（2） 市民的公共性と社会的企業の教育力

　社会の基本構造の正義である国内的正義を中心とする、ロールズの公正としての正義の理論に照らし合わせてみても、国内社会において正義感覚の形成の機能を果たしうるならば、社会的企業の教育力を認めることができるし、それが外に向かうことでグローバルな正義感覚が形成されるに至ることは十分に予想されるところである。

　後述のように、現在、日本においては非営利組織であるNPOの教育力が解明されつつある。ただし，本書のように正義感覚の形成にまで論及しているものではない。しかし、教育力が非営利性を必然的に前提にするとはいえず、たとえば企業内教育のように営利組織の活動のなかにおいても職業教育・訓練などをつうじて教育機能が発揮される場合があり、それが生涯学習に位置づけられることはいうまでもない。教育学の視点においても、社会的企業は、市場社会において事業活動をつうじて私益を超えるべき社会益を実現するため、市民社会で協同活動する組織として、公的企業や私的企業，協同組合企業とも異なる独自の存在根拠をもつと主張され（鈴木、社会的企業の現代的意義30）、学び合いという教育の構造のなかに位置づける試みが行われている。[5]この点からも、社会的企業の活動は、市民的公共性に位置づけられるということができる。また、たとえ社会的企業が米国を源流とするNPOほどの非営利性はないとしても、その教育力を問うことは社会教育の新たな課題に加えられてもよい。

　NPOの教育力については、市民がミッションを共有しながら活動を行うことをつうじて学ぶという自己教育力を意味し、それはNPO組織内部における学びにとどまらず、他の人びとに働きかけ社会を変革していく学びの協働に向けられたものであるという、佐藤らの研究がある。この研究においては、NPOが市民的公共性の内実を形成しうることへの意識が明らかに示されている。たしかに、NPOではノンフォーマルな領域におけるさまざまな学習プログラムが追究され、しかも参加型の学習が行われている。また、そこでの働き方の変化も新しい職業教育の開発につながるともいわれている。このようなNPOは、その利益を再分配しない非営利的活動において、社会的サービス

の提供やアドボカシー活動を行うことにミッションがあり、このミッションを果たす過程において、学習をつうじてエンパワーメントが行われる（佐藤 9）。ここに、NPOの教育力の特質が示される。

　このような非営利組織の教育力を認めることができるとすれば、NGO[6]についてはどうであろうか。たとえば、成（140）は、NPO法における活動領域としての「国際協力の活動」を主目的にする非営利組織を「国際NPO」と呼び、「国際NPOの教育力とは、そのスタッフやボランティアに、また日本に暮らす一般市民、政府、企業などに、さらには世界中の人々、国際社会、多国籍企業などに対して、これらのグローバルな課題を啓発し、ともに考え、ともに学ぶ教育実践を普及していく力であるといえよう。」と述べる。これは、NPO研究の延長上でNGOをとらえ、間接的にその教育力を説明したと理解できる。これに対し、久保田（108-109）は、直接的にNGOの教育力に言及する。すなわち、NGOはその国の歴史や文化に関わって独自の活動を展開し、途上国では国際、国内を問わずに非政府・非営利の市民組織を呼ぶ一方、先進国では国際協力を行う非政府・非営利の市民組織を指している。このように、NGOは幅広い概念としてとらえることができるので、先進国の立場をとっても許される。この立場から、人間を中心とした開発を地球規模で行う活動をとおして人びとが学んできて、今や「平和で持続可能な地球市民社会」のビジョンが示されるに至ったことにかんがみ、「地球の構造的な問題を知り、同時代に生きる北と南の人たちが互いの状況を理解し、協力関係を作るための行動につなげる」「地球市民教育」がNGOに期待される。それは、教師たちとの協同にもとづく生徒の主体的な学習活動、地域をあげてのフェアトレード活動、途上国の現地でのボランティア活動などの実践をとおして（久保田 124-126）、教育力を発揮できる。

　以上のように、国際協力の枠組みのなかであるなら、NPO、NGOのいずれと呼ぼうと、それぞれの活動をとおして、教育力が発揮されうることは明らかになったといえる。

　これに対して、営利組織である社会的企業は、同様の教育力をもつといえるであろうか。社会的企業は、企業家精神にもとづいて事業収

益をあげ、それを再分配できるが、しかし利益を社会的課題の解決を
ミッションとして事業に再投資する。[7] NPO・NGO の教育力が非営
利活動を前提に発揮されるのに対し、社会的企業は事業活動と再投資
の過程において、教育力を発揮するのかどうかが問題なのである。す
なわち、社会的企業の教育力は、そのような活動過程において NPO・
NGO の教育力に関して述べたような学習過程とその成果が見いだされ
るならば、発揮されるということができる。したがって、社会的企業
の活動は社会的課題の解決を通じて社会正義の実現に向けられたもの
であり、その過程で学習活動によって人間形成を促す状況が認められ
るならば、その重要な要素と考えられる正義感覚の形成も期待される
ことは当然と考えられる。

(3) 英国における社会的企業とその教育力

今日、社会的企業は米国においても関心が高まりつつあるといわれ
るが、ヨーロッパにおいてはその活動は活発にかつ多様な形態で行わ
れている。日本においては、英国の社会的企業についての研究がもっ
とも盛んである。英国の社会的企業は、グローバルな展開という点で
は先進的であり、活動事例も豊富である。これらを分析することに
よって、社会的企業が人間形成力としての教育力を発揮し、その中で
グローバルな正義感覚を形成する役割を果たしていることを明らかに
したい。

英国の社会的企業の基本的な特色は、雇用の創出とコミュニティの
再生を社会的課題にしていることである。[8] このため、失業中の若者
やホームレス、さらには障害者を雇用し、教育訓練を行い、その職業
に必要な知識・技術・態度等を身につける機会を与えるだけではなく、
他の職業の紹介も行っている。そして、営利企業が投資しない貧困地
域に拠点をおいて、地域の雇用創出に努める社会的企業も存在してい
る。[9] また、雇用と職業訓練サービスをつうじて、あるいは並行ない
し独立してケア・サービス、アドバイスやカウンセリングのサービス、
識字・情報学習のためのサービスなどを行い、高い失業率や犯罪発生
率、低い識字率などにより「社会的に排除された」コミュニティを再

第4章　グローバルな正義と「社会的企業」の教育力　　81

生しようと試みている。このようなコミュニティの再生のために、児童生徒の成長をつうじてその実現をめざそうとする、コミュニティ・スクールが設置・運営されている地域も見られる。親子での体験学習、若者のプロジェクト、イベントなどの活動の支援やボランティア体験の機会の提供、児童生徒への芸術体験の機会の提供などは、コミュニティ再生にもつながるが、社会的企業による青少年教育を促進する活動ととらえられる。

以上のような社会的企業の活動過程においては、企業のスタッフ、サービスを受ける大人や子どものいずれも、それぞれの実践において必然的に学習活動がともなうということを、社会教育・生涯学習の学習論の視点からも認めることができる。この意味でも、社会的企業がNPO等と同様に教育力を発揮しているといえる。

このような社会的企業の教育力は、英国内での活動に限定してとらえると、ローカルな地平において人間発達を支援ないし促進していることになる。しかし、社会的企業には、雇用の創出とコミュニティの再生を目的とした、ローカルな活動にとどまらない広さを有するものも存在する。それらは、活動のエリアによっては、国内的な社会的課題を超えて、グローバルな課題の解決に向かう性質さえもっていると考えられる。

5 英国の社会的企業のグローバルな展開と正義感覚の形成

前節で検討したように、社会的課題を解決しようとする社会的企業の活動過程において、学習活動をつうじて人間的発達が促されるという成果のなかに、正義感覚の形成が含まれることは否定できない。それでは、社会的課題なるものをグローバルな課題に置き換えた場合に、正義感覚はどのように位置づけられるのか。それはいうまでもなく、グローバルな正義感覚である。なぜならば、このような正義感覚は社会的企業のスタッフの動機づけとなり、あるいは活動を推進する活力となるものであり、これなしには活動は展開されないし、またその展開によって正義感覚がよりとぎすまされたり、その提供するサービスの利用をとおして新たな人びとに正義感覚が形成されたりすると考え

られるからである。英国において、グローバルな地平においても、このような正義感覚の形成に貢献すると期待できる社会的企業としては、フェアトレード（公正貿易）を事業とするソーシャル・ビジネスや、ストリートペーパーの編集・販売を行う社会志向型企業の活動が注目される。

(1) フェアトレード

フェアトレードが注目されるようになった背景には、経済のグローバル化にともない先進国の富める者のみがますます富んでいき、その結果として世界レベルの格差社会が出現し、これが公正や正義に適ったものではなく、その要因の一つとして先進国と途上国との間に不公正な貿易制度が存在しているという事実がある。フェアトレードは、このような貿易が公正なものとなり不平等感がなくなるよう、世界システムを再構築する社会実践ととらえることができる。この貿易制度は、世界システムの一部にすぎない。しかし、ノーベル賞経済学者スティグリッツ Stiglitz (61-65) が述べているように、これを公正なものとして機能させるには、先進国の人びとの間に共感能力が形成されていることが不可欠であり、それにもとづいて先進国と途上国がともに利益をえられるよう、グローバル化を再構築することができる。本書のキーワードであるグローバルな社会正義およびそれを支える正義感覚は、このようなスティグリッツの視点に符合していくものである。

英国において、ソーシャル・ビジネスとしてフェアトレードを行う企業は、グローバルな持続可能な発展が求められるなかで、その資本力による途上国の製品の公正な価格での買い入れをつうじて、途上国の人びとが市場社会のなかで生きていけるよう自立支援と生活保障を行うとともに、有機農業などをつうじて地球環境保護にも貢献すると評価されている。

オックスファム[10]などのNGOの出資によって設立された企業のコーヒー豆をめぐるフェアトレード運動が、そのような社会的企業の活動の典型であり、各国にも波及しつつある。たとえば、カフェ・ダイレクトという企業は、コーヒー価格の暴落を受けて途上国の生産者

第4章　グローバルな正義と「社会的企業」の教育力　83

を守るために設立され、途上国の生産者協同組合をとおしてコーヒーを輸入し、国内で販売してきた。その事業は拡大され、英国内でのコーヒー小売企業としては第6位の販売実績をもつに至っている（大室・谷本 200）。このような活動は、南の途上国で生産されるコーヒーの価格が先進国の商品市場の相場に左右され、コーヒー生産者の貧困を生みだす一方、一部の富める者をつくりだしてきたという事実に抗して、先進国の消費者と途上国の生産者が直接公正な条件で取引するという意味でフェアトレードなのである。そして、このフェアトレード運動は、農産物自由貿易体制に支えられて最大限に利益を上げられるアグリビジネス多国籍企業の支配力を高めているグローバリゼーションに対して、オルタナティヴ、つまり「もうひとつの協調的国際社会がありうる」ことを示そうとする運動のひとつであると評価されている（村田 6-7）。

　今日では、フェアトレード商品はコーヒーに限らず、カカオ、バナナ、エビ、衣料などにまで広がりをみせており、今後も市場は拡大していくものと予測されている。しかし、このような市場拡大にもかかわらず、商品のブランド化やフェアトレード規格の画一化などの問題も指摘されている（ランサム Ransom 178-179）。これらの問題は、フェアトレード関連の多様な組織のグローバルな規模でのネットワーク化の問題とも裏腹の関係にあるといえる。ここで、先進国の消費者にとって割高でも、途上国の生産物を購入し、そのことで生産者の自立を支援するという性格をもつフェアトレード運動の原点に立ち返るならば、消費者は産品や製品とではなく、貿易の向こうの具体的な生活者である生産者との対等性を前提にしたつながりをもつことが重要であるということに気づく。これはまさに、ランサム（186-191）が自立支援を対等な関係性のもとにとらえようとした視点である。

　そのような関係性が成立するには、先進国の消費者のこの運動についての理解と実践が必要である。このため、運動を担いながら、あるいは運動への参加をつうじての学びが不可欠である。それはつまり、途上国の貧困問題について認識を深め、社会的な公正と正義をグローバルな地平で実現しようとする、グローバルな正義感覚を身につける

機会ととらえることができる。

　しかしそれでもなおかつ、このような正義感覚の問題は、先進国の消費者についてのみ語られている。途上国の生産者の正義感覚を呼び覚ますという視点が必要かどうかは、今後検討を要する課題と思われる。

(2)　ストリートペーパー

　ホームレス問題の解決をミッションとする雑誌『ビッグ・イシュー』の編集・販売が、英国において株式会社の事業方式で1991年に始まり、2006年現在、英国内で5団体、世界では日本を含めて27カ国の50団体によって行われている。[11] このような広がりをつうじて、国境を超えて社会的企業同士がネットワークで結ばれ、情報を相互交流しながら、ホームレスの自立支援に貢献することが可能になったと評価されている。

　この事業の中心的な道具となる雑誌『ビッグ・イシュー』は、その形態や中身は国によってまったく異なるが、社会問題を扱うことを基本とし、どこまでエンターテイメント性を高めるのかの悩みをかかえているという。英国内では、この雑誌を知らない人はいないというほど認知度があり、記事の質が高いうえ、読者に富裕層やインテリ層が多く、社会的ステータスも高い（稗田 183-184）。このような雑誌が店頭で販売されるのではなく、街頭で販売員のホームレスによって1冊ずつ手売りされ、販売代金（日本円換算で約200円）の約半分がホームレスの収入となり、生活経費にまわされるほか、経済的・社会的自立への資金ともなる。

　英国内においても、これまでのホームレスへの支援は、ボランティアによる食事の配給や政府・行政によるホステルやシェルターへの受け入れを中心にしてきた。しかしビッグ・イシューの考え方は、ホームレスが収入を得る労働の機会に恵まれず、そのような労働へのステップとして訓練の機会が必要であるというものである。ビッグ・イシューの販売は、このための一手法と位置づけられる。加えて、雑誌販売だけでは修得することの難しい生活の習慣やスキルの訓練の機会

第4章　グローバルな正義と「社会的企業」の教育力　　85

などを提供する「ビッグ・イシュー基金」も設立し、側面から支援をしている（土肥 127-130）。

　以上のような英国の実態を見る限り、社会的企業の活動は社会的排除の克服に向けた国内社会における社会正義の要請に合致することはもちろん、人びとの正義感覚に訴えるものである。このような英国の事情は、少なくとも各国において雑誌の編集・販売が社会正義の実現を志向することに反映されている。

　英国で始まったビッグ・イシューの編集・販売それ自体は、社会的企業の活動として経済のグローバル化のもとでも、必然的に国境を超えて展開するとは限らない。むしろ、移動と情報のグローバル化が、各国における事業展開を容易にしたものと考えられる。すなわち、英国での展開が各国の人びとの正義感覚を目覚めさせたのであるが、英国内での人びとの正義感覚がグローバルな環境のもとで、情報のネットワークを通じて各国の人びとに受け入れられたのである。この点では、グローバルな正義感覚はいずれの国の人びとにも形成されていたとはいない。

　しかし、英国でのビッグ・イシューの担い手たちが各国のホームレス問題に意識的に影響を与えようと考えていたとすれば、そこにグローバルな正義感覚を認めることができる。スコットランドビッグ・イシューの試みは、これを確認させてくれる事例である。すなわち、それが中心となって結成した世界のストリートペーパーを支援する組織が、事業を社会的包摂のための事業として広めたことにより、このネットワークへの各国のメンバー団体の加入を容易にし、雑誌記事の相互の自由な転載と情報リソースの共有化を可能にしたのであるから（土肥 129）、グローバルな正義感覚は重要な役割を果たしているということができる。

　このような移動と情報のグローバル化にともなう社会的企業の国境を超えたネットワーク化においては、ホームレス問題をかかえた国々の人びとの国内的な正義感覚の共通性にもとづくグローバルな広がりとしての連帯が、グローバルな正義感覚を形成するといえるのであり、グローバルな社会正義の視点が必要であることを認識させてくれる。

6　グローバルな社会的企業の日本における可能性と課題

　土肥らによると、英国での社会的企業の展開に比べて、日本においては先駆的な社会的企業もみられるものの、その数は少なく、活動も必ずしも活発とはいえない。そしてまた、社会的企業の研究は、これまでの協同組合やNPO・NGOなどの非営利組織に関する研究に比べても見劣りすることが指摘されている。まして、英国でのフェアトレードやストリートペーパーに関わる社会的企業のグローバルな展開に見られるような、日本発のグローバルな社会的企業も確認することはできない。

　しかし、英国をはじめ欧米諸国における社会的企業の展開と、それにともなう諸課題についての解明も、必ずしも十分とはいえないのが現状である。このようななかで、グローバルな社会的企業の日本における展開を展望することは必ずしも容易なことではない。それ以前に、日本においては、社会的課題は政府が解決すべきものであり、市民がビジネスとしてそれに取り組むという発想や意識はあまりなかった（土肥ら 207-208）。それだけに、社会教育研究においても、社会的企業の活動、しかもそのグローバルな展開に焦点をあてるアプローチは、管見の限りではきわめて少なかったといってよい。

　このような中で、最近のNPO・NGOの活動の高まりにみられるように、市民が自己決定しながら社会的課題に取り組む状況が顕著になっており、営利を目的としながらも、グローバルな正義感覚を形成する教育力をもちうる社会的企業をはじめる環境は整いつつある。社会的企業のグローバルな展開例も、すでにビッグ・イシュー日本版の編集・販売はもとより、フェアトレードカンパニーやオルター・トレード・ジャパンによる無農薬バナナ、有機農業で作られた綿の製品などの取引 [12] として確認されている。今後は、とくに日本の経済力と生活物資の海外依存の大きさなどに注目するならば、フェアトレードのようなグローバルな社会的企業の展開の可能性は大きいと考えられる。現に、フェアトレードを行う社会的企業が増えており、世界各地の社会的企業とのネットワークを形成する企業も現れはじめている。

第4章　グローバルな正義と「社会的企業」の教育力　　87

今後さらに、日本においても、グローバルな課題の解決を担う社会的企業を広めるためには、その活動の社会的価値についての意識を高め、市民の手によるグローバルな公共性を実現する組織活動として認知することが必要である。そのためにも、英国のようにコミュニティの再生をめざす社会的企業に「コミュニティ利益会社」という法人格を付与する法整備などの環境づくりを進めることが、公共的な政策的課題として求められる。グローバルな社会的企業の教育力の形成と、その十分な発揮を期待するにあたっても，このことは重要と考えられる。

【注】

(1)　社会的企業の地域再生への取り組みについては、中川、藤井ほか、大高（社会的企業のコミュニティ媒介機能：持続可能な働き方）、小磯、早尻ほか、藤井が論じている。また、社会的企業の社会的排除問題への取り組みについては、教育学のなかでは社会教育・生涯学習の領域で行われており、鈴木（社会的企業の現代的意義：脱官僚化・脱商品化）、大高（イギリス社会的企業による就学・自立支援：社会的企業：社会的排除問題：社会的企業から地域の共同へ）などがあげられる。
(2)　ポッゲPogge (175-177) は、このようなロールズのアイディアを基礎にグローバルな分配的正義の論理を構築している。
(3)　このようなロールズの正義感覚の理解については、小林（社会教育の規範理論 170）。しかし、ロールズの正義感覚については、ロールズの理論のなかでは極めてあいまいであることが指摘されている。すなわち、正義感覚は、正義の諸原理に従って行動する動機づけの理論の裏づけがないばかりでなく、正義の諸原理に基礎づけられた「秩序ある社会」において獲得される能力なのか、あるいはそのような社会で効果的になる能力なのか、さらに秩序ある社会が実現される以前に、仮説的な契約の状況としての「原初状態」で正義の諸原理に同意する能力なのか、明らかにされていないというのである。このような見解として、福間聡 (11-12)。
(4)　この点について，小林（成人教育としてのコスモポリタン教育 64）においてくわしく論じておいた。
(5)　鈴木敏正（社会的企業の現代的意義）は、鈴木（教育の公共化と社会的協同）の中で再構成されており、社会的企業の教育力の問題が意識的にとらえられるに至っている。なお、経済学の視点において、中川 (114) はアリスメンディアリエタの主張を引用しながら、社会的企業は公共の利益に貢献し、またそこで労働・活動する人たちの人間的成長に寄与することによって、民間企業の「理想的モデル」になりうるとしている。ここでも、社会的企業の教育力が問われている。
(6)　NPOは、わが国においては、大橋 (32) のように、ともすれば国内で活動する非営利組織をいい、国際的に活動する非営利組織をNGOと呼ぶ傾向にある。しかも、NPOについては、「特定非営利活動促進法」(1998年) が制定され、これをNPO法と通称し、この枠組みの中で活動する組織ととらえがちである。しかし、元来、NPOは芸術団体、財団法人、社団法人、学校法人などを含んだ、営利を目的としない組織という幅広い概念であり、またNGOは最初国連で取り上げられたため「非政府」が強調されるが、同じく非営利組織である（久保田 107-108）。

だから、政府や企業ではなく、非営利の活動を行う組織であれば、NPO、NGOのいずれと呼ぼうが間違いではない。

(7)　欧米と日本を比較しながら、社会的課題の解決をミッションとし、事業として取り組む新しい事業体としての社会的企業の全体像を明らかにしようとした研究としては、谷本、また、ヨーロッパにおける社会的企業に対する雇用と福祉の面から分析した成果としては、ボルザガ・ドゥフルニを参照。

(8)　このように、英国での動向を分析検討した研究として、中川、大室・谷本があげられる。なお、以下において記述する活動事例についてもこれらがくわしい。

(9)　英国での雇用と職業訓練を通じた社会的企業の社会貢献については、一般の理解をより深めるため、朝日新聞（世界発2006：ロスト・ジェネレーション：b3, be Report）が取り上げている。

(10)　このオックスファムによるコーヒー危機へ対応するフェアトレード活動については、オックスファムがくわしい。

(11)　ストリートペーパーを支援する組織であるThe International Network of Street Papersによると、メンバーは27カ国、50団体で、うち英国4団体である。これには日本が含まれていない。土肥（127-128）によると、英国内5団体、日本を含めて世界27カ国、47団体であり、大室・谷本（201）によると、英国内4団体、日本を含めて世界27カ国、49団体となっている。本書では、それぞれもっとも大きな数字をとった。

(12)　これらのフェアトレード企業については、朝日新聞（b3, be Report）参照。

第4章　グローバルな正義と「社会的企業」の教育力　　89

第5章

コスモポリタン・シティズンシップと
アイデンティティ

1 研究目的

　世界市民教育とは、国境を超えた地球規模の社会のメンバーにふさわしい市民性（市民的資質・能力）を育成する教育といってよい。これを地球市民教育と呼ぶこともある。

　市民性はシティズンシップを意味し、その育成のための教育はシティズンシップ教育と位置づけられてきたが、グローバリゼーションの進展とともに、グローバルな課題の解決に貢献できるグローバルなシティズンシップを育成する教育として期待されるようになった。すなわち、国境を容易に超えてものごとが展開するグローバルな社会においても、共通の価値にもとづく秩序と連帯を可能にするような道徳的人格の形成が教育に求められるようになったのである。

　ローカルからグローバルなレベルにいたるシティズンシップのあり方を検討しているデランティ Delanty（11）に依拠すると、シティズンシップは、権利、義務、参加、アイデンティティを構成要素とする。このうち、アイデンティティは、「自分は何者か」という自己同一性のみならず、「自分はどこに帰属する者か」という帰属意識の問題でもある。そして、その帰属するもっとも包括的な共同体としては、エリクソン Erikson が「超越的アイデンティティ」によって絶対的に否定する「地上のアイデンティティ」の帰属する全人類の共同体を視野に入れることができる（西平 246-247）。グローバルなシティズンシップにとっては、こうしたアイデンティティこそが構成要素として重要なものとなろう。

　このようなアイデンティティの形成に関しては、すでに小林（成人教育としてのコスモポリタン教育）は、地球市民としてのコスモポリタンがグローバルな正義の実現をめざす正義感覚を身につけることの重要性を説いた。しかしながら、このグローバルな正義感覚が実践的な能力であるためには、国境を超えて見知らぬ他者の立場に立つことを必要とする。このような遠くの他者の立場は、なんらかの想像力が働くことによって、自己の立場に置き換えられる。この想像力を媒介にした正義感覚の能力の育成は、心理社会的レベルの課題となろう。

ここで、注目すべき概念として、ノディングズNoddingsの「ケアリングcaring」をあげるが、それはケアリングを応答関係ととらえ、その関係を見知らぬ人・遠い他者や地球との間にも認めるものである。このような関係には、想像力が前提にされていると理解せざるをえない。この想像力を接点にして、正義の倫理にもとづく正義感覚の形成に、ケアの倫理にもとづくケアリングが補完的に関わるものと考えることはできないであろうか。また、エリクソンが成人期の発達において、「徳virtue」として「ケアcare」をあげていることから、この考察はエリクソンとノディングズを関連させることに資すると考える。

　以上のことから、本章では、グローバルなシティズンシップの構成要素であるアイデンティティの形成において、ノディングズのいうケアリングが正義感覚とのどのような関係により、どのような機能を果たしうるのか追究することを試みる。それは、いいかえると、世界市民教育におけるグローバルなシティズンシップの育成にあたって、どのような心理社会的な課題が提起されるかを明らかにすることである。

2　世界市民教育とグローバルなシティズンシップ

　世界市民教育という用語を使う場合は、コスモポリタニズムの立場でコスモポリタン教育を論ずるものと、国境を超えたグローバルな社会におけるシティズンシップ教育を論ずるものとに分けられる。前者においては、コスモポリタン・シティズンシップが育成の対象とされるが、後者における育成の対象は、「コスモポリタン・シティズンシップ」（オスラーOslerとスターキーStarkey 7-31）と、「グローバル・シティズンシップ」（Noddings, Global Citizenship 1-21）とに区別がなされているように思われる。

　元来、世界市民教育は世界市民主義の思想に端を発する。この思想は、コスモポリタニズムであり、その源流は古代ギリシャのストア哲学に求められる。ここでは、世界市民とはコスモポリタンであり、国家の境界を超えた全人類から構成される共同体の市民である。近代になると、カントがこれを発展させ、世界政府ではなく諸国家連合の一員というレベルで、各自が世界市民的な意識をもつべきことを提唱し

第5章　コスモポリタン・シティズンシップとアイデンティティ　　93

た。今日では、これらの世界市民主義の思想をふまえて、ヌスバウム
Nussbaum などのように、コスモポリタンとしての道徳意識の形成を
唱える理論も確認される。

　このような思想的潮流のなかで、グローバリゼーションの進展ととも
に、シティズンシップについては国境を超えるものとしてとらえ、
それを育成する視点が見られるようになった。それは、国家を意識し
たナショナルなシティズンシップ教育から、国家を超える社会を意識
したグローバルなシティズンシップ教育への脱却をめざすものである。
たしかに、コスモポリタン・シティズンシップを語るのに比べて、グ
ローバル・シティズンシップそれ自体を定義することは難しい（Nodd-
ings, Global Citizenship 1）。コスモポリタニズムでは、単一の世界を直接
的に構成する個々人をコスモポリタンと想定するが、しかし統一国家
としての世界国家は存在しないので、コスモポリタン教育はユートピ
ア的なものとなろう。現実には、個々人は特定の国家や共同体など
に属している。このような現実を反映しているせいか、コスモポリタ
ン・シティズンシップについてはさまざまなとらえ方があり、それら
は必ずしもストア派やカントの思想に見られるコスモポリタニズムの
継承・発展とはいえず、「コスモポリタンなシティズンシップ」（デラン
ティ 97-131）と形容してよいものである。

　このように、国境を超えるシティズンシップを統一的な宇宙秩序で
あるコスモスに位置づけない限り、グローバルなシティズンシップは
秩序ではなく、カオスとして意味づけられてしまうおそれがある。し
かし、グローバルな社会においても共通の秩序や連帯が求められてい
ると考えれば、シティズンシップはそれらを可能にするものであるか
ら、コスモポリタンなシティズンシップと呼んでしかるべきである。
ところが、統一的な宇宙秩序を可能にするような世界国家は存在せず、
またその実現は限りなく困難が予測されることから、コスモポリタン
といいながらもグローバルなシティズンシップを育まれるべき個々人
と明確に区別することはできない。このような現実に即して考えると、
コスモポリタン教育として位置づけられる世界市民教育において、育
成されるのはグローバルなシティズンシップであるといわれても、反

論は難しいであろう。

3 コスモポリタン・シティズンシップとアイデンティティ

(1) 心理社会的なアイデンティティ

　シティズンシップとは、何らかの集団のメンバーシップを意味する
ものとされ、権利や義務、アイデンティティなどを中心に理解されて
きた。このような視点は、シティズンシップの構成要素をどのように
理解するかの問題を提起している。その要素とは、先述のデランティ
のように、権利、義務、参加、アイデンティティであるといってもよ
いであろう。[1] いずれも正義の倫理にもとづく。これらのうち、どの
要素が重視されるかは政治思想によって異なるが、大きな流れとして
は、シティズンシップを法的地位としてとらえる立場から、市民社
会への参加やアイデンティティのもち方を重視する立場へと移行して
きている（岸田 7）。前者のシティズンシップは国家主義的な性格をも
ち、後者のそれは市民社会を基盤とする実際的で行動的な性格をもつ
ということができる。このようななかで、グローバリゼーションへの
関心の高まりとともに、後者の立場では国家や国境を超える社会との
関わりを重視するようになる。デランティのように、シティズンシッ
プについてグローバリゼーションを視野に入れたものと理解するなら
ば（林 249）、アイデンティティ形成の問題はグローバルな意味をもつ
と考えられる。これをコスモポリタニズムの立場から見ると、国家や
共同体、民族などに関わるアイデンティティを超えた単一の全地球的
な社会や全人類などに関わるアイデンティティの形成が課題とされる
ことになるであろう。これをコスモポリタン・アイデンティティと呼
んでもよいと思うが、先述のように非現実性を免れることはできない。
だからといって、グローバル・シティズンシップをもちだすと、帰属
する集団や共同体は無限定なものとなる。

　このようなアイデンティティの問題については、エリクソン Erikson
の言説の理解に依拠するとわかりやすい。西平（241-247）によれば、エ
リクソンは、人は生きるためにアイデンティティを必要とするが、し
かしそれこそが差別や偏見、憎悪や敵対を生み出すから、それを超越

する必要があるとして、全人類を包括する究極の共同体の中に組み込まれていると自覚することによって、差異のままに相補い合う関係を可能にしていくと考える。ここでいうアイデンティティは、自己との同一性と他者との共同性との相乗関係においてとらえられる「地上のアイデンティティ」である。それは、地上においては理念にとどまらざるをえない「超越的なアイデンティティ」が絶対的に否定し、相対化したものである。このようなすべての地上のアイデンティティの相対性を自覚することに、超越的アイデンティティの現実的な意味があるというわけである。この点において、心理社会的なレベルにおけるアイデンティティ理解のひとつが示されていると見るべきであろう。

　しかし、アイデンティティの問題は、そのような心理社会的レベルにとどまらず、さらに道徳論的にほりさげることが可能であろう。コスモポリタニズムのなかでも、自己の生き方を追求しながら、制度を創造し支えるコスモポリタンとしての道徳的なあり方を課題として提起する道徳論的な視点が、そのための手がかりを与えてくれる。ヌスバウムは、世界国家が存在しなくても、家族や集団、国民国家などを離れることなく、それらに属していない人びとを道徳的に平等な存在として考えて行動し、あるいは助けを求めている他者に手をさしのべるのがコスモポリタンであり、このコスモポリタンとしての道徳意識をもつことによって、国境は恣意的なものとなり、全人類への共感と尊重の地平を拓いていくことができるという（小林、コスモポリタニズムの世界市民教育論 26-28）。心理社会的なレベルのアイデンティティは、このようなコスモポリタニズムの道徳論的な視点から基礎づけられることによって、新たな構造転換を遂げていくものと考えられる。そのようなアイデンティティを形成するにあたっては、教育的実践の一つとして、道徳心理的に説明されうる能力の育成があげられるだろう。

(2) グローバルな正義感覚の道徳心理
　このようなアイデンティティの形成においてはまた、グローバルな正義の実現をめざす正義感覚の能力を身につけることが重要な意味をもつ。この能力は、ロールズが『正議論』において提起したものであ

る。それは、社会の構成員が正義の諸原理の要求にしたがって行為しようとし、正義に適った社会の諸制度を維持しようとする感覚を実践に移す能力である。ロールズRawls (624) は、正義感覚そのものは人類愛との連続性を有していることを認めている。[2] このことにかんがみると、正義感覚の能力は、ヌスバウムNussbaumのいう「世界市民精神」を構成する諸能力に新たに加えられてしかるべきものと考えられる (小林、コスモポリタニズムの世界市民教育論 30)。ヌスバウム (9-11) が提起した諸能力とは、批判的な自省能力、すべての他者と結ばれた人間として考える能力、他者の立場を想像し理解する能力の「物語的想像力」である。したがって、正義感覚の能力がグローバルなものとして機能するためには、そのような世界市民精神を構成する能力の一つであるととも、他の能力との協働が不可欠である。つまり、正義感覚の能力は、批判的な自省のもとに物語的な想像力が働き、国境を超えて自己と異なる人間の立場に立つことを正義とする、実践的な感覚として形成されなければならない。

　以上のように、グローバルなシティズンシップの構成要素としてのアイデンティティの形成は、グローバルな正義感覚を身につけて行動する世界市民を育成する条件であるということができる。しかし、ロールズ (594-671) は正義感覚を道徳心理の問題として取り上げているが、社会制度に関わる正義の倫理のレベルにウェイトがあったため、人類愛との連続性を意識しながらも、正義感覚のグローバル的性格を明確に主張したわけではない。また、正義感覚について、その発達や人間による習得という点で道徳心理的側面に注目するものの、人間の実践や行動の原動力としての道徳心理的側面には気づいてはいない。このような意味からすると、グローバルなシティズンシップの育成にあたっては、アイデンティティの形成における正義の倫理の要請として、道徳心理的な課題の解決が重要となるであろう。さらに、アイデンティティ形成がグローバルな意味をもつことからすれば、見知らぬ人や遠くの他者との関係性が視野に入ることになるが、この場合にはケアリングの概念が鍵になるのではないだろうか。このケアリングは、ケアの倫理にもとづくものであり、応答的な関係性が強調され

第5章　コスモポリタン・シティズンシップとアイデンティティ　　97

ているという意味では、ロールズ（648）のいう、同じことで応答する
「互恵性（助け合い）」という道徳の深層心理とも通底する心理学的メカ
ニズムと考えられる。したがって、グローバルなシティズンシップを
構成するアイデンティティの形成の道徳心理的な課題として、ケアリ
ングの概念に焦点をあてることが必要であろう。

4　アイデンティティ形成とケアリング

（1）正義とケアの対話

　ケアリングの概念については、さまざまな考え方がある。メイヤロ
フMayeroffによると、ケアリングは養護と看護における関わり方で
あり、人格、観念いずれへのケアリングも他者の成長を援助するもの
である。また、ギリガンGilliganはそれを女性の道徳的発達を促す中
心概念に位置づけた。さらに、ノディングズ（ケアリング：学校におけるケ
アの挑戦）は、ケアリングをケアする主体とケアされる対象との関係に
おいて成立する応答関係ととらえ、母子関係において自然な姿で見ら
れるとする。

　これらのなかでもっとも注目に値するのが、ノディングズのケアリ
ング概念であろう。というのは、それは「自然のケアリング」を基礎
としながらも、包括的で根源的だからである。ノディングズは、応答
関係としてのケアリングの関係を自己にはじまり、親しい他者をへて、
見知らぬ人や遠い他者、歴史や文学などのアイディアとの間にも認め、
ケアリングの対象と場を拡張していく。一方において、ケアリングは
他者への思いやり、気づかい、配慮、世話などのように、他者へと開
かれ、他者を力づけたりする意味で利他的であり、とらえようによっ
ては衝動的なもの、「ケア衝動」（今田 255）でさえある。それは、他者
をケアすることにより、自己が生きている実感をえられるという点で、
自己犠牲的なものではなく自己実現的なものである。このようなケア
リングはまた、応答関係性を軸にして、自律した個人を重視する正義
と、人間の結びつきを重視するケアとの対話の可能性を開くものとい
える。

　正義とケアリングまたはケアは、「正義対ケア論争」として対立的

にとらえられてきた。これらの論争に決着がついたとは必ずしもいえ
ない。しかし、ノディングズ（ケアリング78-80）のケアリング論は、応
答関係においては、「ケアするひと」が他者へ関心をもち関与してい
く場合に、他者の反応に応答する責任が生じるというものである。そ
れは「自己に対するケアリング」でもあり、「自己に対する関心が他
のひとたちに対するケアリングから生じる」ことの帰結である。一方、
「ケアされるひと」は、「ケアリングの関係に応答し、それゆえ、その
関係に寄与する」のである（ノディングズ、ケアリング123）。田中（145-146）
は、このようなケアリングの関係を「自己存在への信頼」という倫理
的判断にもとづくと考える。存在としての自己を信頼することは、人
間の親密な関係から生まれてくるものであり、それを可能にしてくれ
た他者を大切に思うようになるため、他者を配慮することができるか
らである。そこでは、正義の倫理の要請である自律した個人が、ケア
の倫理の要請するケアリングの関係＝人間関係を結ぶことから、正義
とケアリングが重なり合うことになる。理論的には、同じ地平で統合
あるいは両立が不可能といわれてきた正義とケアリングは、実際の
倫理的な判断や実践において統合可能なようにも見える。「ケアリン
グがないところに正義は成り立たない」として、正義とケアリングを
重層的な関係ととらえたり（田中146）、両者の視点を相互補完的な契
機として実際の倫理的判断に活用できると理解するのも（伊藤105-106）、
そのような見方を裏づけるものである。
　このような意味からも、グローバルなシティズンシップの重要な構
成要素であるアイデンティティの形成については、正義とケアの倫理
という倫理学のレベルから連続している道徳的な心理学のレベルにお
いて、正義感覚の能力とケアする能力との相互補完関係が動因として
働くことを見てとることができるであろう。

(2) ケアリングの応答関係と距離の問題

　ノディングズに依拠してケアリングの原義を再確認するならば、そ
れはケアされる対象の苦しみや不安などにもとづく要求に応答し、そ
の対象のために心をくだく行為のすべてを意味している。ノディン

グズは、このようなケアリング関係を「自己」「親しい他者」「見知らぬ人や遠い他者」「動物、植物、地球」「人工世界（道具と技術）」「アイディア（芸術と学問）」との間に構想する。ケアリング関係が親子関係を原型とすることから、子どもを中心とする親しい他者との応答関係において実際的な体験やコミュニケーションをつうじて、生きている実感をえたり、自分という存在を確認することができる。しかし、それより遠く広い対象との関係においては、現実感覚としてそれらが乏しくなるであろう。ケアリング関係が基本的には、一方的な自己犠牲ではなく、人と人との間の相互承認と互恵性にもとづくものであることからも、それは説得的である。しかし、ケアリング関係をこのように限定的に解釈するならば、ノディングズの意図に反することになろう。

　ノディングズは、見知らぬ人や遠い他者とのケアリングの内容として、人種、階級、ジェンダーなどの違いや異文化・社会を学び、異質な人びとが相互にケアし共存する生き方を学ぶこと、また、「動物、植物、地球」との間では、自然を守り、地球を環境破壊から救う方法を学ぶことを説く。果たして、このようなより広い世界でのケアリング、距離のあるところでのケアリングは成立するであろうか。

　ノディングズ自身は、多くの困難があることを明らかにしている（学校におけるケアの挑戦 206-218）。すなわち、遠い距離ではケアされる人の面前にいることができないので、ケアリングが完成したかどうかを確認できないだけでなく、苦しむ者と直接的にふれあい効果的にケアすることができないので、さらなる苦しみをもたらすように思考し行為してしまうおそれがある。このような困難は、物理的に距離がある場合に限らず、心理的な距離のある場合にもあてはまる。前者においては、ケアリングの完成の欠如が決定的である。後者においては、ケアリングの関係を築くことなく無理やりケアしようとするので、ケアを受け取る人たちからの信頼性に問題がある。また、いくら親しい他者とのケアリング関係でも心理的な距離があるならケアリングは完成しない。

　このように、ノディングズは距離のあるところでのケアリング関係

100

を特徴づける。物理的な距離を実際に縮めることはまったく不可能ではないが、莫大な資源を必要とし、きわめて非現実的であろう。これに対し、心理的な距離については論理的にも経験的にも縮めることの可能性は大きい。この心理的な距離をなくすことによって、物理的な距離を乗り越えたといえるほどにケアする能力を発揮できるならば、ケアリングは完成すると考えられないだろうか。このような能力であればこそ、見知らぬ人や遠い他者の苦しみや立場に共感し、それらを気づかい、思いやり、救済しようとする実践や行動の力となりうるであろう。

　それでは、このような実践の力ともいえるケアする能力は、道徳心理的な実践の力として、貧困や格差、人道にもとる行為、環境破壊などの地球的諸問題を是正しようと働く正義感覚の能力とどのような関係にあるのだろうか。この問い対して、ケアする能力は距離の問題を超えて正義感覚の能力をゆさぶり、より錬磨する力として働くと答えることができるためには、次のような検討を行うことが必要である。

（3）距離の問題を克服したケアリング

　ノディングズ（学校におけるケアの挑戦219-233）は、距離のあるケアリングの困難性を認識しつつも、ケアリングの可能性を追求し続ける。それは、「ケアする準備をすること」という言葉に表されている。その例としてあげられているのが、国際関係における緊張の高まりへの対応において、友好的な説得をするという態度をとることが他者を道徳共同体の外部に置くような大きな距離としての情緒的・精神的な分離を防ぐということである。そして、このような距離のあるところでケアしようと試みるときは、正義ではなく最善をめざし、暴力は絶対に用いないことを主張することが大切である。また、距離のあるところの苦しみを軽減するため、たとえば信頼できる救済機関を見いだし寄付することができ、救済機関の運動の達成した成果を支持するなど、国際的レベルの共同体においてケアリングの姿勢を奨励することもできる。個人的なレベルでは、「いかに欲望を制限するかを学び、自分たちの富が残りの世界に及ぼすであろう影響について考察するこ

第5章　コスモポリタン・シティズンシップとアイデンティティ　　101

と」が提唱されなければならない（ノディングズ、学校におけるケアの挑戦232）。これらは、すべて「ケアする準備をすること」に位置づけられる。

このようなノディングズにおける見知らぬ人や遠い他者とのケアリング関係は、それらの人々が生活する地球の環境とのケアリング関係とリンクしなければならない。地球温暖化や地球資源の問題は、互いに節度のある生き方をし、助け合う準備をしていくことなしには解決できないからである。資源が枯渇したら、権利や正義は意味がなくなってしまうかもしれないので、地球や環境をケアし、地球資源を分かち合うためにもケアリングは重要である。

ケアリング関係は、自己や親しい他者との間では人と人との関係であるが、見知らぬ人や遠い他者、もしくは動植物や地球、人工世界、アイディアとの間では、人との関係であるにしても相互主体的なコミュニケーションの不可能な人との関係であるか、もしくは物的・観念的な対象との関係である。たしかに、ケアの倫理は、対面的な人と人との応答関係においてのみ成立するのではない。福祉国家や社会保障について考えてみると明らかなように、これらは正義の倫理の要請ではあるが、「善き生」の実現をめざすものであるためケアの倫理が不可欠である。今田（258）のいうように、「ケアの発想を欠いた社会は、人間関係を貧しくし、殺伐とした弱肉強食の社会を帰結する。」であろう。つまり、ケアの倫理は、正義に適った人間社会を成り立たせる原点でもあるといえる。したがって、ケアの倫理にもとづくケアリング関係は、対面的な人以外の人や物、環境、観念などとの間でも、論理的には成立することが明らかである。

各自が体験的に語ることができるように、親しい他者以外の人や物などを大切にケアすることによっても、ケアの対象は応答的にケアの主体に恩恵や利益をもたらす。この一例をノディングズ（学校におけるケアの挑戦51）の言葉によって表すとすれば、「私たちは、よく手入れされたエンジンは気持ちいい音を立て、磨きをかけられた器具は輝き、上等のガラス食器は光っていることを知っている。私たちが提供するケアは、理念の領域や命のない物からも、応答のようなものを生じさせるのである。」ということになる。これは、ケアリングの基本であ

る互恵性を示すものである。ケアリング関係が、人であろうと物であろうと、他者への関心と関与に対する応答関係であることは、この点からも明らかであろう。

　このようにみてくると、グローバル・シティズンシップの重要な構成要素であるアイデンティティ形成の中核をになう正義感覚を要請する正義と、自己と自己以外のあらゆる人や物との応答関係であるケアリングは、やはり相互補完関係にあるということができる。ケアリングの問題は、ケアリング関係の分析と構築に注目されてきたが、いまやケアの倫理にもとづくケアリング関係を、正義の倫理にもとづくグローバルなシティズンシップのアイデンティティ形成のために、いかに機能させることができるかの問題として、注目されるようになったのである。

5　今後の課題

　世界市民教育の目的は、グローバルなシティズンシップを育成することである。コスモポリタニズムの立場では、コスモポリタン・シティズンシップの育成といってよい。アイデンティティは、このようなシティズンシップの重要な構成要素であり、これを形成することが一つの教育課題となるが、それはグローバルな正義の要請にもとづくものである。人びとが正義感覚を身につけることは、そのような要請に応えるものである。この正義感覚と、見知らぬ人・遠い他者や地球とのケアリングが相互補完関係において機能することによって、アイデンティティ形成が成し遂げられていくものと考えられる。

　ケアリングは、親子関係を原型とする人と人をつなぐ原点であるが、ノディングズ（Global Citizenship）はこれを見知らぬ人・遠い他者や地球とのケリングへと拡大する視点からグローバルなシティズンシップに言及している。これが、本章におけるグローバルな正義感覚を基礎づける正義の倫理と、ケアの倫理との相互補完関係のヒントになっている。しかし、ノディングズ自身は、アイデンティティ形成において、ケアリングがいかなる機能を果たすのかについては何も語っていない。ノディングズは、自己を中心に同心円を描いてケアリング関係を説明

している。すなわち、ケアリングの主体としての自己を中心に、ケリングの対象を自己から理念にまで同心円的に広げ、それぞれに必要なケアする能力が培われるべきであるというものである。このような思考様式は、自己を中心に家族をもっとも内側の同心円とし、もっとも外側に世界の全人類を描いて説明されてきたヌスバウムのコスモポリタニズムの立場に似ている。しかし、コスモポリタニズムの立場では、自己は同心円内のいかなる集団にも所属しうるし、この所属集団との関係をコミュニティや国家、世界政府などとの関係ととらえ、アイデンティティ形成の問題を論じることができるとされる（中村 211-213）。これに対して、ノディングズはこのような関連性を追究していないが、それは同心円をケアリングの対象を説明する概念として用いたにすぎないからであろう。

　ノディングズは、コスモポリタニズムの立場をとっているとはいえないが、グローバルなシティズンシップについてひととおりの検討を行い、多くの問題や課題を提起している。このような考察のなかに、ノディングズの「グローバル・シティズンシップ」観を集約しているような論脈が存在する（Global Citizenship 7）。すなわち、ケアリングの要求は、責任ある立場の誰かが今食べ物を分け与えなければならないような、迅速な対応のみならず、未来に対する関心を含んでいる。このようなケアリングが効果的になるためには、環境の整備と保持が必要である。グローバルなシティズン（グローバル市民）はこのような方向において、何をすることができるのかということがノディングズの自問であり、その解答は、ケアする人間へとシティズンを導くことが重大な教育課題であると位置づけるものである。それでもなお、ノディングズにおいては、アイデンティティ形成にケアリングを位置づける説得的な論理を見いだすことはできない。

　以上のことから、教育理論として、グローバルなシティズンシップの構成要素であるアイデンティティの形成に、正義感覚とケリングの相互補完関係を完全に位置づけることができたのかどうかは、今後の検証をまつほかはない。場合によっては、ノディングズのケアの倫理ないし哲学を全体的に再検討あるいは再解釈するという課題を負わな

ければならないであろう。

【注】

（1）　このようにシティズンシップの構成要素を分析するデランティによれば、権利と義務はシティズンシップを国家に結びつけてとらえたリベラリストの所産であり、参加とアイデンティティはコミュニタリアンがシティズンシップを国民に結びつけた結果であるが、いずれもシティズンシップの基礎として国民国家を受けとめてきたものであるから、両者の相違は国民か国家のどちらかを強調するにすぎないという。この点については、デランティ（97）を参照。
（2）　なお、この「正義感覚」の位置づけがロールズの理論の中では、きわめて曖昧であることが指摘されている。このことについては、福間（238-239）参照。

第6章

シティズンシップと道徳的能力
―正義感覚の能力とケアする能力

1　問題意識

　「グローバル・シティズンシップ」が今日的な議論となっているが、この概念については、国民国家の枠組みにおけるシティズンシップを、何らかの形で国家を超えたグローバルな社会に拡張してとらえる点で共通性が見られた。この点を考慮すると、教育研究においてはグローバル・シティズンシップの概念はシティズンシップのそれが基底をなすものと措定して、シティズンシップの内容を人びとの実践や行動に直接的に影響を及ぼす心理学的レベルまで掘りさげ、かつ、いかなる資質・能力として教育の場において育成されるべきかを追究する必要があろう。

　市民性あるいは市民的資質・能力であるこのシティズンシップは、教育によって獲得されるべきものととらえられるようになりつつある。前章において述べたように、デランティ Delanty は、シティズンシップの構成要素の一つとしてアイデンティティをあげたが、市民社会においては、シティズンシップに関してアイデンティティのもち方に関心があつまっている。

　このようなアイデンティティの形成にあたっては、まず正義の倫理の要請として道徳心理的な課題を解決しなければならない。それは、正義の実現をめざす正義感覚の能力を身につけることである。さらに、他者との関係性においてアイデンティティが形成される側面に気づくならば、応答的な関係性や互恵性を強調するケアの倫理の要請するケアする能力の育成が課題となろう。

　これまで、正義とケアは対立的にとらえられてきたが、ノディングズ Noddings に依拠すると、ケアする人とケアされる人との応答関係であるケアリングにおいては、相互の責任と信頼をともなうので、正義の倫理の要請である自律した個人がケアの倫理の要請するケアリング関係＝人間関係を結ぶことになり、正義とケアが重なり合うことになろう。つまり、倫理的な判断や実践において両者は重なり合い、倫理学のレベルから連続している道徳心理のレベルに視点を移すならば、シティズンシップ教育において育成されるべき正義感覚の能力とケア

する能力とが相互補完的に働くことをとおして、国家ないし国家を超える共同体へのアイデンティティが形成されていくと考えることができる。

　本章は、シティズンシップの構成要素であるアイデンティティ形成が、正義とケアの倫理の統合の問題を検討することを不可欠とし、このような問題が正義感覚の能力とケアする能力との間にいかなる関係構造をもたらしているかを明らかにするとともに、シティズンシップ教育のいかなる課題を提起するかについて考察しようとする。

2　シティズンシップ教育とアイデンティティ形成

　市民性あるいは市民的資質・能力としてのシティズンシップは、すなわち政治共同体の成員資格である。デランティによると、これは権利、義務、参加、アイデンティティが組み合わされた束からなっている。これらの要素は、そのような成員資格を規定する原理とでもいうことができる(19)。伝統的には、シティズンシップは権利や義務として強調されてきたが、今日では、市民社会における参加やアイデンティティが強調されている。

　これらのうちで、アイデンティティは、参加する政治共同体の政治の基礎になってきている (デランティ255)。そのような政治共同体がどのような国家や社会を指すのかについては、議論がある。それらは、ナショナルな国民国家からトランスナショナルなコミュニティなどまで多様であり、それらに対応するアイデンティティ形成も多文化や多元性、複数性などのもとに考えられている。たとえば、ナショナルな国民国家においてさえ、グローバル化にともない、多文化・多民族や多元性を考慮せざるをえなくなっている。

　このように、人びとは市民社会という枠組みのなかで、多様な国家や共同体への帰属意識をもつことにより、アイデンティティ形成をはかることができる。この意味にとらえるかぎりでは、それは、細見(8-9)がいうように、クラス (文化的、社会的、国家的、民族的など)や集団としてのアイデンティティ形成であるが、しかし「個としてのアイデンティティとクラスとしてのアイデンティティをきれいに選り分けることは

第6章　シティズンシップと道徳的能力―正義感覚の能力とケアする能力　　109

おそらく困難であると思われる。」そうだとすれば、一人ひとりが個としてのアイデンティティのみならず、同時にクラスとしてのアイデンティティを形成することは容易に考えられる。

　シティズンシップ教育は、シティズンシップが教育によって獲得されるという前提に立っているのであるから、シティズンシップの要素とされるアイデンティティも、シティズンシップ教育の過程を経て形成されるといえる。ただし、それは、先述のような政治共同体への参加をつうじて同質的に形成されるにとどまらずに、グローバリゼーションや多文化的状況の進展にともなって、異質なアイデンティティをもつ人びととの関係において形成されるアイデンティティでなければならないであろう。[1]

　このようにして形成されるべきアイデンティティは、シティズンシップ教育をどのように目的づけるかによって、その構造が異なったものとなるかもしれない。シティズンシップ教育の流れには2とおりがあるといわれる（小玉 258）。その一方は、共同体への参加や貢献を強調する共同体主義的なシティズンシップ教育である。他方は、主権者としての政治へ参加し行動する能力を育成する政治的なシティズンシップ教育である。ともすれば、前者が受動的・消極的な市民の育成、後者が能動的・積極的な市民の育成のように感じられる。しかし、政治共同体への帰属意識としてのアイデンティティの形成にとっては、共同体への参加や貢献にしても、また政治参加や政治的判断・行動にしても、それらを可能にする実践の力が不可欠である。それは、社会制度との関わりで正・不正を判断し、維持や是正をしようとする感覚をいだき実践に移す能力というべきものであろう。このような能力とは、ロールズ Rawls に引きつけて、「正義感覚の能力」ととらえることができる。

　ロールズによると、この能力はその発達や人間による習得という点で道徳心理的側面をもつ。しかも、この能力の育成は正義の倫理の要請するところである。このような論理の帰結として、シティズンシップ教育における正義感覚の能力の育成が、アイデンティティ形成に大きく貢献するということができる。しかし、これでもまだ、シティズ

ンシップ教育とアイデンティティ形成の問題が完全に解決したとはい
えない。前章においては、正義の倫理の要請する正義感覚の能力とケ
アの倫理の要請するケアする能力の関係性について追究したが、双方
の能力ともに道徳心理的側面をもつ以上、その深いレベルまで掘りさ
げて追究することが求められるであろう。

　そこでまず、原点に帰って、それらの哲学的な基礎について考察す
ることにし、正義とケアの倫理の関係について述べることにしたい。
そのうえで、道徳心理的な視点から双方の能力の関係構造にメスを入
れることとする。

3　正義とケアの倫理の対話と統合の可能性

　ここでいう正義の倫理とケアの倫理の関係については、「正義対ケ
ア論争」として対立的にとらえられてきた。それは、発達心理学の視
点から、ギリガンGilliganによるコールバーグKohlbergの道徳性発達
段階論への批判にはじまっている。ギリガンは、コールバーグの正義
の視点からの「3水準6段階」の道徳発達の枠組みを男性中心主義と
し、女性の道徳発達では正義や権利の要求だけではなく、他人へのケ
ア（世話）や責任を重視するケアの視点が必要であることをを提起した。
しかし、このことはフェミニズムの立場から女性の被差別的・抑圧的
な条件を肯定し、ケア労働の女性への押しつけにつながるものという
批判にさらされることになる。

　このように、フェミニズムを中心とする正義対ケア論争は、現在も
続いているということができる。そのくわしい内容については他にゆ
ずりたい。[2] フェミニズムでは、正義－男性的、ケア－女性的という
ような二分法的思考を克服しようとし、正義の倫理にもとづく公平性
や対等性をケアの倫理の対象となる領域にもち込む。たとえば、家族
内でのケアに関わる不正を公平の原理にうったえたり、逆にケアリン
グを家庭から社会へと広げる役割を正義の原理に負わせたりするなど
である（伊藤 113-115）。つまり、フェミニズムは、正義の倫理のなかに
ケアという規範を組み入れようとしたのである。そこには、ケアする
人が自己犠牲や損失をともなうという前提が存在する。しかし、こう

第6章　シティズンシップと道徳的能力―正義感覚の能力とケアする能力　111

したフェミニズムの視点は、ノディングズが主張するような、ケアリングの受容・応答的関係にもとづくケアされる人からの貢献を見逃してしまう。さらに、ギリガン (174) は正義の倫理＝成人の発達とケアの倫理＝女性の発達との結婚により、人間の発達の理解と人間の生についての生産的な考え方がえられるという。ギリガンは、正義とケアの双方の視点を身につけることに人間の成熟を見いだしたのであるが、ケアのもたらす豊かさを放棄することにもなる。

　たしかに、正義対ケア論争においては、正義とケアのいずれに比重をおくかによって立場が分かれる。品川 (155, 158, 219-231) に依拠してこれを端的に整理すると、次のようになる。すなわち、ケアが正義によってはじめて根拠づけられ、正当化されるという立場 (コールバーグ) もあれば、もろもろの徳は正義という基礎によって支えられているから、正義なきケアは正当化されないとして、正義によるケアの統合を試みる立場 (オーキン Okin) もある。対して、正義なきケアはありうるが、ケアなき正義は成立しないという立場 (ノディングズ) がある。これらとは異なり、2つの倫理の新たな関係として、ケアと正義の相互補完関係を提示したり (クレメント Clement)、ケアも正義も完全無欠ではないので、双方を編みあわせようとする立場 (ヘルド Held) などが見られる。

　以上のように、正義対ケア論争は、いずれか一方から他方を統合したり、双方を歩みよらせ統合することを主張するものであった。正義の倫理、ケアの倫理のいずれか一方に立つならば、正義とケアは背反関係にあるといえる。しかし、論争は正義とケアを二項対立的にとらえているのではなく、なんらかの形で統合しようとする。統合とは、倫理的な原理を融合させ、新たな高次元の原理を定式化することにほかならない。

　このような倫理的な原理の統合については、これまでも正義、善、徳それぞれの倫理学の関係として議論されてきた (塩野谷 123-128)。ロールズでは，正義が善に優先する。これに対し、マッキンタイア Mac-Intyre においては、徳が善に優先する。ここでいう善とは、ある機能を果たす手段としての価値と、幸福や福祉などのそれ自身として良いものを指している。そして、徳とは、能力、性格や人間による実践

としての機能の優秀さであり、たとえば仁愛、寛大、勇気、慎慮など
があげられる。それらは多分に、感情や意志などの心理学的な要素を
もっている。このような徳は、ロールズのいう正義のもとに、社会的
な実践において卓越性を発揮させるものであろう。しかし、ロールズ
には正義と徳の関係の議論がない。一方、マッキンタイアが善に優先
させる徳としての、人間の諸機能の優秀さを発揮することを保障する
のは、正義といえないであろうか。このような両者の議論をふまえる
と、正義と徳の倫理は対話と統合が可能のようにも見えてくる。

　それでは、徳の倫理とケアの倫理はどのような関係にあるのか。
「配慮」「世話」「気づかい」「思いやり」などと日本語訳される点では、
ケアは先にあげた徳にきわめて似ている。しかし、これをもってケア
の倫理と徳の倫理を同次元でとらえることはできない。ケアの倫理を
徳の倫理として解釈する論者は多いというが、それはケアの倫理が徳
の涵養と結びつくからである（品川 165）。ノディングズ（151）も、ケアの
倫理と徳の倫理との共通点を認めながら、ケアは徳そのものではなく、
ケアしようとする関与がさまざまな徳の発達を促すという。このよう
な点からも、ケアの倫理を徳の倫理に解消することはできず、ケアの
倫理は正義の倫理との関係と統合の可能性を改めて問わなければなら
ない。

　これまでの記述から明らかのように、正義とケアの倫理の一方から
他方を組み込んだり、同化することは、統合の名に値しない。このた
め、統合を試みるには、クレメントのように正義とケアは相互依存の
関係にあることを措定し、それらの相互補完関係を提起する必要が
あった。これに対し、ヘルドは、正義とケアは異質のものだから、正
義や権利などを構造化している枠組みと、ケアや信頼などのネット
ワークを編み合わせることを提起する。もっとも、ヘルドにおいて
は、正義の存立にケアが基礎として不可欠であり、それはケアされた
経験にねざすケアの倫理が鍵となっているのである（品川 227-229）。こ
のようなヘルドらの努力にかかわらず、正義とケアの倫理を同次元で
統合することは原理的に不可能であるとの指摘（立山 360）が、依然と
して重みをもっている。このように、原理的な理論の次元で統合が困

難であることへの理解は、実際生活や実践の場面における倫理的判断においては、正義とケアの相互補完関係を認めることにつながっていく。倫理学のレベルでは、正義とケアの原理的な統合は学的な理想であり、今後とも課題であり続けるであろう。しかし、教育学のレベルでは、実践倫理としての道徳的判断における正義とケアの相互補完関係の構造は、道徳心理の問題として検討するに値しよう。

　正義対ケア論争は、一見、対立と争いの様相を呈する言葉であるが、以上の概観からそれらは十分に対話が可能であり、倫理的原理の統合の試みを志向させるものであった。このことは、シティズンシップ教育においても正義や権利を要求するだけでなく、ケアの倫理の要請に応じて、身近な状況を感じ取り、気づかい、良好な人間関係を大切にすることを責任として引き受けるという点で、統合的な人格としてシティズンシップ（市民性）の育成につながる意味をもつ。これまでのシティズンシップの視点においては、正義の倫理にもとづき平等な権利を主張することが重視されたが、子どもや障がい者などの社会的弱者に対する不正義を見過ごさないためにはケアの倫理の実践が不可欠であることから、これからのシティズンシップにとっては正義とケアの倫理学的な統合よりも、正義とケアが実際に同時に働いているかどうかの視点が重要である。正義とケアは、自らの欠けている要素を相互に補い合うことで、倫理学的な統合を達成できなくとも、倫理的判断の場面で両立的に機能し合うことができるのである。

　シティズンシップ教育において育成すべきシティズンシップは、このような正義とケアの倫理的実践のレベルで相互補完的に機能する人間的諸能力を発揮できるものである。これらは、ロールズが正義の実現に正義感覚の能力の錬磨を説いたように、道徳心理レベルにつなげることにより明らかにされると考えられる。シティズンシップに統合的性格を期待しようとすれば、正義とケアの倫理の道徳心理的基礎となる正義感覚の能力とケアする能力の育成が、教育学の課題としてふさわしいであろう。

4 正義感覚の能力とケアする能力の相互関係

　これまでの検討から、シティズンシップのアイデンティティ形成の過程において、正義感覚の能力とケアする能力が育成されるということができる。また、逆説的ではあるが、これらの能力が育成され高まると、アイデンティティ形成が促されていくということもできる。

（1）正義感覚の能力の発達と学習

　ここでいう正義感覚の能力とは、規範的正義論に大きな議論を巻き起こしたロールズ（The Sense of Justice 96-116）にしたがうと、the capacity for a sense of justice であり、社会のメンバーが正義の原理にもとづき行為し、社会の制度が正義に適っているならばそれを維持しようとする感覚を実践に移す能力である。つまり、「道徳的人格の基本的側面」としての能力である。

　感覚そのものは、哲学や心理学、社会学などの学的見地から意味の説明や定義づけが行われ、感覚器官への刺激に応じて生ずる意識内容である、というのが第1義的な説明である。だが、哲学などでは第2義的に美醜や善悪、相違などを感じとる心の働き、あるいはセンス、感受性、物事を感じとらえることなどとされる。言語学的にも、日本語、英語ともに同様である。このような意味では、ロールズのいう正義感覚は端的に、正・不正を感じとる心の働きということができるだろう。

　ロールズ（正義論 594-671）は、正義感覚を心理学的解釈によって明らかにし、それは私憤、公憤などの道徳的感情や相互信頼、好意などの自然的態度と結びついているという。しかし、この正義感覚にあえて能力という言葉を付加している。ロールズは、この能力を「ケイパビリティ capability」と表現しているので、可能性とか潜在的能力を意味しているといえるだろう。しかも、社会の制度との関連で実践的な能力としてとらえている。このような正義感覚の能力は、自然的に発達するのか、それとも育成されるものなのか。ロールズは「正義感覚の発達のための必要最小限度を、人間がその原初的な自然的な能

第6章　シティズンシップと道徳的能力—正義感覚の能力とケアする能力　　115

力の一部として所有している……。原初的にはその能力をもっていた
にもかかわらず、自分自身の責任ではなしに、……その自然的態度が
適切に発達しなかったことから、その能力を失ってしまった人たち
に対して正義の義務が負わされるかどうかは、まったく別問題であ
る。」(The Sense of Justice 114) と述べているので、能力の自然的発達と
育成のいずれか一方を強調しているのではなく、先天的な能力の発揮
と育成への働きかけとが関連づけられている。すなわち、道徳学習に
ついてのロールズの立場は、白紙状態からの後天的な経験的学習とと
らえる経験論的な「道徳学習理論」や「社会的学習理論」と、先天的
な能力が心身の発達にともない自然に発揮されるととらえる「合理論
的な学習理論」とによって道徳学習が説明されてきた伝統を超えるべ
く、道徳学習を経験的動機づけと先天的能力の自然的発揮が相互補
完の役割を演ずると考えるものであった(藤川 346)。したがって、ロール
ズのいう正義感覚の能力の発達においては、道徳学習とそれを動機づ
ける教育が重要な役割を果たしているととらえることができる。

　このような正義感覚の能力は、シティズンシップとしてのアイデン
ティティ形成の過程で、フォーマル、インフォーマル、ノンフォーマ
ルのいずれの形態でも育成されうる。それは、ロールズ(正義論 606-628)
が正義感覚の獲得を、3段階の学習過程について道徳心理的に説明し
ていることからも明らかである。

(2) ケアする能力の発達の道徳的視点

　それでは、「ケアする能力」とは何か。ロールズのように、能力には
ケイパビリティの意味をもたせることができるから、正義感覚の能力
の例にならえば、ケアする心の働きとそれを実践に移す能力として、
ケアする能力を位置づけることができる。

　このことと関連して、「ケア力」という言葉が用いられたりしてい
るが、どのような意味をもっているのであろうか。ケアに「力」を接
語したのがケア力であり、ケアを実際に行為させる動因と推進のパ
ワーとでもいうことができる。ケア力という表現については、たとえ
ば今田(254-259)のように、ケアのエンパワーメントの意味あいを込め

て使われているが、とくに説明されてはいない。

　また、能力については、正義感覚の能力のほかに、多くの例がある。たとえば、自己学習能力のように、ケイパビリティのような意味をもたせている場合である。しかし一方、自己学習力という表現で自己学習のパワーを意味しているときもある。

　このようにケア力といっても、またケイパビリティの意味をこめて「ケアの能力」といっても、ただちに誤りとはいえないだろう。実際にも、ケアについてはじめて体系的に理論化したと評価されるノディングズ（ケアリング 289-291）は、「ケアする力」や「ケアする能力」を「身につける」という表現をしている。このような表現は、ケアする側の主体性・能動性を強調するような意味をもつといえるが、ケアする側とケアされる側との応答関係がノディングズのケアリングの概念なのであるから、むしろケアの力とかケアの能力が適語かもしれない。これらのほかに、「ケア能力」（山根 159）や「ケアリングを通して発揮してきた能力」（笹谷 66）などが用いられている。ケアする側からの言葉のように見えるが、ケアの能力を規定するにあたって、ケアされる側の立場・状況をどのように考慮すべきかは今後の課題と思われる。

　このように、能力と力は capability と power の違いはあるが、ともに規範的と事実的の双方の性格をもっていることから、日本語ではあまり厳密に区別されず、説明対象に関わる文脈や具体的状況に応じて使い分けられているように思われる。その結果、教育力や社会力、文化力などの言葉が学術的に用いられるようになっている。要するに、整合的で納得のいく説明をつうじて、それらは定着していくが、量的・質的測定が可能ならばより確実であるということだろう。

　以上の検討をふまえて、本書では、ケアは事実的に存在すると同時に、善きものとして行われるべき規範的な性格をもち、これを実践するのが「ケアする能力」であるという視点に立つことにする。

　ノディングズ（ケアリング）によれば、ケアする能力は乳幼児期における母子関係としてのケアリング関係をつうじて、乳児に芽生えるという。それでは、このようなケアする能力は自然に発達していくのか、それともその後の幼児期を経て育成されていくものであるのか。この

点に関して、ローチRoach (23) は、「ケアをする能力は養成されねば
ならないのであり、その養成は、この能力が他者によって呼び起こさ
れることによってはじめて可能になる。」という。また、ノディングズ
(ケアリング：学校におけるケアの挑戦) は、ケアすることを善きこと、喜び
をもたらすことと措定し、ケアする人間の倫理性を高めることを前提
に、道徳教育や学校教育のあり方を提案している。このように、両者
においては、ケアする能力の育成の視点は明らかである。わが国の研
究においても、「幼いころからの充分な経験がケアリングを可能にす
る共感を生みだすのであり、長じてからのケアリングの教育がケアリ
ングの実践を生みだすのではない。」(田中 132-133) とか、フロイト理論
をてがかりに、「ケア衝動」としてとらえ、「子どものころからこれを
満たす訓練や学習」が必要である (今田 256)、などというように、育成
の視点が散見される。

　このように見てくると、正義感覚の能力に比して、ケアする能力の
育成が後天的な経験的学習によるべきことが強調されているように思
われる。しかし、正義感覚の能力を身につける道徳学習についての
ロールズのような見解が、このケアする能力の育成にまったくあては
まらないとはいえない。この問題にはこれ以上深入りしないが、むし
ろ生涯発達の視点からケアする能力を育む学習理論の構築に意義があ
るのではないかと考える。

　そこで、ケアする能力は正義感覚の能力と同様の道徳的能力なので
あろうか。先述のように、正義感覚の能力は正義の倫理、また、ケア
する能力はケアの倫理の要請にそれぞれもとづくものである。正義に
関しては、コールバーグが正義 (正しさ) の判断の道徳性発達を論じて
いるが、正義感覚の能力はこのような道徳判断を導くものとなるであ
ろう。しかし、この道徳性発達理論を男性中心主義と批判し、女性の
経験によって見いだされたケアを正義にかわる道徳的判断基準にしよ
うとしたのが、ギリガンの提起したケアの道徳性発達理論である。
ロールズ等の現代リベラリズムにおいては、ケアは正義に優先される
徳 (善い行いをする性向) であるが (塩野谷 127)、しかしそれが道徳的判断基
準になりうるというわけである。

ケアは、他者への思いやり、気づかい、配慮、世話などのように、他者へと開かれ、他者を力づけたりする意味で利他的なもので、これを実践すること、すなわちケアする能力ないし力を発揮することは、エリクソンEriksonの発達段階論でいう徳である。もちろん、このような他者への関心が自己に向けられるセルフケアの問題はある。しかし、ケアを受けるということだけでなく、他者のために自己を活かすという意味のケアをつうじて、人間の発達が達成される（ローチ 23）、ということがケアする能力の本質を示しているように思われる。

　ノディングズは、ケアする人とケアされる人の間の受容的・応答的なケアリング関係としてケアをとらえるが、このような相互的な関係性のもとで、ケアする能力はケアされる他者に向けられている。しかし、相互行為においては、ケアする能力は相手への受容と応答の実践であるため、乳幼児期、児童期、成人期などそれぞれの段階に応じて発達状況の違いはあるものの、それは相手からの受容と応答を必要とする。つまり、ケアの対象には「ケアされる能力」が備わっていなければならない。この点については、さらに考究する必要があろう。しかし、乳児や特別な看護を必要とする病人や老人などにおいても、ケアする人への受容と応答が見られることは、経験的現実であろう。また、たとえば、キテイKittyなどに見られるケア対象の依存性については批判もあるが（上野 42）、ケアする人とケアされる人の相互依存性を前提に、克服できると考えられる。

(3) 道徳的能力の相互補完関係の構造

　正義の倫理とケアの倫理の統合についての議論においては、双方の倫理を原理的に統合することは不可能であることが主張された。しかし、正義とケアの倫理を同一のレベルではなく、異なるレベルにおいて統合しようとする試みは見られる。そのような試みとは、双方の視点を「相互補完的な契機として、実際の倫理的判断に活用する」（立山 360）、という手法である。しかし、このような実際の倫理的判断において、双方の視点がどのように契機となるのかのメカニズムは示されていないように思われる。そこであえて、実際の倫理的判断という倫

理的な実践においては、道徳心理のレベルにまで掘りさげたときに、道徳的諸能力がどのように機能し合うのか、その関係構造を見ていくことにしよう。すなわち、正義感覚の能力とケアする能力が、このようなレベルで働きあう関係を問題にするということである。この関係を称して相互補完というならば、実際の倫理的判断に貢献できると考えられる。そのような相互補完とは、どのような関係構造をなすのであろうか。

　正義感覚の能力を提起したロールズは、その発達について道徳心理的側面から説明している。すなわち、この能力は、幼児段階において子どもが親の権威に服従することで形成される「権威の道徳」、集合体に属して形成される仲間内の道徳である「連合体の道徳」、社会全体に通用し、正義の原理にもとづいて行動しようとする「原理の道徳」という段階を経て発達する。このような道徳というものは、普遍化された規範であるが、同じことで応答する「互恵性（助け合い）」を基礎としている。この互恵性は、段階ごとに、親子の関係、仲間内の関係、見知らぬ人びとの関係に見られ、他人の立場に立つことを基礎としている。この意味では、権威と連合体の道徳では人と人は対面関係にあるが、原理の道徳ではそのような関係になく、見知らぬ他人の立場に立つ。「普遍化された人間関係としての『協調』ないし『博愛』の世界」は、原理の道徳の段階において成り立つのである（塩野谷 189）。

　このように、正義感覚の能力は段階的に発達するものである。それは、低次元から高次元への発達、人と人の対面関係から見知らぬ遠くの人との関係への適応、さらに幼児期から成人期までの各ライフステージをつうじた発達にそれぞれ対応している。この意味では、ロールズは、正義感覚の能力の発達や人間による習得（学習）という点で、道徳心理的側面に注目しているといえる。しかし、ロールズは、この能力については、人間の実践や行動の原動力としての道徳心理的側面を十分考慮していないように思われる。

　本章においては、シティズンシップ教育におけるアイデンティティの形成を正義とケアの倫理の統合の視点から問題にしているが、正義の倫理の要請として、正義感覚の能力を発達・学習面のみならず、そ

の機能・実践面においてもとらえるという意味での、道徳心理的な課題の解決が不可欠になっている。このようなレベルの課題であるという点では、ケアする能力も同様であろう。ケアする能力はケアの倫理の要請する道徳心理の問題であり、道徳的能力としてその発達や育成と不可分の関係で実践面にも焦点があてられているからである（林）。正義感覚の能力が正義の実現をめざし、一方、ケアする能力がケアする行為を実行に移すことをめざすのであり、それぞれの対象が社会制度であれ、具体的な人間あるいは抽象的な人間であれ、道徳的な実践とみなすことができるのだから、生きて働く双方の能力が相互に交錯し関係する構造を問うことは、シティズンシップ教育におけるアイデンティティ形成にとって有意義なものと考えられる。

　先述のように、ケアする能力の育成は、受容・応答的なケアリング関係の形成のなかに求めることができる。そのような関係性は、同じことで応答する互恵性という道徳の深層心理によって裏づけられるのであるから、この互恵性という点で正義感覚の能力とケアする能力は共通する。このような共通点を軸にして、双方の能力が機能しあうことに、相互補完関係の構造を見てとることができる。したがって、どちらかが優先するとか、ウェイトが大きいということはできない。また、道徳心理の枠組みは必ずしも確定したものではなく、ある程度の幅が認められる。倫理的判断においても「ケアリングがないところに正義は成り立たない」として、ケアリングないしケアと正義の重層的関係を見いだす視点（田中 146）は、生きることや命あることを求める存在のレベルとしてのケアリングと、社会的な正しさの具体的な実現に必要な機能のレベルである正義が重なりあう構造を示唆したものであろう。道徳心理のレベルを超えているが、やはり相互補完関係の構造の枠組みのなかにある。

　正義感覚の能力とケアする能力の相互補完関係を問うことは、いずれの能力も完全性を備えていないので、互いに不足や欠陥を補い合うという意味が込められていると理解することができる。あるいは、ほとんど完全に近いので、互いに機能しあうことによって、より大きな力や効果を発揮すると解釈することもできる。たとえば、ケアする能

力を発揮するケア労働を女性に押しつけてしまうジェンダー・バイアスを克服するには、道徳心理レベルの正義感覚の能力を働かせ、ケアの倫理と正義の倫理を両立させることが必要である。これが前者である。後者の例としては、グローバルな正義の視点から他国や他地域の貧困・格差の問題の解決に取り組むにあたって、グローバルな正義感覚の能力を働かせるうえで、見知らぬ遠くの他者に対してケアする能力を発揮することにより、目的達成が容易になることがあげられよう。

　これらの例から考えると、相互補完関係とは、正義感覚の能力とケアする能力がフィフティー・フィフティーに機能するというよりも、双方が調和的にバランスよく機能し、どちらかが強く働くのではない相互譲歩的かつ協働的な関係にあるという、構造をとらえる必要があろう。

5　シティズンシップ教育の課題

　シティズンシップ教育におけるアイデンティティ形成の過程では、正義の倫理の要請として正義感覚の能力の育成が、またケアの倫理の要請であるケアする能力の育成が課題となった。もちろん、この2つの能力が共に育成されることに大きな意義がある。これらが十分に育成されることによって、シティズンシップの構成要素であるアイデンティティがより確かなものとして形成されていくといえる。

　しかし、これらの能力がどのように育成されるのかについては、生涯学習の視点に立って、あまり立ち入った考察をしてこなかった。正義感覚の能力のような道徳性の発達については，経験的道徳学習論や社会的学習論などがとくに説得力をもってきたが，ケアする能力は正義感覚の能力とは異なるので，その発達を促す学習理論が必要である。そこであらためて，これらの学習理論のいずれがケアする能力の発達を促すうえで適格であるかを検討すると同時に、活動理論などの社会文化的アプローチや状況的学習理論などの最近、生涯学習の視点でも注目されている学習論によるアプローチが可能かどうか検討する必要がある。これが第1の課題である。

　また、形成されたアイデンティティのもとで、この2つの能力が調

和的・協働的に機能するよう、相互に補完しあうためには、そのようなアイデンティティの主体であるシティズンが対象へのアプローチや状況の認識、意思決定などを心理的レベルで行う必要があることから、その心理的メカニズムの解明が生涯学習の行動理論として行われなければならないだろう。これが第2の課題である。

　第3の課題は、多文化社会化やグローバル化にともない、シティズンシップはグローバルな正義感覚の能力とケアする能力を身につけたグローバルなシティズンシップへと拡張されるべきかどうかを問うことである。前章においては、グローバルなレベルにおける正義感覚の能力について、ノディングズのケアリング論をてがかりに、ケアする能力との相互補完の可能性を示唆し、シティズンシップ教育のコスモポリタン・シティズンシップ教育ないしグローバル・シティズンシップ教育への拡張を提起した。しかし、理論的にも実践的にも、グローバルなレベルでのケアする能力と正義感覚の能力との相互補完性が確定されたわけではない。ヘルド等のコスモポリタニズの立場から、再検討する必要があると考えられる。

　最後の課題は、本章においては必ずしも生涯学習の視点を明確にして考察できたとはいえないので、可能なかぎり、子どもから高齢者までの各発達段階におけるこれらの能力の発達について、その相互関係を考慮しながらきめ細かく考察した、生涯発達・学習論を構築することである。

【注】

(1)　本書は、コスモポリタン教育を論じているわけだから、シティズンシップの要素とされるアイデンティティの形成について追究するにあたっても、コスモポリタン・シティズンシップないしはグローバル・シティズンシップを前提にしている。クリックの『シティズンシップ教育論―政治哲学と市民』は、国民国家の枠組みを前提にしているが、オスラーとスターキーは『シティズンシップと教育―変容する世界と市民性』として、同様に「シティズンシップ（教育）」というネーミングながら国民国家の枠組みを超えるコスモポリタン・シティズンシップないしはグローバル・シティズンシップの視点を前提にしている。当然ながら本書においても、同様の視点をとっている。
(2)　伊藤（105-118）、品川（154-168, 214-240）などを参照。

第6章　シティズンシップと道徳的能力―正義感覚の能力とケアする能力　　123

第7章

人権感覚を育む
コスモポリタン教育

1　はじめに

　従来、国境を超えるレベルにおける学びに関わる教育の分野としては、多文化教育、開発教育、環境教育、人権教育、平和教育などが注目されてきた。これらの分野は、それぞれとりあげる内容において特徴や固有性がある。しかし同時に、それらの内容をつきつめていくと、共生や格差、貧困・飢餓、差別、抑圧、構造的暴力などのキーワードで表すことができるように、共通点が多く見られる。これらのキーワードは、コスモポリタンとして、それらの実現や克服をめざして実践するうえで、不可欠な学習対象でもある。コスモポリタン教育は、それらの教育分野を横断しつつ、包摂する性格をもつことを看取できるであろう。

　たしかに、グローバルな学びにかかわる教育の各分野は、現にそうであるように、単独で成り立つことができるだけでなく、連携や補完の関係にもある。ゆえに、それぞれの関係について明らかにすることは重要な研究課題である。しかし、視点を変えると、それらのキーワードが人権の概念に密接に関係していることがわかるので、各教育分野はすべて人権教育的側面もっていると仮定できる。とりわけ、コスモポリタン教育はその横断的・包摂的な性格からより人権教育的側面に注目してよいと考える。

　このようなことから、本章はコスモポリタン教育について、その人権教育的側面を究明し、人権教育としても位置づけようとする。ただし、そのさいに、国境を超える「ケア」の視点からアプローチすることにしたい。なぜならば、地球的視野で考え行動するコスモポリタンの立場では、人権の概念に対してはグローバルな正義の視点からアプローチすることがふさわしく、人権教育に対してはグローバルな正義感覚の育成の視点からアプローチすることが求められ、しかもそれぞれの場合に、国境を超えるケアの倫理の視点がどのように働き位置づけられるかを追究することが重要だからである。

　そこで、本章では、はじめにコスモポリタン教育の現状とそのかかえる問題のなかで、人権の問題を提起する。次に、普遍的な人権が実

現不可能であるという人権のアポリアにより、今日の人権教育が困難に陥っていることを明らかにする。続いて、ケアの倫理の視点が国境を超えていくことで、そのような困難をかかえる人権の問題をコスモポリタン教育が解決していくことを論証する。最後に、ノディングズNoddingsに見られるケアの同心円構造が、コスモポリタン教育の発展をつうじて人権教育の将来を展望するうえで、重要な役割を果たすべきことを提起する。つまり、具体的な生活世界におけるケアしケアされる関係を基軸にするケアを、国境を超えて見知らぬ者との間のケアの関係を新たな基軸にするケアとしてとらえなおし、そのような視点から、人権を核とするコスモポリタン教育の姿を描き出すことを試みようとする。

2　コスモポリタンの道徳的能力の育成

　コスモポリタン教育の思想的源流が、ギリシャのストア派の哲学であるコスモポリタニズムcosmopolitanismにあることは、先述のとおりである。このような思想のもとにおいて、教育の対象たるコスモポリタンは、現代の著しいグローバル化のなかにあっても、ローカルな共同体としての国家のみならず、国家の境界を超えた全人類から構成される共同体に属する個々人と想定される。自らの立場をコスモポリタンというポッゲPogge (265-266) は、コスモポリタンは３つの要素を共有しているという。すなわち、関心の対象としての究極的単位が人間であるという意味で個人主義、そのような単位である個人の地位がすべての人間に平等に与えられるという理由で普遍性、この特別の地位があらゆる人の関心の究極的単位であるという意味で一般性をもつ。このようなポッゲの分析は、ストア派の哲学をより具体的に語ったものであろう。

　ススバウムNussbaum (愛国主義とコスモポリタニズム 2-6) は、このようなコスモポリタンの概念を、国民国家を廃棄して創設されるような世界国家ではなく、「統治形態や世俗的な権力」を超えた「全人類の人間性によって構成される道徳共同体」に忠誠を誓いつつ、政治的実践を担う存在ととらえる。いいかえると、世界国家が存在しなくても、家

族や集団、国民国家などを離れることなく、それらに属していない人びとを道徳的に平等な存在として考えて行動し、あるいは助けを求めている他者に手をさしのべるのがコスモポリタンである。これが、ヌスバウムのコスモポリタン理解である。

このような理解に依拠して、コスモポリタン教育を展望しようとすれば、全人類的な道徳的共同体に忠誠を誓い、かつ政治的実践をになう存在としての人間形成をはかることを、教育は目的とせざるをえないであろう。そこでは、世界国家が不可欠であるか、国家連合で十分であるかなどの議論を考慮しないで、コスモポリタンとしての道徳性の形成を教育の役割とすることができる。たしかに、そのような議論に見られるように、コスモポリタニズムの立場は多様に分かれている。[1]なかには、コスモポリタニズムがいかなる立場や思想内容なのかは明らかにされていないとする立場さえ存在する。[2] この問題についてはこれ以上追究しないこととし、次には、実際にコスモポリタン教育という名で構想され、あるいは提起されている教育にアプローチすることにしたい。

現実のコスモポリタン教育は、必ずしもコスモポリタニズムの思想内容を明確にしたうえで、理論構築され実践されているわけではない。しかし、多くはヌスバウムのコスモポリタン理解の枠組みのなかで、国境を超える視野に立つ道徳性教育として行われていると見てよいかもしれない。

コスモポリタン教育の一方は、コスモポリタニズムの精神にもとづく世界市民教育であり、他方は国境を超えたグローバルな社会においてシティズンシップを育成するグローバル・シティズンシップ教育である。前者については、統一国家としての世界国家は存在していないから、ユートピア的なものにならざるをえず、ヌスバウムのようにコスモポリタンとしての道徳意識の形成の提唱にとどまるということができる。また、後者については、ノディングズ（Global Citizenship 1）も指摘するように、グローバル・シティズンシップそれ自体の定義が難しいので、グローバルな世界の無秩序やカオスの状態を助長しかねないが、そのような世界でも共通の秩序や連帯が求められており、シ

ティズンシップのたんなるグローバルな拡張ではないグローバル・シティズンシップの探求が課題となっている。このような現実に即して考えると、コスモポリタン教育においては、グローバル・シティズンシップの正体に迫り、この育成を重要な課題としてもよい。

シティズンシップについては、第5章および第6章において議論したが、その構成要素としてのアイデンティティが重視される方向にあった。このアイデンティティについては、西平（241-247）のエリクソンErikson理解に依拠するなら、心理社会的レベルの差別や偏見、憎悪や敵対を超越する、全人類を包括する究極の共同体のなかに組み込まれていると自覚する超越的アイデンティティの考え方をとることができる。このように、心理社会的なレベルにとどまらず、道徳論的に掘りさげることができるアイデンティティは、ヌスバウムのいうコスモポリタンとしての道徳意識と同様に、全人類への共感と尊重の地平を拓いていくことを可能にすると考えられる。したがって、アイデンティティ形成のコスモポリタン教育においては、道徳心理的に説明される能力の育成に注目すべきである。

このような能力としては、グローバルな正義の実現に向けられたグローバルな正義感覚をあげることができる。ロールズRawls（624）は、正義感覚そのものは人類愛と連続していることを認める。ヌスバウムがコスモポリタン教育において育成すべきとした「世界市民精神」を構成する諸能力（Nussbaum, *Cultivating Humanity* 9-11）は、重要で意義深いものと評価できるが、地球的な諸課題のすべてに対応しうる完全なものとはいえず、人類愛と連続しているとされる正義感覚の能力であれば、これらを補完する役割を十分に果たしうる。ましてや、ローカルからグローバルなレベルまで広範囲にわたる人権の問題に対しては、正義感覚の能力は、正義の倫理の要請として、貧困からの自由や健康に生きることなどの基本的な人権が地球規模において配分的な正義に適っているかどうかを判断し、人権保障のため行動する原動力として機能しうるものである。

ロールズ（正義論）によると、正義感覚の能力は段階的に発達し、身近な人びととの関係から見知らぬ人びととの関係において機能するよ

うになる。コスモポリタン教育は、このように道徳心理レベルにまで根拠づけられるが、正義の倫理の視点から追究されてきたことの帰結である。しかしここで、正義感覚の能力が機能する人びとの関係は、ケアリング関係と重なる側面があることに注意しなければならない。ケアリングにおいても、身近な人との応答的な関係性のみならず、見知らぬ遠くの他者との関係性を認めることができる。このような関係性は共通的であり、同じことで応答する「互恵性（助け合い）」というものである。たしかに、これまで人権の問題は、正義の倫理の視点から検討されてきたが、正義とケアの共通点が確認された以上、ケアしケアされる応答関係が強調されるケアの倫理の視点によって、その問題の構造変化がありうるのかどうかが検討されなければならない。

3　人権のアポリアと人権教育

(1) 人権とグローバルな正義

　人権概念は、人権思想の歴史的変化や人権保障のあり方の違いなどによって、さまざまに理解されてきた。最近においても、人権の名のもとに人権が侵害されたり、すさまじい人権侵害の横行のなかで人権概念が根本的に批判されるような現実に直面して、人権概念を再定位しようとする試みが見られる。[3] このように、人権概念は絶え間なく問い直されてきた。

　現代の法理論においては、人権は、「人間がただ人間であるということだけによって、無条件的かつ不可変的に、等しく保持するのが当然とされている権利」といわれる（田中 127）。そして、日本国憲法における人権の概念についても、芦部 (73-80) のように、人間の尊厳性を根拠に人間であることにもとづいて当然に有する普遍的権利であると位置づけるのが代表的な憲法学説である。[4] このような人権の普遍性については、人権思想にかかわる国際的な連続講座においても、その可能性への関心が共有されている。この講座において、シュート Shute とハーリー Harry (31) は、人権の普遍性への願望と懐疑的あるいは相対論的な疑念との対立にもかかわらず、人権の行使を抑制するよりは促進する方向に、人権の理論を進展させうることを示している。

たしかに、人権の普遍性に対しては、欧米の文化的視点にもとづく理念であるとして、「コミュニタリアニズム」（共同体主義）や「多文化主義」、東アジアの文化的視点を強調する理論からの批判がある。一方で、欧米中心主義に偏向しない真に普遍的で文化横断的な人権論への提起もなされている（施、人権 61-79）。前者の視点では、個人主義的人間観を基礎とする人権の普遍性が人間の共同性を分断し、実質的な不平等をもたらし、あるいは東アジアの文化との親和性に欠けるということになる。これに対し、後者の文化にとらわれない視点では、人権の普遍性の追求は地球的規模にわたることを否定できないであろう。

　また、大沼 (28-30) は、そのような文化は国家や民族にとらわれやすく、それらを超えた一定の地域的広がりをもつ思考・行動様式としての「文明」の複数存在を認め、それらの相互関係のなかで、しかも長期の歴史的視点に立って人権を考える「文際的人権観」を提起する。しかし、このような人権観では、文明間の衝突の懸念や宗教対立の不安などがつねにつきまとい、人権の普遍性に関しては、文化横断的な視点よりも後退してしまうのではないかと考えられる。

　以上のような人権の普遍性への疑念にかかわる議論よりも、最低限の人権規範あるいは重大な人権の侵害に目を向けることがむしろ現実的である。虐殺や飢餓、政治犯の処刑や拷問、構造的な人種差別などは、人権の普遍性にうったえて、地球的規模において救済をはかることが正義の倫理の要請であろう。最低限の人権規範は、文化や文明を超える普遍性をもつことを認めるべきなのである。まさに、人権は普遍的なものとして、前国家的・前憲法的ないし文化・文明横断的な性格をもち、国内法的のみならず国際法的にも保障されるべきものとの考えが定着しつつあるのは、最低限の人権規範を基底とした人権の普遍性の帰結と考えられる。

　ところで、人権は、憲法や条約等の実定法的な権利・自由の形をとる場合が多いが、実定法化されないものもある。つまり、人権は法的レベルから道徳的レベルにまたがった存在形態をもつ。多くの国ぐにの憲法においては、自由権的基本権と社会権的基本権を柱に人権のカ

第7章　人権感覚を育むコスモポリタン教育　　131

タログを示し、人権保障の拡充をはかってきた。しかし、この人権の
カタログへの合意だけによっては、人権の道徳的側面や普遍性を説明
することはできない (深田 203)。これは、法の哲学的探究として、先に
述べた法理論や憲法学による人権の基礎についての理論的説明におい
て用いられている、「人間の尊厳」の観念への疑問から導かれている。
そのような人権の説明においては、人間の自律を中核にすえたカント
Kant が主張した「人間の尊厳」が一定の役割を果たしてきたことはた
しかであるが、その抽象性や多義性、人間中心主義、他の諸価値との
関係の不明確性などから、人権の基礎についての理論的説明としては
不十分である (深田 202)。そこから提起されるのは、人権は合意の所産
に違いないが、人権の原理が道徳的に妥当ないし適切であることの理
由を示す必要があり、その理由は世界のすべての国や地域、文化や歴
史の差異などにかかわらず理解され承認されなければならないという
ことである (深田 203-213)。[5] たとえば、世界人権宣言や国際人権規約Ａ
規約・Ｂ規約、児童の権利条約などにうたわれている人権は、それら
の差異を超えて地球的規模で妥当していると説明されうる。また、新
しい人権が提唱され、その生成・定着過程や多面的な目標・機能をトー
タルにとらえられ、[6] 国際人権法に組み入れられた場合にも、同様の
妥当性が認められるであろう。

　このように、人権への合意を含めて、人権の原理の道徳的妥当性・
適切性の論拠を示すことができるならば、信仰や哲学の不一致による
人権の基礎づけの衝突は避けられるかもしれない。しかし、その論拠
を示すことに失敗するならば、たちまち相対論的な疑念にからめとら
れてしまう。このような価値相対主義的な陥穽を避ける意味では、究
極的な倫理的価値を追求する実質的正義の規範的な追求が必要となろ
う。現代的正義論は、このような役割を期待されており、ロールズの
『正義論』以来、社会的正義の問題を中心に展開されてきたが、人権の
普遍性をとらえるという課題をも背負わなければならない。それはい
いかえると、国内的な正義を超えた、グローバルな社会に拡張するグ
ローバルな正義としての人権を語ることである。

　近年、人権はグローバルな正義の中心理念として論じられている。

しかし、人権が正義のグローバル化を推進する理念として機能するのかについて、また、人権を中核にすえるグローバルな正義の理念自体について懐疑がもたれている（井上、人権はグローバルな正義たり得るか 245）。したがってまず、グローバルな正義の概念をあらためておさえておく必要がある。それは、先行研究からも明らかなように、国境を超える正義であり、正義の強い規範的要請にもとづいて、法的ないし道徳的な統制力をもっている。このような統制力の問題として、「正義の義務」が語られている。この義務は、自発的な行為にもとづく「慈善の義務」に対して、強制力のあることが正当化されるものである。視点を変えると、前者が「完全義務」、後者が「不完全義務」といわれる。ロールズの正義論では、共通の憲法下の法・政治基盤において人びとの社会的・経済的状態のよさを達成することが強制的な互恵関係にもとづく「正義の義務」とされているものの、[7] 国境を超えることの主張はない。しかし、この正義の義務が国境を超えることがなければ、グローバルな正義は実現できないので、「国境を超える正義の義務」としての検討が行われるようになっている。

　国境を超える正義の義務については、懐疑論あるいは消極論がある。それは、キムリッカ Kymlicka（391）に代表されるように、グローバルな正義の制度が現在のところ存在していないのだから、それを構築する正義の義務、しかも努力義務があるというものである。しかし、そこに思考停止する必要はない。現に、正義の義務が国家内にとどまり、また国境を超えて果たされないために、貧困や抑圧、暴力、生命の危険などが存在する。だから、構築論を検討し、国境を超える正義を追求することが正義論の要請であるだろう。

　このような構築論については、神島（国境を越える「正義の義務」89-93）によるサーヴェイに注目したい。神島は、ヤング Young、ポッゲ Pogge、ススバウム Nussbaum の構築論を検討している。いずれも、ロールズの正義論を継承しているが、利点と難点があるという。

　ヤングは、「社会的つながり」が存在論的・道徳的に政治制度に先行しており、容易に国境を超えていることを、国境を超える正義の根拠にする。しかし、そのようなつながり自体が構造的不正義をかかえ

第7章　人権感覚を育むコスモポリタン教育　　133

ており、それを克服する責任の問題の解決に困難がある。

このヤングと同様の国境を超えるつながりが、豊かさと貧困をもたらしている、という認識に立つのがポッゲである。したがって、グローバルな制度から利益をえている諸国とその市民は世界の貧困の削減のために、他者の資源を奪わない消極的義務を負い、違反した場合には損害賠償や原状回復の責任がある。しかし、富裕諸国の市民にも責任があることを立証することや、地球資源の配当の問題は困難であるという。ただし、ポッゲは、原状回復すべきものが身体的安全、飲食物、移動と行動の自由、基礎教育などの「基本財」であり、それらを人権の対象とし、また人びとの善い生の達成に関心をよせている。

ヌスバウムは、このような点をもって、ケイパビリティ・アプローチ capabilities approach に収斂すると見る。ヌスバウムのいうケイパビリティには「潜在能力」、「生き方の幅」、「可能力」などの訳語があてられている。どれが適切かの議論はおくとして、ここではそのままケイパビリティという語を用いる。そして、ヌスバウム（正義のフロンティア）の文脈では、ケイパビリティ・アプローチは、人間がより善く生きることのできる社会を実現するために、人びとに保障すべき権原がリストとして示される。それらは、「生命」「身体の健康」「身体の不可侵性」「感覚・想像力・思考力」「感情」「実践理性」「連帯」「ほかの種との共生」「遊び」「自分の環境の管理」で、ひとつでも欠けると、人間の尊厳に見合った人生ではなくなる (90-92)。つまり、ケイパビリティは、人間の尊厳にふさわしい生を送るためのニーズであり、人間にとって育成されるべきであるとともに、妨げられた生ではなく繁栄・開花した生を与えられるべきだという、道徳的な権利要求の源泉になるものである (319)。そして、すべての人間がこのケイパビリティの権原をもつのだから、世界の人びとに必要とするものを供給する集合的責務を全員が負っている。それゆえ、すべての人間の生がまっとうであるように、共に生き協力するための方法を見つける集合的責務を、人類は負っていることになる (321)。

このように、ヌスバウムは、権原から出発することにより義務を説明できた。それを敷衍すると、より善く生きるという道徳的な権原の

相互尊重、すなわち人間の尊厳を尊重し合うところに、集合的義務が存在する（神島、国境を越える「正義の義務」91）。これを「正義の義務」ということができる。よって、グローバルな正義の原理の根拠が示されたといえる。ヌスバウム（正義のフロンティア 322）は、ケイパビリティを「世界中のすべての人びとに対して適切な閾値レヴェルまで保障し終えない限り、私たちの世界はまっとうで最小限に正義にかなった世界とはならない。」という。ケイパビリティ・アプローチによって、グローバルな正義の実現をめざそうとしたのである。

　以上、ヤング、ポッゲ、ヌスバウムの3人を取り上げた。ヤングについては、人権への言及がなかった。ポッゲは、基本財のリストをあげてそれを人権の対象にするが、それは貧困の削減に収斂するもので、人権アプローチとしては狭いものであった。これらに対し、ヌスバウムのケイパビリティ・アプローチは、自認するように、政治的・市民的な自由および経済的・社会的な権利を包含し、このような人権とともに、国内における憲法思想と国際正義に関する思想の基礎となる根本的な権原を説明する役割を果たすという意味で、人権アプローチの一種と位置づけている（ヌスバウム、正義のフロンティア 326）。神島（国境を越える「正義の義務」92：コスモポリタニズムとの論争 101）は、ヌスバウムのこのようなアプローチについて、あらゆる人間がケイパビリティへの権原をもつという意味で人権の普遍性を確認するものであり、相互の権原を尊重し合う人間を育成するためには、道徳感情にうったえる必要があるので、ヌスバウムの人権を保障するグローバルな正義論は道徳教育を要請しているという。

(2) 人権教育の意義と役割

　人権の尊重が道徳感情に関する教育をつうじて習得されるのであれば、これを道徳教育ということができるであろう。しかし、道徳教育は人権尊重以外のさまざまな道徳感情を育てるのであるから、人権尊重に限定する教育の分野は人権教育として独自に打ち立てるべきである。[8]　このようにして、人権教育は人権の理解や尊重意識、行使能力を育てる教育と認められるようになり、人権侵害をなくしたり、人

権の不徹底の状況を克服するために、各国においても国際的にも取り組まれるべきものとされるようになった。[9] 国連は、このような認識のもとに、1995年からの10年間を「人権教育のための国連10年」とした。これを受けて日本では、2000年に「人権教育及び人権啓発の推進に関する法律」が成立した。以来、国内的にも国際的にも人権教育は重要な課題となり、歴史的現実としても人権教育の推進を確認することができる。その大きな要因となったのは、人権概念の普遍性である。

　この人権の普遍性をふまえて、人権教育は「人権としての教育」「人権についての教育」「人権を通じた教育」「人権のための教育」の4側面から論じられ、推進されてきた（平沢 19-24）。このうち、「人権のための教育」が前の3つの教育を統合する位置にあることがわかる。それは、普遍的人権の保障の実現に貢献するための教育であり、実践をともなうことも多い。このような教育においては、人権を尊重し、それを普遍的なものとして実現するために行動しようとする資質や力量の育成がめざされる。そして、この資質や力量は、人権の実現にかかわる知識や技術、態度に分類することができる（平沢 24）。そこで、この態度にあてはまるものとして、「人権感覚」をあげることができよう。

　人権感覚については、「正義感覚」のような学問的議論は、管見のかぎりではほとんど行われてこなかったようである。正義感覚はロールズの正義論において明らかにされているように、社会のメンバーが正義の原理にもとづき行為し、社会の制度が正義に適っているならばそれを維持しようとする感覚を実践に移す能力である。これは、国境を超えるグローバルな正義論においても、道徳心理的基礎に位置づけられる。このような正義感覚は、社会的な正、不正を感じとる心の働きであり、ロールズの主張する市民的不服従などの行動につながるものである。したがって、それは人権の保障を国家や社会へ要請する正義の基礎となる。これに対し、人権感覚とは、「人権の価値やその重要性にかんがみ、人権が擁護され、実現されている状態を感知して、これを望ましいものと感じ、反対に、これが侵害されている状態を感知して、それを許せないとするような、価値志向的な感覚である。」と説明される。このように、正義感覚的な要素も見られるが、どちらか

といえば現実や状況を感じとる感覚である。これは、文部科学省の人権教育の指導方法等に関する調査研究会議「人権教育の指導方法等の在り方について（第三次とりまとめ）」（平成20年4月）によるものである。学問的な定義というよりも、教育政策への提言としての説明であることを考慮しなければならないが、人権感覚そのものについての研究が乏しいなかで、一定の意義を有するものである。

　このような段階において、あえて正義感覚と人権感覚の関係性を指摘するならば、正義感覚の枠組みのなかに人権感覚があるということができる。正義感覚は人間社会の正、不正を感じとるのに対し、人権感覚はその社会で擁護され尊重されている権利・自由の実現や侵害を感じとるのである。前者が社会というより広い領域を対象にし、後者が社会を構成する集団や組織から個人の領域にまで具体化されうるという意味では、そのような関係が認められる。もちろん、そこでいう社会とは、国内社会にとどまらず、グローバルな社会をもさしている。これまでの法と正義に関する法学的あるいは法哲学的な議論をみても、正義と人権、およびそれぞれの感覚の道徳心理的レベルの関係はしかりである。ここでは、グローバルな正義感覚の育成の視点からのアプローチが、人権教育において人権感覚を育てる背景的な力となりうることが明らかであるといえる。

　最近では、服部 (72-73) のように、以上の正義の倫理を批判的にとらえ、ケアの倫理にもとづいて個人の具体的な「善き生」を念頭におく人権概念を構築しようとする試みも見られる。このような視点では、人権感覚をより錬磨した形でとらえることができる。ケアの倫理の視点は、国境を超えるレベルにおいても人権概念と関わり、新たな問題を提起することについては後述する。

　そして、生涯学習の視点に立つと、人権感覚のような資質や能力の育成は、生涯にわたって行うことが課題となる。学校教育、社会教育、その他の分野を問わず、具体的な教育計画が構築され、効果的に教育実践が行われるべきことは当然であり、それが体系的なものであることが期待される。これらの理論構成については、今後の研究課題にしておきたい。

第7章　人権感覚を育むコスモポリタン教育　　137

しかし、ここで問題になるのは、教育をつうじて実現がめざされるべき普遍的人権はすべての人に無条件に妥当し、国民国家の国境を超えて広く共有されてしかるべきものであるが、その普遍的な人権の理念が実現不可能ではないかという、人権をめぐるアポリアである。

(3) 人権のアポリアとケアの倫理の視点

　人権のアポリアとは、フェミニズム理論家の岡野 (322-336) によるなら、人権は保障されることの不可能性が決定づけられていることを意味する。人権はあらゆる人にとって究極で不可侵の権利であるはずだが、強制収容所での殺りくや女性に対する暴力などにみられる国際社会における歴史や現実を注視すると、人権に訴えるほかはない人びととはまだしも、沈黙を強いられた人びとさえ存在している。このように、人権侵害のもっとも深刻な事態が沈黙のうちにあるのだから、この沈黙を破り、他者から承認をえることによって、人権としてうったえなくてもよくなるはずである。ところが、承認する者たちの共同体としての国民国家においてこそ普遍的人権は存在するというのでは、他者を共同体に包摂するのでなければ人権は実現されない。

　しかし、「人権は、国民国家において実現されるものではないし、わたしたちの中に他者を包摂することによって実現されるものでもない。むしろ、わたしたちの理解を超えたもの、わたしたちが排除したものや否認したもの、そして、現在においては忘却の彼方にあるものにこそ人権の価値が宿り、だからこそ、わたしたちは人権という理念を捨ててはならないのだ。」(岡野 336) これこそが、人権のアポリアを象徴する言葉であり、同時にアポリアを克服する可能性を示唆していると考えることができる。

　このような人権のアポリアは、人権教育のあり方についての再考を促すことになるであろう。人権教育の中心になるのが先述のように「人権のための教育」であるのだから、人権のアポリアが克服されていない以上、教育理論としては教育目的・目標が定まらず、教育内容論の構築にとって問題である。このままでは、貧困や飢餓、差別、人道的介入などをキーワードとする、人権教育のあり方の追究も危うく

なりなかねない。

　このような人権のアポリアのもたらす人権教育の障がいを乗り超えるためには、先述のグローバルな正義にもとづく、普遍的人権の保障の視点を再確認する必要があろう。生涯学習論の立場からも、グローバル化の急速な進展にともない、従来の国家主権に対して国民や人民の主権との関わりで人権の議論が行われてきたが、いまや「地球時代」の「市民性citizenship」形成にかかわる人権（人間としての権利）が問われていると論じられるように（鈴木 16）、人権教育としてのグローバルな市民性教育が提起されている。今や、国際社会における人権保障を視野に入れた人権教育が課題となっているのである。しかし、国民国家の人権保障も不十分な状況にあり、むしろそれが国際社会へと連続し拡張しているかのような現状がある。たしかに、国民国家をも、また国際社会をもつらぬく普遍的権利として、人権を再構成する理論の構築が求められ、それが試みられてはいるが、[10]グローバルな拡張性をもっていたとしても、もはや正義論の枠組みのみでは普遍的人権の不可能性を克服できないように考えられる。正義の倫理に加えて、それを補完する倫理にもとづき、人権概念のとらえ直しをする必要があろう。

　すでにポッゲにみられるように、配分的正義の要請として人権を地球規模において実現しようとするのが、典型的な正義の倫理である。この正義の倫理と相互補完的な関係にあるのが、ケアの倫理である。この関係については、すでに前章で明らかにしている。正義の倫理の要請にもかかわらず、人権を保障されずに排除され無権利状態にある人びとに救済の手をさしのべようとするには、ケアの倫理の視点が不可欠ではないだろうか。人権のアポリアとしての普遍的人権の実現不可能性も、この視点の欠如が大きく影響していると考えられる。先述の岡野による人権のアポリア克服への挑戦は、人権の保障や擁護が正義の倫理に加えて、ケアの倫理の貢献が必要であるとして試みられたものであるが、その論理については後述する。このように、ケアの倫理の視点から人権の概念にアプローチすることは、興味深い課題である。

これまでも、ケアのような人間の感情にかかわる概念によって、人権を説明する方法は注目されてきた。たとえば、ローティ Rorty のような人権への反基礎主義はおおいに批判されているが、人権文化は「感情教育」の進歩に負うと主張する点が重要である。ローティ（158）は、人間同士の「類似性」の大切さに気づく能力が高まることを意味する感情の進歩が感情教育の結果であり、この類似性こそが両親や子どもたちを大切にするというような表面的な類似性で、人間と多くの人間以外の動物とのあいだに隔てなく存在するという。しかし、深田（246）は、このように人権を人びとの感情のみによって説明するのは、人権の基礎の説明としては不十分であると批判する。だが、感情も含めて説明できるとなれば、人権の保障がケアの倫理の視点ともかかわることを示唆している。このような視点を人権論に積極的にかかわらせているのが、ベイアー Baier である。施（リベラリズムの再生 195）によると、ベイアーは、児童や老人などの弱者の世話をしないで放置する社会は一世代のみしか存続を保証されないので、ケアの倫理の側面に考慮を払うべきことを主張している。

　このような感情にかかわる概念からケアの倫理の視点に至る流れのなかで、人権の概念をとらえ直そうとすれば、普遍的人権の実現不可能性を克服する方向が見えてくる。そして、このことがまた、人権を実現するための人権教育の発展を導いていくことになるのである。

　次には、このような人権教育が明確にケアの視点を介在させることにより、コスモポリタン教育とどのような関係構造にあるのかを見ていきたい。

4　国境を超えるケアとコスモポリタン教育

　コスモポリタン教育は、正義の倫理の視点から、コスモポリタン・シティズンシップの構成要素のひとつとしてのアイデンティティの形成を担う。このため、国境を超えて不正を正そうとするグローバルな正義感覚の育成をめざし、人権などの道徳的価値を自己のものとする学びの実践が求められる（小林、コスモポリタニズムの世界市民教育論）。一方、ケアの倫理の視点からは、アイデンティティの形成がグローバルな意

味をもつことからすると、見知らぬ人や遠くの他者との応答的な関係性を視野に入れる必要に迫られる（小林、世界市民教育におけるグローバル・シティズンシップ育成）。

　これらの視点のうち、正義の倫理の視点についてはまだ追究すべき課題は残っているが、別に論ずべきこととし、本章ではケアの倫理の視点が人権の問題を媒介にコスモポリタン教育にいかなるインパクトを与えるかを追究しようとする。その場合に、人権の問題が容易に国境を超える性格をもつことから、ケアの倫理が国境を超えうるものであるのかどうかを確認し、人権保障にいかなる貢献ができるかを明らかにしたい。

　ケアの倫理の視点から人権の問題にアプローチした研究として、岡野（331-347）の理論をあげることができる。この理論は、「承認の政治」を批判・克服する「証言の政治」の立場から、人権を尊重するということは国民国家の内部ではなく、その外部に目を向けることであるという。承認の政治とは、国民国家において市民社会に生きる市民権をもつ者たちが承認の主体であり、このような人びとの共同体でこそ普遍的な人権は存在し実現するというものである。そこでは、承認される側は客体にすぎず、人権のもつ包摂の力が機能するさいに排除をともなうおそれがある。このようなことで、人権はいまだ実現されていないものと構想することができ、すでに市民権を保障している国民国家の諸制度の外へふみだしていくことが要請されている。ここで、証言の政治が注目される。これは、世界のあらゆるところで声が聞き取られずに沈黙させられてきた人びとが存在し、その尊重されるべき人権について考えることを提起する。たとえば、戦争犯罪や従軍慰安婦に関わる証言などは、国境を超えて考慮し保障されるべき普遍的な人権について語ることの意味をもつ。

　このような証言の政治の立場を、倫理的な視点から裏づけると考えられるのがケアの倫理である。ギリガン Gilligan が提起したケアの倫理は、目の前の個別具体的な存在との応答的・依存的関係にみられる道徳原理であるが、国境を超えて視野を広げることはもとより、公的領域からも排除されてきた。しかし、ケアの倫理を排他的な関係性の

第7章　人権感覚を育むコスモポリタン教育　　141

うちにとどめておくことには問題がある。ケアの倫理について再考してみると、それは明らかである。すなわち、ケアしケアされる関係を母子関係に根拠づけたのがノディングズ（ケアリング）であるが、そのような関係においても絶えず変化し成長する子どもは未知なものをかかえている他者でもある。また、ケアという道徳的価値とは、あらゆる人が尊厳性をもつことをケア（ケアリング）関係において承認しあうことにある。さらに、これらに加えるべきであるのは、そのような関係において忘れ去られた他者を想起することで、他者を具体的に取りもどすことが可能であるということである。このように、ケアの倫理の視点は、身近で具体的な他者との応答的・依存的な関係から出発するものの、未知の者や遠く離れた存在とのケア関係の成立の可能性を示唆している。

　ケアの倫理については、人間の「依存性」に根拠づけることが説得力をもって語られてきた。キティ Kittay によると、人間は誰かに依存することなしには生命を維持できそうにもない。これを表現して、「かよわい依存者のケアをすることを通じてつくられる関係と、その関係がケアされる者とケアする者双方に与える価値である。この関係は社会のいたるところに存在し、哲学者が列挙するどんな人間としての特性とも同じくらい、人間性にとって基本的である。」（キティ74）という。いいかえると、人間の依存性が必然であることの背景は、依存者の「脆弱さ」や「傷つきやすさ」が人間関係につきまとっていることである。このことをもって、人間の依存性がただちに国境を超える視野でとらえられるのかどうかである。人間存在に普遍的なものを追究しようとする哲学では、人間の「非力さ」を共同存在（相互存在）の根拠とするハイデガー Heidegger の存在論や、傷つきやすさを人間本性としての他者への依存性に導くマッキンタイア MacIntyre の理論などが対応可能であると考えられるが、ケアの倫理の視点では現実的な実践が要請される。とすれば、ここでまた、政治理論に依拠すべきことが確認される。ましてや、普遍的な人権の保障を視野に入れるのであるから、国境に左右されずに、ケアをまっている傷つきやすく不安な存在によりよく応答しうる政治が求められるのである。この意味では、

142

コスモポリタン教育は人権の尊重とケアの倫理にもとづいて行われる、政治教育をも担うものとして位置づけられる。

5　ケアの同心円構造と人権教育の行方

　ケアの倫理は、国境を超える視野の広がりをもつゆえに、コスモポリタン教育の必要性と推進の根拠となりえた。しかし、生活世界における個別具体的な存在との応答的・依存的関係にみられる道徳原理として出発するケアの倫理が、どのような構造のもとに国境を超えて見知らぬ他者とのケア関係を形成するのかについては、必ずしも十分に明らかにされているとはいえない。このことは、人権教育においても、身近な他者の人権の尊重と見知らぬ他者のそれとの間に差異があるのかどうかの問題に影響を及ぼしている。したがって、ケアする者とケアされる者との関係構造を解明する必要がある。

　この点について、ノディングズ（学校におけるケアの挑戦）のいうケアの同心円構造がてがかりになる。それは、ケア関係がケアする人と、ケアされる「自己」「親しい他者」「見知らぬ人や遠い他者」「動物、植物、地球」「人工世界（道具と技術）」「アイデア（芸術と学問）」との関係として構想される。人権の問題との関連では、これらのうち前から三者までの間とのケア関係を考えるだけでよいだろう。ケアする人からは、セルフケアにはじまり、親子関係、友人や知人、さらに見知らぬ人や遠い他者というように、ケアされる対象は距離が遠くなる。ケア関係をめぐる現実感覚としては、親密な他者との応答関係において実際的な体験やコミュニケーションをつうじて、生きている実感をえたり、自分という存在を確認できるという意味では、はるか広く遠い対象との関係ではそれは乏しくなるだろう。

　同心円構造を物理的な距離の視点だけでみると、ケア関係はそのようにとらえられる。しかし、心理的な距離の問題としてみるならば、同心円構造はケアする人にとって、もっとも外側の円がもっとも遠い存在とは限らない場合もありうる。また、先述のように、ケアの倫理は人間の依存性にもとづき、傷つきやすく不安な存在への応答を要請するのだから、もっとも外側の円に位置する他者でもケアをまってい

ることが考えられる。このように同心円構造を理解できるならば、見知らぬ人や遠い他者の苦しみや立場に共感し、それらを気づかい、思いやり、救済しようとする実践や行動につながるだろう。

ノディングズは、そのような他者とのケアの内容として、人種や階級、ジェンダーなどの違いや異文化・社会を学び、異質な人びとが相互にケアし共存する生き方を学ぶことをあげている。ケアが同心円構造をなし、ケアの倫理にもとづき人権の普遍性とその保障をとらえる感覚（人権感覚）を身につけるならば、ノディングズの提起したケアの内容は、必ずしも実現不可能ではないであろう。

このように、ケアの倫理が国境を超えて人権尊重をうったえることにより、人権教育の新たな方向を見いだすことができ、コスモポリタン教育の重要な側面もまた確認できるのである。

6 おわりに

全地球的な視野で考え、行動する市民を育むコスモポリタン教育は、コスモポリタンとしてのアイデンティティ形成をつうじて、グローバルな正義の実現に向けられた正義感覚の育成を課題としている。人権の普遍性は、人間の尊厳にもとづいており、このような正義として語られる必要がある。

グローバルな正義については、ヌスバウムの提起するケイパビリティ・アプローチからもっともよくとらえることができる。このアプローチは、あらゆる人間がケイパビリティへの権原をもち、しかも相互に権原を尊重し合う人間を育成するために、道徳感情にうったえるものとして人権教育を要請する。人権教育は、人権を尊重し、それを普遍的なものとして実現するために行動しようとする資質・能力の育成をめざそうとする。しかし、人権のアポリアのまえに、人権の実現不可能性と人権教育の障がいがもたらされる。これをグローバルな正義の倫理の視点から普遍的人権を保障することにより克服しようとしても、排除され無権利状態にある人びとを救助するには、他者を思いやり、気づかうケアの倫理の視点が必要である。

ケアの倫理は、人間の「依存性」を根拠に、国境を超えて傷つきや

すく不安な存在によりよく応答することをとおして、普遍的人権の保障を視野に入れることができる。この視点の広がりは、ノディングズが示したケアの同心円構造によって裏づけられる。このように、ケアの倫理にもとづきグローバルに人権尊重をうったえることにより、人権教育の発展を展望でき、コスモポリタン教育の重要な人権教育的側面を確認できるのである。

　以上のようなまとめをふまえて、今後の若干の課題をあげることにしたい。

　その第1は、人権教育にふさわしいコスモポリタン教育の具体的なあり方の追究である。本章においては、コスモポリタン教育がそのまま人権教育になるという視点ではなく、人権教育としての側面をどの程度もち合わせているかを検証しようとした。つまり、人権教育との重なり具合を明らかにしようとしたのである。これまでの研究においても、人権教育を国際理解教育、市民性教育などの中心概念に位置づけ、そこでの人権学習の意義をとらえてきた。[11] しかし、これらの視点では人権教育が前提にされているため、人権教育から国際理解教育や市民性教育をとらえ、それらを歪めてしまうおそれがないだろうか。本章での考察をふまえるならば、コスモポリタン教育の概念を厳格にとらえ、その枠組みのなかでより鮮明に人権教育を展開する視点が重要となるだろう。

　第2には、人権アプローチともいうべきヌスバウムのケイパビリティ・アプローチを、グローバルな正義の倫理の視点とケアの倫理の視点との相互補完関係においてとらえるという課題があげられる。ヌスバウムは、ケアは単一のものではないから、別個のケイパビリティとして追加されるべきではないという。すなわち、「ケアは人間の中心的な可能力の全範囲に取り組むものだと言わなければならないし、もしくは取り組むものであるべきだと言わなければならない。」(ヌスバウム、正義のフロンティア195) グローバルな正義の倫理の要請は、人間がより善く生きることのできるグローバル社会を実現することであり、リストとして示されるケイパビリティが備わり、普遍的人権が保障されているならば、人間の尊厳に見合った人生となるのだから、これを

第7章　人権感覚を育むコスモポリタン教育　145

ケアの倫理の視点からとらえることもきわめて重要である。そこでは、人権の概念および人権教育が、グローバルな正義とケアの倫理の視点の両面からとらえ直される。

【注】

(1) コスモポリタニズムの理解については、だいぶ整理がなされてきてはいる。たとえば、柳澤、神島裕子 (コスモポリタニズムとの論争) などがある。

(2) 伊藤 (233) は、多くの見解をふまえて、このようにいいきる。

(3) たとえば、井上達夫編集代表は、第1巻『人権の再問』、第2巻『人権の主体』、第3巻『人権の射程』、第4巻『人権の実現』、第5巻『人権論の再構築』によって構成されており、人権を根源的に問い直し、再構築をめざそうとしたものである。

(4) 日本国憲法のもとにおける人権理論はさまざまな変化を遂げており、今後も変化し続けることが十分に考えられる。渡辺は、人権理論の変容の過程を詳細に考察していて、今後を展望するうえで有益である。

(5) 深田は、そのような理由として、人権の原理が5つの特性をもつことをあげている。すなわち、人権の原理は、①国際諸機関における合意、しかもいくつかの層からなっている合意の重層構造をもつ、②人間社会の福利に寄与する、③通常人の道徳的直観・判断と適合しているかそれらを適切に説明している、④「人間らしい生」を希求する人間像の含意である規範的要請を充たしている、⑤人権の観念・思想・制度が消失してしまった場合の帰結は、人々の受容しえないものであるという思考実験になる、というものである。

(6) このような新たな人権の生成・定着の問題についてくわしくは、田中 (168-174) 参照。

(7) この点について、神島 (国境を越える「正義の義務」86) 参照。なお、ロールズのいう正義の義務については、ロールズ (146-158, 441-453) 参照。.

(8) このような道徳教育と人権教育の峻別は、道徳感情あるいは道徳的情操の複数性か否かを基準にしたものであり、なお検討の余地がある。「道徳教育とは、社会規範の内面化とそれへの批判的検討と自己の価値観の形成であり、それを促す一つのしかけであり、アイデンティティ確立との関わりが深い。他方、人権教育は、社会構造を人権という視点から問い返し、認識の深まりと学習者の態度・行動変容を促すしかけを持ち、法やシステムとの関係が深い。」(生田 114) というような視点もあり、今後の検討においても参考にする値がある。

(9) 戦後から1990年ころまでの世界の人権教育の大きな流れと、わが国の人権教育の歴史と内容については、河内参照。

(10) このような試みは始まっており、その一端を示すことができるが、それらの多くは現実主義的な視点に立つものである。たとえば、人権の普遍性の完全な形態の存在を前提とした制度設計は現実的でなく、実際に人権が実現されている過程を評価するアプローチによって、国内システムと国際システムの「共生」関係のもとに人権保障をとらえようとする試みとして、江島 (199-225) 参照。また、人権が普遍的であるからこそ「人道的介入」が正当化されると考えるが、清水 (45-67) は、世界政府が存在し

ない分権的な国際社会において、人権という普遍的価値を実現するためには、非国家主体間の連携とそれらの各国政府への支援を通して、覇権的秩序を国際法体系にもとづく規範的秩序として確立すべきことを提起している。

(11)　たとえば、野崎など参照。

第8章

コスモポリタニズムと
「愛国主義」

1 はじめに

　人類全体を一つの世界の市民とみなすコスモポリタニズムcosmopolitanismの思想にもとづいて、地球的な視野において考え，行動する世界市民を育む意義をもつコスモポリタン教育Cosmopolitan educationは、自己の国家への愛着と忠誠の心を育てる「愛国主義」教育、もしくは「愛国心」教育との対立面が強調されてきた。

　ここでいう愛国主義と愛国心とは、ほとんど同義と見なされ、パトリオティズムpatriotismともいわれる。愛国とは、自己の属する国家への愛情を抱き、忠誠を誓い、献身の態度を示すことなどである。そして、愛国主義は愛国を一つの思想や立場としてとらえ、愛国心とは愛国を心理的な感情のレベルでとらえたものである。本章においては、思想面に重点をおき、主に愛国主義という言葉を用いるが、心理的なレベルに着目して説明するときは、愛国心と表現することにする。

　教育は、人間の形成や育成をはかることであるが、愛国主義教育patriotic educationがそのように国家への自己犠牲を求めるものであるならば、世界市民の育成をはかろうとするコスモポリタン教育との違いは決定的である。このため、相互に協力関係を築くとか、融合もしくは連携するという試みはなされなかった。それぞれが自己の優位性を主張し、いずれかを選択することによって、課題も解決するかのようなとらえ方がされてきたように思われる。とくに、近年、世界の諸国においては、ポピュリズムが台頭し、また民主主義の危機が叫ばれるなかで、愛国を強調する排外主義的な国家主義の傾向さえ見られ、政治や行政の力によって愛国主義教育を推進しようとする動きも明らかとなっている。

　このようななかで、教育哲学者のノディングズNoddings (*Peace Education*) は、愛国主義が両義性を有するものであることを提起した。それは、愛国主義がコスモポリタニズムから排除される側面と包摂される側面をもつというものである。ノディングズは、これを愛国主義の両義性ambiguityと位置づけている。この点に注目するならば、コスモポリタニズムと愛国主義は相互に排他的関係にあることを絶対視す

る必要はなく、愛国主義をコスモポリタニズムの求めるグローバルな
ニーズへの貢献を受け入れるように方向づけることができるかもしれ
ない。この意味では、ノディングズは、コスモポリタニズムと愛国主
義の調和を試みたといえるのではないだろうか。

　ノディングズ（*Peace Education* 66）の「エコロジカル・コスモポリタニ
ズム ecological-cosmopolitanism」の概念は、そのために考え出された
ものであろう。ノディングズ自身は、ヌスバウムら（国を愛するというこ
と：*For Love of Country*）によってアメリカで展開されたコスモポリタニ
ズムと愛国主義の論争に与することはしてこなかった。[1] だが、その
ような概念の提起をみると、コスモポリタニズムの立場に立ちながら、
愛国主義に親和的な姿勢を示したということができる。それは、教育
の次元から考えると、郷土を愛することを全人類の故郷を守ることへ
と同心円的に拡大するコスモポリタンの育成を展望させるものである。

　このように、コスモポリタン教育の推進の側に立つと考えられるノ
ディングズが、愛国主義の両義性にもとづいてその排除と包摂を主張
するのはいかなる根拠にもとづくのだろうか。

　本章においては、コスモポリタン教育の根拠づけをするノディング
ズの論理構造を分析し、その意義を明らかにするとともに、今後とも
愛国主義教育を推進する力が働くことが予想されるなかで、コスモポ
リタン教育が愛国主義と関わりながら、今後どのような課題を提起す
るかについて、考察することにしたい。

2　コスモポリタニズムと愛国主義の対立と調和の可能性

　コスモポリタニズムと愛国主義をごく単純化して説明するならば、
次のようになるだろう。

　コスモポリタニズム（世界市民主義）とは、全地球に近代的な諸国民国
家を超えた唯一の国家、すなわち世界国家のみが存在し、コスモポリ
タン（世界市民）がその国家の運営を担うという考え方である。これに
対して、愛国主義（パトリオティズム）とは、全地球に存在する多くの国
民国家にそれぞれ帰属する国民が国家に忠誠を誓い、心理的レベルで
は国家に愛着を感じることによって、国家が正当化され、その国家に

第8章　コスモポリタニズムと「愛国主義」　　151

よって国民が外敵から守られるという考え方である。そして、唯一の権力をもった世界国家なるものは現存していない以上、コスモポリタニズムは非現実的な性格を免れない。むしろ現実的には、多数の国民国家が存在し、国際連合のような国家間組織を形成しつつ、対峙や競争、あるいは共存をしていることにかんがみると、愛国主義を強力に擁護する立場が存在することも理由のないことではない。

　そうだとすれば、コスモポリタニズム-非現実と愛国主義-現実とに区別し、コスモポリタニズムを実現不可能な単なるアイディアとして排除することは、愛国主義の立場からは容易に行われうる。また、コスモポリタニズムの立場から、世界国家を人類の究極的な達成課題とし、歴史的現実の国民国家や国家間組織を虚構とみなすようであれば、現実はすべて否定され、思考停止にさえ陥ってしまう。したがって、世界の平和が国家間の争いで脅かされている以上、コスモポリタニズムにもとづく教育を推進するにあたっても、国民国家への忠誠や愛着を求める愛国主義の問題をどのように理解し、関連づけるかが鍵になると思われる。そこで、まず愛国主義がいかに正当化され、教育としても実施され、いかなる結果を招いているかを、次には、コスモポリタニズムとそれにもとづく教育の思想と実践において、愛国主義がどのように認識され扱われてきたのかを、それぞれ先行研究によって明らかにする。

(1) 愛国主義の光と影

　市川は、「愛国心教育」の正当化の論理をまとめている。すなわち、世界国家が誕生する見込みはなく、それが必ずしも望ましい統治形態でもないので、人びとはいずれかの国民国家の一員として生き続けるほかないが、国民国家が存続するために多少の国民の愛国心が不可欠である以上、愛国心教育を求める主張が地球上から消滅することはありえない。しかし、愛国心教育は、個人の思想信条の自由を制約するものであるため、反対論との対立が避けられないが、いずれの立場も矛盾を抱えているとされる。

　このように、世界国家の実現は絶望的であり、国民国家に代わる政

治単位が存在せず、愛国心が外圧への反応としてあらわれることにかんがみると、国民国家とナショナリズムが消滅することはありえないとする。このため、愛国心教育は解決の目途が立たないまま、今後も存在し続けると予想する。

　これをもって、愛国主義教育をめぐる多様な立場のいずれにも与せず、問題の本質に迫ったと評価できるかどうかは疑問である。たしかに、世界国家が存在せず、あるいはそこまで到達していない以上、国民国家によって守られている民主主義社会の市民として、戦争と同様に、愛国主義を論じ続けざるをえないというのは、現実の世界認識としてはまちがってはいないだろう。しかし、これはあまりにもリアリズムに依拠した見方ではないだろうか。世界国家の誕生が限りなく永遠に近い困難な課題だとしても、生まれた人は必ず死ぬという現実性・真実性ほどではないのであり、現実の国民国家を絶対視する視点を超えない限り、愛国主義論争においては国民国家の擁護派に与するものである。

　世界国家には至らないまでも、EU（欧州連合）のような地域連合の形成、国連を中心とした紛争解決あるいは戦争の予防、国境を超えた災害救助などに見られるように、国民国家の枠組みを超えた国家間の連携・協力は前進しつつある。世界国家の巨大な権力を憂慮しながらも、その実現に向けた歩みは続けられているのもたしかである。

　このような方向に棹さすように、愛国主義教育への圧力はむしろ強化されつつあるように見える。わが国では、戦後ほどなく道徳教育が導入され、このなかでつねに愛国主義教育のねらいを保持し続け、教育基本法の改定によって法的にも正当化し、道徳の教科化に至って、推進の土壌ができあがった。このような道徳教育に限らず、すでに学校教育全体においては「国旗掲揚・国歌斉唱」に象徴されるように、愛国心をもつことが強制されている。このような状況について、藤田は、戦前・戦後の愛国主義教育を跡づけたうえで、「内心の自由」を侵害し、民主的な市民性の形成に反するものと批判する。さらに、戦後のナショナリズムの多様性に着目しながら、愛国主義と民主主義の対立構造にメスを入れた小熊の視点では、わが国の愛国主義はつねに

アメリカの民主主義との関係を意識せざるをえないものである。しかし、戦後、わが国が民主主義国家として再出発するにあたってモデルとなったはずのアメリカ合衆国においては、愛国主義が教育の面でも重視されている。

実際上、アメリカでは、愛国主義教育が露骨に行われているといってもよいかもしれない。ノディングズ（*Peace Education* 51-54）は、子どもたちは「国旗に敬礼し忠誠の誓いを朗唱することは、長い間アメリカの学校の授業日をスタートする方法として受け入れられてきた」し、「……アメリカ国歌『星条旗』の言葉を学び、それを歌うようにさせられる。」と述べている。また、学校教育において「愛国心は、歌や詩、軍隊の英雄たちの物語によって、子どもたちに教え込まれている」だけでなく、「学校の外でも、祝日は愛国心を強化し戦争を支えている。」たとえば、独立記念日は国家の誕生を祝う愛すべき日であるが、しかし、その日の催しは民衆が楽しみながら、戦争を祝い支える儀式と化しているという。このように、アメリカでは教育や地域の行事をとおして、子どもたちのほとんどは、高校に入学するまでには熱狂的な国家の市民になってしまうと、ノディングズは認識している。そうだとすれば、子どもたちの育ちにこれほどまでに影響を与えるアメリカの愛国主義教育は、国家主義的で戦争や軍隊とも結びつけられていたということになる。

それでは、このような愛国主義は、それよりも崇高な全人類への愛とは何ら関係のないものであろうか。アメリカは、これまで世界に民主主義を広める活動にたずさわってきたとされる。これこそがまさに、全人類への愛と国家主義的な愛国心はいかに関わるのかの問題を解明する手がかりとなる。

（2）コスモポリタニズムの愛国主義への挑戦

国民国家への忠誠や犠牲を求める愛国主義においても、正義と平等は道徳的理想と考えられている。ヌスバウムNussbaum（愛国主義とコスモポリタニズム 20）によると、このような理想はコスモポリタニズムこそがよく追求しうる。それは担い手である「コスモポリタン―人類とい

う世界的規模の共同体に忠誠を誓う者——が抱くきわめて古くからある理想である」という。また今日、コスモポリタニズムは、しばしば反アメリカ主義および反愛国主義と同一視されるが、必ずしもそのように断言することはできない。ヌスバウム（愛国主義とコスモポリタニズム 22-24）がいうように、たとえばインド人、ヒンズー教徒であるとともに世界市民であることができるのだから、国民的・種族的・宗教的なアイデンティティと同時に、世界市民としてのアイデンティティをもつコスモポリタンの道徳的特性を認めることができる。このような意味では、コスモポリタニズムは道徳的にも適切であるといえる。

　それでもなお、このようなコスモポリタンといえども、戦時においては、極端に愛国的になる可能性が考えられる。もしも、狂信的な愛国主義が勝利したならば、コスモポリタニズムへの支持は反逆とさえ見なされるおそれがある。最悪のシナリオは、コスモポリタニズムの全人類の正義と平等を考慮せずに、敵国民を大量殺戮兵器で撲滅することもいとわないことである。コスモポリタニズムの理想が永久平和として実現するならば、そのような愛国主義がコスモポリタンを圧倒することはないはずであるが、国民国家が対立・競争し合っている現世界においては、戦時状況になる可能性はつねに存在する。その意味では、コスモポリタニズムの弱点をかいま見ることができる。

　このような点として、バーバー Barber（67-68）は、人びとはヌスバウムのいう全世界に住んではいないだけでなく、ベトナム戦争やボスニア戦争などに見るような、アメリカにおけるコスモポリタン的な広がりをもつ価値への傾倒は、コスモポリタニズムの病理のあらわれであると指摘する。しかし、人びとは世界の特定の場所に住んでいながら、人びとの愛着は狭いところにとどまらず外に向かって大きくなることができる。これは、コスモポリタニズム的な思考の帰結であり、アメリカが全世界的な価値の擁護者であるという思考とは異なる。ノディングズ（*Peace Education* 56）は、後者をコスモポリタニズムというよりも、むしろ「帝国主義的」な傾向と呼んでいる。

　ヌスバウム（愛国主義とコスモポリタニズム 37）のいうように、コスモポリタン、すなわち「世界市民になることは、しばしば孤独な営みであ

第8章　コスモポリタニズムと「愛国主義」　　155

る。」それだけに、個人的な無力の感情におそわれ、遠くで困窮している人びとを助けようとする願望が充たされないかもしれない。にもかかわらず、人類全体に関心を向けることへの信頼感は、戦争における徹底的な崩壊を防ぐかもしれない。このようなコスモポリタニズムの立場においては、愛国心や国家主義をまったく排除してしまうのではなく、それらに結びつけられた悪や弊害をいかに取り除くべきかの視点がクローズアップされる。

3 愛国主義のコスモポリタン的な排除と包摂の論理構造

コスモポリタニズムと愛国主義の対立・分断は、どちらかの勝利によって解消されるととらえられがちである。しかし、ノディングズが探究してきたように、それらは相互に歩みよることができないのだろうか。アメリカにおいては、愛国主義を拒絶せず、それが過剰な国家主義や排他主義に陥らないよう抑制することが試みられてきた。ノディングズ (*Peace Education* 57-59) は、それを「抑えられた愛国心chastened patriotism」にもとづくものと位置づける。危険な過剰を避けた愛国心といいかえてもよい。すなわち、故郷への市民的な関心と愛着をもたらし、国家よりも政治的・道徳的なコミュニティ（共同体）の感覚を愛するような愛国心であるならば、それがナショナリズムに変化しない限りで容認できるとする。それでは、このような抑えられた愛国心は、どのようにして生み出されるのであろうか。

わが国では、子どもたちの愛国心教育を主に担っているのは、教科となった道徳教育である。このように道徳教育が推進されていないアメリカにおいては、愛国心に関わる教科として歴史がある。しかし、アメリカの歴史教科書の記述を見る限りでは、抑えられた愛国心について考えたり、教えることに工夫を凝らしている部分を見つけることは困難である。

むしろ、アメリカの歴史教科書を多年にわたり研究してきたローウェンLoewenによれば、教科書はアメリカの「国民性に悪い影響をもたらしかねないことは一切省いている。」(18) そして、「アメリカ史の教科書は、ほかの科目の教材とは鋭い対照をなしている。なぜ歴

史教科書がそれほどひどいのか、ナショナリズムが犯人の一人である。教科書はしばしば探究を促そうとする欲求と、むこうみずな愛国主義を教え込もうとする欲求という、相反する欲求がごちゃまぜになっている。」(19) と断言する。つまり、教科書の最終的な目的は愛国主義の擁護であり、そのために歴史が歪曲されたというわけである。そして、その原因は、教科書執筆者、出版社、教科書採択過程、教師と生徒、保護者、圧力団体、全体社会などの複雑な構造的なものであることを明らかにしている (ローエン 485-558)。

　ノディンズ (*Peace Education* 58-59) も、このような教科書の執筆、出版、採択、学校での使用、さまざまな圧力団体の関与などのプロセスに注目し、分析検討を行っているが、やはりローエンと同じような所感を抱くに至っている。ノディングズもまた、愛国心を鼓吹する社会勢力による圧力の強さを痛感している。

　このようなローエンとノディングズの記述を見ても、アメリカにおいては、愛国心を植えつけようとする圧力はかなり強力であることがうかがえる。それゆえ、歴史教科書によって抑えられた愛国心が育てられているという証拠は確認されていない。

　そうすれば、抑えられた愛国心は具体的にどのようなプロセスを経て形成されるのであろうか。ノディングズの論理構造や説明を再検証するとととも、アメリカ社会への何らかの実証研究が必要かもしれない。現時点においては、抑えられた愛国心を、先述のノディングズの過剰な危険を避けた愛国心、あるいはバーバー (72) のいう、排除や回避をせずに安全性を与えられた愛国心ととらえておきたい。

　そこで、以上のような抑えられた愛国心の概念をとおして、コスモポリタニズムと愛国主義は調和したといえるだろうか。仮に、双方が調和したという場合でも、不等な包摂の関係にあるのか、あるいは対等な相互作用の関係にあるのかなど、関係構造の把握は容易なことではない。

　ヌスバウムのとるコスモポリタニズムの立場は、愛国主義を排除するのであるから、国民国家の枠組みを明らかに超えようとするが、これに対し抑えられた愛国心は国民国家の枠組みを維持するものである。

この点からまた、ノディングズの苦悩が始まる。

　たしかに、ノディングズの基本的視点は、コスモポリタン的である。すなわち、ノディングズ（*Peace Education* 59-67）は、「人間は、国民的、文化的な偏狭さを超えて行動しながら、多少なりとも進歩してきた。」という認識のもとに、人種差別の問題に取り組み一定程度は克服してきたし、また自然災害へのグローバルな思いやりや同情、共感にもとづく国境を超えた救援は、世界シティズンシップを理解するための教育にとって重要なものと位置づける。しかし、そのような偏見の克服や共感が容易に憎しみに変わり、自国が人びとを敵視して、大量殺人を犯してしまう場合があるのはなぜなのかを熟考する必要を強調している。そのうえで、あらためて愛国主義とコスモポリタニズムの調和を試み、①「世界における私たちの地位に対する関心」、②「伝統への誇り」、③「わが国の立脚する主義への誇り」、④「地域への愛着（郷土愛）」の4つの領域について考察をしている。これらの領域は、コスモポリタニズムの視点から排除し、あるいは包摂できる境界を示そうとしたものと理解できる。つまり、ノディングズの言葉でいえば、愛国主義は両義性を有し、それによって排除と包摂の双方が可能になる。次には、これらを整理し考察を加えることにする。

　なおここで、ノディングズが国民国家について、どのような認識を示しているかを付記しておきたい。ノディングズ（*Peace Education* 67）は、「私は、議論の場所としてアメリカ合衆国を用いた。」と述べている。このアメリカ合衆国は国民国家として州と連邦という構造をもつが、ノディングズの文脈全体からは、連邦としてのアメリカ合衆国を前提にしていることを読み取ることができる。それは、「米国国歌『星条旗』」「U-S-A, U-S-A」「アメリカの建国」「アメリカの歴史教科書」「アメリカ合衆国は恵まれた国家」「キリスト教国としてのアメリカ合衆国」などの言葉を要所で用いていることからも補完される。これに比べて、州と関連させた愛国の問題の議論は見あたらない。この背景を究明するとともに、議論の可能性について追究することは課題として残されている。

（1）コスモポリタニズムの理想と愛国主義の排除

　愛国主義が国民国家を前提にしているのに対し、コスモポリタニズムの前提にするのが世界国家である。しかし、現実の世界においては、主権をもつ国民国家とそれらが結びついた国家連合、さらにそれらによる国際機関（国連）は存在するが、国民国家間の壁がまったく取り払われた単一の世界国家は存在せず、仮想にすぎない。だから、コスモポリタニズムを語ることは理想論であるが、世界国家は国民国家をもとに想定された国家といえるから、つねに現実の国民国家とどのように関りをもつかが問われる。たとえば、ノディングズ（*Peace Education* 51）が愛国主義の両義性の一義としてあげた、愛国心と呼ばれる国民国家への忠誠が憎しみや敵意、莫大な生命と財産の犠牲をもたらす側面は、コスモポリタニズムの理想からは排除される。そのような忠誠は、他の社会を征服したり、攻撃に抵抗したりする場合に効果的であるが、国民国家間の争いを招くものだからである。

　それでは、ノディングズがコスモポリタニズムと愛国主義の調和のために取り上げた①の「地位に対する関心」は、どのように位置づけられるのか。アメリカ国民は、たとえば軍事費や大学卒業者の比率、ヘルス・ケアなどにおいて、世界ナンバーワンであることにこだわっているため、その地位を保持することに苦しんでいる。たしかに、世界には、すべての人びとが関心をもつような地位に対する感覚が存在する。しかし、国民国家であるアメリカが世界ナンバーワンであることへの執着や、国家主義的な不寛容は、まちがった愛国心を促進するかもしれない。それでも、敵がい心を生み出さず、甚大な生命・財産の危害を回避できるなら、国家間のグローバルな共同体の善良な市民として名誉なことといえるのであろうか。コスモポリタニズムの視点にとっては、難しい判断を迫られる。

　ところで、愛国主義教育においては、アメリカでも②の「伝統への誇り」が教えられる。この際には、偏見のない批判的な方法で行われることが肝要とされ、よく建国者の人物像が語られるが、理性の時代に生きた彼らのキリスト教的背景の有無を論じるというのが伝統であるとされる。また、憲法制定におけるキリスト教原理の影響が議論さ

れても、建国者たちは宗教的な関心を克服できたと評価されるが、ノ
ディングズは、これを③の「わが国の立脚する主義への誇り」と理解
しているようである。

　以上のアメリカにおける伝統と主義への誇りは、ほとんど連続して
いると考えられるが、ノディングズの文脈はあまり明確ではない。こ
れらの伝統や主義への誇りは、他国を支配したり、攻撃するような国
民国家への忠誠とは異なり、愛国主義の肯定的側面を照らし出してい
る。しかし、この場合においても、宗教的なあるいは国家主義的な愛
国心へと強く傾倒するおそれがあるならば、それは排除されるべきで
あろう。それでもなお、明確な境界は設定できていないので、ノディ
ングズの議論をさらに深めるのが課題となろう。このような課題解決
のうえに、国民国家の枠組みにこだわる愛国主義を超えて、コスモポ
リタン的な世界へと視野を開くことが可能となる。

(2)　コスモポリタニズムの非現実性と愛国主義の包摂

　単一の世界国家は存在していないという意味では、その実現を理想
とするコスモポリタニズムは非現実的である。しかし、ヌスバウム（返
答219）が述べるように、「心からコスモポリタニズムに傾倒している者
にとっては、世界国家が存在しないからといって、コスモポリタンと
しての行動が妨げられるわけではない」。これは、コスモポリタニズ
ムの道徳論的な視点といってよい。ジョーンズJones（228-230）や柳澤
（188-191）のいう、道徳意識としてのコスモポリタニズムである「道徳
的コスモポリタニズム」も、ほぼ同様の視点と見られる。世界国家の
実現はコスモポリタニズムの究極の課題であり、道徳的なレベルにと
どまらず、政治的・制度的レベルにおける追究が必要となる。また、
コスモポリタニズムと愛国主義の関係を見ていくならば、国民国家の
問題を介在させる必要があるから、コスモポリタニズムの政治的・制
度的レベルを視野に入れざるをえない。

　このような視点に関わって、中村（39）は規範理論的に、「各国家は、
それぞれ人類にとって普遍的な道徳的な理想を追求すべきである。……
このようにして人類にとって普遍的な理想を国家という限定された政

治社会において共同で追求するならば、その共同の追求によって国民諸個人のあいだに同じ国家に所属する集団の一員としての一体感と自覚が生まれてくる。またその共同の追求を立脚点にして愛国心も生まれてくる。このようにして生まれた愛国心は、人類愛を各国家において具体的に実現するものになっているはずである。」と述べる。現実の国民国家を前提にしながらも、人類愛を追求することにより愛国心が生まれ、この愛国心がまた人類愛を各国民国家において実現するという論理である。形式論理的な矛盾はなく、人類愛と愛国心の相互包摂関係をよくとらえていると思われる。

　これに対し、ノディングズは愛国主義の両義性について考察し、コスモポリタニズムにとって愛国主義の排除される側面と包摂しうる側面を区分する方法をとる。ゆえに、うまく区分できないならば包摂できないことにならざるをえないが、区分できると包摂も容易である。コスモポリタニズムと愛国主義を調和させるとは、このような意味であろう。

　このような調和の試みは、ノディングズの文脈においては、具体的にどのように展開されているのであろうか。ノディングズがあげたのは、④の「地域への愛着（郷土愛）」である。これは、「場所への愛着」として示され、健全な愛国心に貢献できるかどうかの問いではじまる（ノディングズ、*Peace Education* 65）。侵略や戦争の多くは、特別な場所をめぐる争いである。愛着のある場所の所有を奪うとか、その自然をゆがめるよそ者がいるときは、そのような外敵から守るために戦いに挑む。それだけ人間は場所への愛着が強く、これは普遍的なものかもしれない。

　このように、場所への愛着は、政治的な抗争の原因であり、抗争は愛国的な戦いへとつながっていく可能性がある。愛国主義がこのような戦いを容認するのは必然的であるが、外敵から国民と領土を守る側面として、コスモポリタニズムに包摂されうる。なぜならば、コスモポリタニズムは現実的には国家や国家連合を含まざるをえず、理想的な単一の世界国家の実現の方向がいまだ見えない以上、国民国家を前提にした愛国主義のそのような側面は擁護されなければ、国際正義に

もとるということもできよう。歴史的に迫害と移動の経験をもつ民族のために新たな国民国家を建設することや、そのために生まれ育った土地を追われた民族の国民国家をどのようにすべきかの深刻な問題が解決できていない今日、場所への愛着は、コスモポリタニズムにとっては愛国主義の両義性の意味を明確にするにあたっての鍵となるものである。

　以上のノディングズにおけるコスモポリタニズムの理想にもとづく愛国主義の排除と、コスモポリタニズムの非現実性にもとづく愛国主義の包摂という、それぞれの関係構造は、コスモポリタン教育においては愛国主義の排除も包摂も有意味であることの根拠となるものである。

　ところが、理論的には、コスモポリタニズムにとっては愛国主義という概念や立場は存在しなくてもよく、愛国主義は仮構的な国家への愛着を強制するものにほかならない。しかし、ノディングズの理論は、コスモポリタニズムによる愛国主義の排除と包摂をとおして、政治的・制度的な現実態としての国民国家を否定も肯定もする。このことは、見方を変えると、現実的には愛国主義が完全に消え去ることがありえないため、これを逆手にとって、抑えられた愛国心の考え方に示されたように、観念的に愛国主義の両義性の帰結する他国への支配・攻撃を排除する一方、外敵からの国民・領土の防衛をコスモポリタニズムのなかに包摂してしまうことを意味する。このような思考は、コスモポリタン教育の新たな課題を提起すると考えられるので、次に検討を加える。

4　新たなコスモポリタニズム概念とコスモポリタン教育の課題

　ノディングズ（*Peace Education* 66）は、「私たちが特別に愛する場所の繁栄は、地球の健康と密接に結びついている。このように理解すると、私たちは抑えられた愛国心へとますます傾倒することになるだろう。私は、この場所を愛するから、それを持続させる健康な地球を望む。科学者が気候変動について見方を誤るならば、また、とくに、その変化に関する人間の行動の影響について誤ってしまうならば、私はなお

予防手段を講じようとしなければならない。」と述べ、この方法について熟慮することを「エコロジカル・コスモポリタニズム ecological cosmopolitanism」と呼んでいる。自分にとって特定の最愛の場所があり、それが福利に満ちたものであるとすれば、地球の福利のおかげなのであるから、他者の最愛の場所も福利で満たされるよう支援の手を差し伸べるのは当然であると、ノディングズは考える。これは要するに、全人類の生まれ故郷を守るために、コスモポリタンとしての行動が求められていることを意味する。結論は、これが実現することで、コスモポリタニズムは厚みが増し、力強いものになるということである。

　このような提起は、教育学的にはコスモポリタン教育はもちろん、環境教育、さらに ESD（持続可能性教育）の理論と実践にも生かされうる。また、ノディングズの発想は、エコロジーの成果を反映しているが、それだけにコスモポリタン教育における愛国主義の排除と包摂という政治的・制度的側面を緩和し、当該教育の推進に対する抵抗感を取り除く作用が働くといえる。

　この新たなコスモポリタニズムの概念が愛国主義の排除と包摂に関する議論に持ち込まれたのは、何も唐突なことではない。ノディングズ（Global Citizenship 9-12）は、すでに「グローバル・シティズンシップ教育 Global Citizenship Education」[2] に関する考察において、次に要約するように提起していた。すなわち、どん欲と節度の欠如から地球環境を保護するための、教育の実践が教師の反省的・批判的思考をもとに促進されなければならず、そのためには社会科での学習にとどまらない政治や歴史、文化、自然などについての多くの知識を必要とする。とくに、生態系に関する知識や生態学的な思考は一つの地域の生活が遠くの他者の生活や福祉に影響するという認識で、世界市民が絶滅寸前の種を守るために行動し、地球の環境保全に意を用いる必要がある。この意味においては、アメリカにおける植樹プログラムが注目される。

　以上のような考察は、エコロジカル・コスモポリタニズムの概念を構成するにあたっての基礎になったものであろう。もはや、この概念

の教育的な実践性は明白になったといえるのではないだろうか。

このように、エコロジカル・コスモポリタニズムの考え方は、生態系に対する理解を深め、貪欲を避けて節度ある生活を営むような、地球環境保全のための実践によって地球を保護することを世界市民の課題とするが、これは、抑えられた愛国心にもとづく思考や行動を要請するという隠喩を含んでいる。ゆえに、愛国主義の排除と包摂の側面を区分し、容易にコスモポリタニズムと愛国主義の調和をはかることができる。ここには、地球上の一つの地域の生活が遠くの他者の生活や福祉に影響するのであるから、ノディングズ（ケアリング）が「ケアリング」の概念において示したように、[3] 地域へのケアリングがグローバルなシティズンシップと結びつけられる地球へのケアリングにつながるという考え方が現れている。この地域から地球へのケアリングは、同心円的な関係にある。そして、このようなケアリングをとおした実践が、コスモポリタン教育においても不可欠な要素となるのである。

同心円的なケアリングの考え方に裏打ちされたエコロジカル・コスモポリタニズムは、コスモポリタン教育における実践について、きわめて現実に即してはいるが、地域を足場に地球全体の理想を見すえた方法を提起することになる。ノディングズ（Place-based Education）が考察した「地球とその市民を守るための地域にねざした教育Place-based Education to Preserve the Earth and Its People」は、その実践への期待を込めて具体化したものである。

このような教育は、櫃本と猪口（22-25）によれば、グローバリゼーションの進展にともない、人びとと特定の場所や地域、伝統、文化などが切り離され、地域社会や環境に無関心な人びとが増えたことから、「場」や「地域」にねざして行われるようになり、持続可能な社会づくりを促進させているという。それはつまり、「教育を通して特定の地域や社会、伝統とのつながりを回復する」もので、1970年代に潮流がはじまり今日に至っている。また、地域にねざした教育をリードしてきたといえる高野（28-34）は、「Place」、「場」、「地域」について厳密な分析を行ったうえで、「地球のあらゆる事象が絡み合い、個々人もグローバルな枠の中で思考し、活動するようになった現代における、教

育の根本的な問いの中にPBE（地域にねざした教育…筆者）の議論はあると言える。」と結論している。

　このように、地域にねざした教育の姿が明らかになりつつあるなかで、ノディングズ（Place-based Education）は、地域への人間的な関係について分析を加える。その結果、政治的・心理的側面（地域への心理的な愛着はいかに政治的な態度に影響を与えるのか）、環境的側面（一つの自然環境をいかに保護するかは、地球全体を保護することへのコミットメントに貢献するかもれない）、ローカル・シティズンシップとグローバル・シティズンシップの関係（教育的な戦略は、より広い世界に有用な知識と技術を開発するために、地域への愛をいかに利用することができるのか）、地域への愛と人間の繁栄（地域は個人生活においてどのような意味をもつことができるか）の４つの側面を重視する。このような視点に立った教育実践は、今後のコスモポリタン教育の内容と方法の一つのあり方を示唆したものといえよう。

　これに対して、今日の教育は、ポスト産業世界のどこでも効果的に役割を果たすことのできる若い市民を育成することをめざしている。しかし、そのような教育は、若い市民が育つ地域の価値を認めるために必要な知識を与えないのみならず、地球上のほかの地域の人びとの生活において、地域がどのような意味をもつかについての理解を与えることにも失敗するであろう。

　そして、今日のグローバル・シティズンシップ教育においても、産業やグローバリゼーションの優先に対抗して、地域に目を向けさせることが、地球市民としてテロや格差、貧困、災害などのグローバルな課題へも適切に対処できると考えるようになってきている。それは、「グローカル」な教育をめざしており、「グローバルに考えローカルに行動する」市民の育成を課題としているからである。これを「グローカル教育」と称することができるだろうか。たしかに、「グローカル教育」を示唆する著作は存在するが、それはきわめて少数であり、論文も含めて先行研究は必ずしも十分ではない。このため、グローカル教育の概念はいまだ形成途上にあり、確立したものといえないであろう。

　このような状況から、グローカル教育の概念規定は暫定的とならざ

るをえない。山脇（207-226）は、「グローバルに考え、ローカルに行動せよ」という1990年代からNGOなどでうたわれた標語を哲学的に深めようとする「グローカル公共哲学」を構想する。ここでは、そのように考え行動する市民を育成するのがグローカル教育であると規定しておこう。そのためにも、人びとの公共的な活動がグローバルな視野の欠落した地域主義ではなく、文化横断的な価値理念をもち、多種多様な地域史と人類の正負の遺産の入り混じった「グローバルヒストリー」の視点から、地球全体が直面している諸問題と積極的に取り組むことを課題とする必要がある（山脇212）。

　以上の検討から、地域にねざした教育とグローバル・シティズンシップ教育としてのグローカル教育は、相互に部分的には重なるが、同じものとはいえない。前者の場や地域を基盤にした教育は、あまり意図することなく、自然な形で地球的規模の課題解決につながる可能性に期待するものであるのに対して、後者は地球的課題への取り組みを意識しながら、各自の多様な現場において行動する力を発展させることをねらいとしている。ゆえに、今後、融合する部分が拡大する可能性は考えられる。

　それでは、地域にねざした教育を唱えるノディングズのグローバル・シティズンシップ教育は、そのような融合とどう関わるのだろうか。ノディングズは、自己を基盤に同心円的に地球規模にまで関心や気づかいを拡大するケアリングという概念を媒介にしてグローバル・シティズンシップ教育を語るが、この概念によっては地域にねざした教育とグローカル教育のどちらをも排除せずに包摂することができる。つまり、故郷という場や地域に愛着を抱く効果をもたらす地域にねざした教育のみならず、グローバルに考えローカルに行動する市民を育成するグローカル教育によっても、愛国主義のコスモポリタン教育に包摂しうる側面を明らかにすることができる。とすれば、コスモポリタン教育の今後の課題としては、双方の教育の完全な融合が望ましいことになろう。

5 おわりに

　以上のようなノディングズの理論によって、先述のヌスバウムらの愛国主義論争は終止符を打つことができたのであろうか。否である。国民国家はたしかに共同体として現実である。しかし、国民国家の歴史は、全人類の歴史から見ると一時期のものである。さらに、全人類の歴史は、地球や宇宙の歴史のほんの一時期に過ぎない。このような点に気づくと、国民国家が絶対的な現実なのか幻想なのか、全人類の歴史も永続の可能性はあるのかなどと、誇大妄想的な思考に陥ってしまう。これを避ける意味でも、ノディングズによる愛国主義の概念の両義性はきわめてテクニカルではあるが、一定の意義を有する。それは、抑制的な愛国心の概念の創造によって可能になった。

　しかしこのような概念では、コスモポリタン教育を喧伝するノディングズの自己矛盾をあらわすことになりはしないか。愛国心は、国家への心理的・情緒的な敬愛を指し、あくまでも自主的なものとして育まれるべきもので、たとえ抑制された状態とはいえ、意図的に教育されるにふさわしくはない。ましてや、国家権力により教育をとおして強制されるのでは、これまでもっとも避けなければならないとされた愛国主義教育と変わらないものになってしまう。

　むしろ、コスモポリタン教育は、ノディングズのような現実の国民国家の政治や教育の実証的な把握をふまえ、かつ、これまでのコスモポリタニズムにおける単一の権力組織や世界国家の問題点を摘示しながら、国家概念にとらわれない地球秩序を構築する課題を追究し、その達成のための役割を担うべきであろう。

　そのためにも、国民国家を超えて、いっきに世界国家やその問題点を克服した地球秩序をめざすコスモポリタンの意識を形成し地位を確立しようとするのではなく、そのようなグローバルな目標に向かってローカルに学習し実践する、気が遠くなるほどの忍耐強い教育としてのコスモポリタン教育こそが、厳しく冷酷な現実においては実効的なものとして求められていると考える。つまり、グローカル教育としてのコスモポリタン教育が自主的に実践されるのみならず、国レベルの

カリキュラムに位置づけられ、十分な条件整備のもとに実施されてい
くことを教育課題として提起し、しめくくりとする。

【注】

(1)　このアメリカにおける論争は、1994年に「愛国主義かコスモポリタニズムか？」
と題して『ボストン・レビュー』誌で行われた。「コスモポリタニズム」を対極に置く
ことによって「愛国主義」ないし「愛国心」の政治的・倫理的・教育的な意義を明らか
にしようと、ヌスバウムを含め立場の異なる30人の識者が論争に参加した。提起され
た論点や問題は多岐にわたるが、議論が十分に深められていないという評価の一方で、
「公共的討論」を豊かにしたという評価もなされている（辰巳・能川 3-4）。
この論争は、1996年にヌスバウムら（国を愛するということ）によりまとめられて出版さ
れ、2000年に辰巳と能川が翻訳している。2002年には、ヌスバウムによる序論（Cos-
mopolitan Emotions?）が追加され、サイブタイトルが若干変更された改定版が出版され
た。
(2)　「グローバル・シティズンシップ Global Citizenship」は、グローバル市民性とし
て用いられることもあるが、世界市民性、地球市民性などと訳されることが多い。こ
のような市民性を育成するのがグローバル・シティズンシップ教育といってよいだろ
う。これは、コスモポリタニズムの多くが世界国家や地球国家を展望し、そのような
枠組みのなかでコスモポリタン教育を考えがちであるのに対して、そのような国家を
前提しないで考察される傾向が強い。このような差異については、なお議論の余地が
あると思うが、本書では紙幅の関係からこれ以上追究せず、他の機会に譲りたい。
　ここでは、ノディングズは、ケアの視点からグローバル・シティズンシップに関わ
る社会的・経済的正義や環境倫理、社会的・文化的多様性、平和の問題を提起し、教
育という実践をとおして解決することに期待するが、当該教育に新たな一石を投じた
ものと評価できることを述べるにとどめたい。
(3)　ケアリングは、狭義には「ケアする人」と「ケアされる人」との関係、つまり「ケ
アリング関係」として示されるが、広義ではそのような対人関係にとどまらない。ノ
ディングズのケアリング概念は、自己をケアすること、対人関係を含む身近な人への
ケアリング、見知らぬ人や遠く離れた他者へのケアリング、動物や植物や地球をケア
すること、人工の世界をケアすること、理念のケアリングのすべてを含んでいる。し
かも、ケアリング関係は、自己を中心に同心円状に拡大していくのが特徴である。

第9章

コスモポリタンを育てる平和教育

1　はじめに

　平和教育は、第二次世界大戦が終わってから、とくに重要視されるようになった。そして、核の脅威がささやかれる第三次世界大戦への恐怖におののく今日、人間によって惹き起こされる戦争を廃絶し、平和の実現に貢献できる人間を育てる教育として、平和教育が強調されるのも当然である。

　平和教育の概念は多義的であるが、戦争のみならず一切の暴力に反対し、平和を守り、また、対立や争いを平和的な方法によって解決していく力を育てる教育、と総括することができよう。しかし、平和の概念それ自体が、戦争のない状態を意味する「消極的平和」ではなく、貧困や抑圧などの構造的な暴力のない状態を意味する「積極的平和」ととらえられるようになった。このため、平和の実現に向けた行動も変容を迫られ、そのような行動ができる人びとを養成する平和教育は多くの課題を課される。この重責に対応するには、長期にわたる多大な努力が必要となろう。

　このような状況をふまえるなら、喫緊の課題に取り組むことも、平和実現の手法の一つとして大切であると考えられる。その課題とは、きわめて現実味を帯びるが、消極的平和を追求することによってとりあえずの平和を実現し、そのうえで時間をかけて積極的平和を追求し究極の平和に迫ることである。この意味では、二段構えの平和実現論といってよいだろう。

　そこで、従来の平和の概念に立ち返る必要があるが、「平和主義」についての議論がこの概念に示される平和の実現のための手段に大きな影響を及ぼしてきた。それは、平和主義をどのようにとらえるかによって、平和教育の目的や内容に違いを生じさせることにもなるからである。

　また、平和を考える場合には、内戦と国家間の戦争を区別する必要がある。もちろん、平和主義はどちらか一方についてのみ語られる概念ではない。しかし、従来の国際関係はもちろん、今日の著しいグローバル化を視野に入れるなら、国家間の戦争に焦点をあてることが

重要であり、国家の枠組みを超えて全地球的な視野で考え行動することのできる人間（市民）としてのコスモポリタンが、これにいかに関わるかが大きな課題である。

コスモポリタンについては、グローバル・シティズンとの関係性が十分に整理されたといはいえないが、邦語ではグローバル・シティズンを「地球市民」と名づけているのに対し、「世界市民」と呼んでいる。しかし、これまでコスモポリタンについて世界国家を想定するかどうかの議論はあっても、コスモポリタン、グローバル・シティズンのいずれも全人類の共同体を視野に入れているので、厳密に区別する必要のないのが現状である。

このような認識のもとに、武力による国家間の闘争としての戦争のない状態である平和が国家間の国際関係の一つの現れであることから、このコスモポリタン（世界市民）の実践や行動が平和の実現にとってどのような影響を及ぼすかに注目したい。コスモポリタンを育てる教育は、全人類の命を尊重することを要求するので、人間（市民）の命を脅かす戦争を当然にも否定する、平和教育としての性格をもつと考えられるからである。逆にいえば、平和教育をどのような視点で構築していくかによって、コスモポリタンを育てる道筋にも違いが生じるともいえよう。

本章においては、以上のようなコスモポリタンと平和教育の関わりをふまえて、ケアの視点から「平和主義」を考察し、平和教育への提起を行っているノディングズNoddingsの論脈にメスを入れ、これにもとづいてコスモポリタンを育てる役割を果たすことのできる平和教育の構造を明らかにするとともに、今後の方向を占うことにしたい。

2 平和教育の目的とコスモポリタン

平和教育の目的について、事・辞典類では、「平和を希求し、平和のための諸条件をつくりだしていく自覚的態度と主体的能力の育成を中心目標とする」（万羽287）、「戦争、暴力を排して、平和を守り、また平和的な方法によって対立や紛争に対処していく考え方と力を育てることを目的とする教育。」（佐貫）、「平和教育の目標として『平和な世界

第9章　コスモポリタンを育てる平和教育　　171

創造の主体形成』(藤田秀雄)、『平和形成力の育成』(村上登司文) を掲げる
こともあるが、ここには、『主体』とは何か、『力 (学力、能力)』とは何
かといった、教育本質論の主要課題が含まれている。」(竹内) などと説
明される。これらは、共約可能である。平和教育とは、平和の実現に
主体的に貢献するための力量形成をはかることを目的とする教育と
いってもよいだろう。

　このような平和教育の目的については、今後とも教育の分野のみな
らず、人文・社会科学の諸学問の学際的研究の分野においても議論が
続けられていくであろう。ちなみに、「平和学」なる学問領域の学会
「日本平和学会」においては、「平和教育」という分科会を運営してお
り、日本の平和教育は世界に誇れるだけの蓄積と歴史があり、その経
験を受け継ぎつつ、新しい平和教育、すなわち「21世紀の平和教育」
を創造するための理論と実践を学びあい創りあげていくことを目標に
している。(1) 平和の問題は、教育の視点からのアプローチだけではも
ちろん解決できるものではなく、平和学に見られるような総合的な視
点をさらに徹底していくか、あるいは新たな総合的な学問を構築する
必要があろう。

　ひるがえって、平和教育の現実に立ち返ると、平和実現のための主
体形成をどのような視野の人間に育てるかの問題が、あまり意識され
ることはなかったといえる。つまり、平和実現のための人間形成を国
民国家的枠組みのなかで議論し、国家を超えた地球的な視野において
議論することに乏しかったのではないかと思われる。たとえば、平和
教育学研究会の『平和教育学事典』を見てもわかるように、「シティズ
ンシップ教育と平和教育」というテーマは掲げられている。しかしな
がら、ここでいうシティズンシップの概念は莫大な犠牲をともなう国
家間の戦争や暴力という国際関係ないしグローバリゼーションを十分
に考慮した構成とはなっていない。たしかに、杉浦は「平和教育の基
本概念との接点」として、「非暴力を前提とした市民育成」と「多文化
共生的な教育」において、国家間の戦争の反省からの反戦平和の教育
や、「一国平和主義を超えた地球市民的な一見わかりあえない他者や
他民族を人間一般に還元し、文化を尊重しあいながら共生するという

172

平和的な共生教育」が課題であることを述べている。グローバル・シティズンやコスモポリタンの概念が注目を浴び、地球的視野をもつ市民を育成すべき教育が強調される今日、それらの概念と平和教育の関係性を構造的に分析構成することが求められるであろう。

　グローバル・シティズンとコスモポリタンの概念の異同については、先述のとおり課題が残っているが、ここではコスモポリタンという概念に統一して、平和教育との関係性を追究していくことにする。

　コスモポリタンの人間像は、概括的に、国家の枠組みを超えて全地球的な視野で考え行動することのできる人間である「世界市民」と説明される。このようなとらえ方は、抽象的でどのような具体的な内容でも盛り込むことができるように見えるが、そうではなく、倫理的な「正」とか「善」を含む肯定的価値を志向するのでなければ、理想として掲げる人間像にふさわしいものとはならないであろう。具体的には、さまざまな価値観をもつ人間像をあげることができる。たとえばそれは、人間の生命の尊重、人間の福利や平和的な共存の志向などをモットーとする市民でもありうるし、またヌスバウム Nussbaum（愛国主義とコスモポリタニズム 26）のいうような、「単なる統治形態や世俗的な権力にではなく、全人類の人間性によって構成される道徳的共同体に第一の忠誠を誓う」市民でもありうる。しかしなんといっても、理想として描かれるべき人間像は、地球上の生命体として、地球環境・生態系を保護しつつ、それらと調和し、全人類の命を尊重し、人間の命を脅かす戦いや争いを当然にも否定し、それらの根絶のために貢献する市民というものではないだろうか。

　このような意味から考えると、コスモポリタンであること自体が、平和の実現を志向していると見られる。とすれば、コスモポリタン教育において人間形成がなされるだけでよく、平和教育は不要と考えられるかもしれない。しかし、これは謬論であろう。教育においては特定の資質・能力が養成されるだけでよいのではなく、総合的な人間形成の視点からさまざまな資質・能力の養成が大切なのであるから、あらゆる領域の教育的な営みが相互作用的に人間形成に関わる必要がある。このような構造を分析解明することは複雑な作業と膨大な時間を

必要とするので割愛し、ここではコスモポリタン教育の充実・発展が即時的に平和の実現に貢献できるという視点とは逆に、平和教育がいかにコスモポリタンの育成にも貢献できるかに焦点をしぼって考究することにしたい。先に平和の実現の主体形成をはかることが平和教育の目的であると述べたが、平和の問題は国家を超えたグローバルなレベルでなければ解決が難しいことから、このようなレベルを視野に入れざるをえない平和教育はその解決の主体として期待できるコスモポリタンの育成につながるからである。

　平和教育の目的としての平和実現の主体形成のためには、その教育過程において平和とは何かにはじまり、平和主義と正戦論の対立、平和を希求し平和が脅かされるときにはどのように行動するのかという平和運動などについて学習し議論する必要がある。その場合には、地域や国内においてシティズンとしてどのように考え決定し行動するのかのみならず、グローバル・シティズンあるいはコスモポリタンとして、国際機関への働きかけ、戦争当事国の反戦平和の行動を行う市民への連帯、街頭活動の報道やＳＮＳ等による発信をつうじての国際世論の喚起など、国境を超えた行動をいかに効果的に実行するかが課題となろう。このような平和教育をとおして、地球的視野で考え行動するコスモポリタンとしての資質・能力の向上がはかられていくことはたしかと思われる。

　ヌスバウム（愛国主義とコスモポリタニズム 19-44：返答 213-235）は、グローバルな社会においてコスモポリタン個々人の行動を導くことのできるさまざまな資質・能力を包括して、「世界市民精神world citizenship」と名づけているが、平和教育において培われる既述の資質・能力もこの精神に包摂されてしかるべきであろう。世界市民精神とは、全人類が同胞として尊重され、平和のうちに共生・共存する地球社会で生き生きと暮らす世界市民の考えと行動を根拠づけるものにほかならないからである。まさに、平和実現の主体形成を目的とする平和教育は、コスモポリタンを育成する教育の有力な一端を担いうるのである。

3　平和主義と平和教育

(1)「絶対的平和主義」と「平和優先主義」

　ノディングズNoddings（*Peace Education* 96）は、平和主義について明確な論評を試みたうえで、「平和主義を行動に移すことは難しい」と結論する。そこには、相互依存、共生の関係へと結びつくケアの視点は、相互に憎しみや争いがなく尊重し合う人間同士の関係を地球規模にまで及ぼし、消極的な意味での戦争のない平和をもたらすという論理構造がある。ノディングズはこのようなケアの視点で平和主義について考察したが、結論は厳しいものであった。そこで、これまで議論されてきた平和主義について、あらためて振り返ってみる。

　平和主義とは、平和主義の研究で評価をえている松元（ⅰ-ⅱ）によれば、「暴力ではなく非暴力によって問題解決をはかろうとする姿勢のことである。しかしながら、その思想や実践は決して一様ではない。……平和主義という観念は、それ自体で必ずしも整合的ではない多様な含意をはらんでいるのだ。」ということである。そうであるならば、平和主義を議論するだけでも紙幅は尽きてしまうので、本章においては平和主義の概念をできるだけ単純化することを試みる。

　松元（25）は、平和主義について「実存的・宗教的・革命的な性質」をもつ「絶対的平和主義」と、より「実利的・世俗的・改良的な性質」をもつ「平和優先主義」とに区別している。もともと、平和主義は平和的な手段、つまり非暴力によって平和という目的を実現しようとする主義主張が出発点である。この立場に立って、暴力に対し暴力で応ぜず、また他国からの武力による侵略に対して武力で応答することなく、平和的解決をめざすのであるから、平和主義（パシフィズム pacifism）は絶対的に非暴力を貫く平和主義を意味するようにも見える。ゆえに、この平和主義では自衛のための戦争でさえ、暴力として認められない。このような平和主義は、長い間批判されてきた。

　松元（3-31）は、この過程を「愛する人が襲われたら」というキーワードを軸に整理している。この作業は、「平和主義の強度―すなわち、その他の選択肢と比較考量して、非暴力にどれほどの重きを置くか―

第9章　コスモポリタンを育てる平和教育　175

という観点から、無条件／条件付平和主義を区別する。次に、平和主義の範囲—すなわち、非暴力をいつどのような場面で適用し、あるいは適用しないか—という観点から、普遍的／私的／公的平和主義を区別する。」(松元 9) 方法で行われた。その帰結が、先述の絶対的平和主義と平和優先主義である。前者は、非暴力を無条件で尊重する無条件平和主義と公的場面、私的場面を問わず普遍的に適用する考え方を包摂するのに対し、後者は非暴力の原則に例外を認める条件付平和主義と公的な場面に限り適用する公的平和主義を包摂する。

それでは、松元はいずれの立場に立つのであろうか。松元 (32-34) は、平和主義を「平和主義とは非暴力の教えであり、国際関係の指針としては、自衛戦争も含む戦争一般に原則として反対することである。」と、絶対的平和主義に近いように解釈しながら、そのような原則に何らかの例外があることの認識が存在することを理由に、平和優先主義の立場をとることを表明し、「平和主義者が非暴力の教えに固執するのはなぜか、にもかかわらず、その固執をときに止めるのはなぜか」という視点で、平和主義の論理を分析することを試みようとした。

このように見てくると、平和主義については絶対的平和主義と平和優先主義の主張が拮抗しているわけでなく、またどちらが正しいかを論証することも現時点では困難であるといえる。しかしながら、非暴力に固執する絶対的平和主義よりも、戦争と平和をめぐる心理的な側面を含めて平和についてのあらゆる側面を幅広くとらえるという意味では、平和優先主義の立場からの追究が意義をもつことも明らかであろう。

(2) ノディングズの「平和主義」

ノディングズ (*Peace Education* 96) は、平和教育において「平和主義を行動に移すことは難しい」と述べた。これは、絶対的平和主義を実践することは非現実的であるという認識が背景にあると思われる。この点から、松元と同様の平和優先主義の立場から分析考察を進めているように見える。松元の学問領域は政治学であり、平和の実現への貢献は直接的なものと考えられる。これに対し、ノディングズは教育学で

あり、平和教育をとおして貢献することになるので、間接的な意味をもつであろう。しかし、平和実現のために平和教育活動が政治活動に比べて、その影響力が劣るという根拠も見いだしがたい。また、学際的研究が隆盛になりつつある今日、政治学と教育学が相互作用する可能性は十分にある。それゆえに、ノディングズによる平和主義の分析考察が、松元の平和主義への疑問に対して一つの答えを与える可能性もある。

　ノディングズの分析考察は、「宗教の積極的側面」「平和運動」「平和主義にチャンスを与えること」の3つの側面からなされている。以下、順に分析を行い、ノディングズが平和主義に対して機能しているという、心理学的なメカニズムとは何なのかについて明らかにし、平和実現のため教育に何ができるかについて、どのように考察しているかを追究したい。

（ⅰ）宗教の積極的側面

　宗教団体が設立する学校における教育は、若者に重要な道徳的支援を行い、また宗教の信徒の若者は、一般の若者に比べて犯罪や非行に走ることが少ないことから、宗教は若い人びとの生活や行動に積極的な貢献をしているといわれる。この点から、宗教が精神形成に大きく影響しているといえる。しかし、ノディングズ（*Peace Education* 96-101）は、このような宗教による精神形成は、悪と戦う必要を強調することで戦争に貢献できるが、一方、戦争をとおして平和を実現しようとする宗教上の長い歴史があると述べる。このように、宗教はむしろ戦争を推進する側面をもってきた。にもかかわらず、宗教的な不寛容や迫害、宗教戦争における残虐行為に対しては、抗議や抵抗の行動が宗教的献身として行われた。もっとも、このような行動を暴力によってではなく、非暴力的に行った絶対的な平和主義の宗教コミュニティもある。

　また、ノディングズ（*Peace Education* 98）は「平和についての宗教的な教訓は、宗教を愛国主義に結びつけるもっとも深く定着した信念に対し、めったに対抗する力をもたない。」という。むしろ、カトリックの

歴史を見てもわかるように、共産主義の防波堤として行動したり、暴力的な方法の使用を容認するなど、キリスト教は好戦的な側面をも有する。これは、ユダヤ教の原理とキリスト教の正義の戦争の理論が類似していることから帰結する、戦争の受け入れの論理のあらわれであろう。もちろん、宗教指導者のなかには、真の平和運動家もいるという認識は、ノディングズにおいても存在する。

イスラム教においても、同様の両義性が見られる。「平和への愛は宣言され、攻撃は嫌われる。」(Noddings , *Peace Education* 99) が、イスラムの実践が妨げられるときは、他者への攻撃が正当化される。このような教義であるなら、戦争は平和の名のもとに、防衛的な正義の戦争と位置づけられるかもしれない。

キリスト教やユダヤ主義と同様、イスラム教においても、慈善と憐れみは賞賛されるが、貧困情況を克服することは政治に委ねられ、宗教はそれに無関心で、施しを与える人が好かれる構造が維持される。また同様に、信奉者は共同体生活や個人において道徳的に守られることを体験する。

仏教の実践もまた、戦争と平和に関して両義性を示す。敬けんな仏教徒は人の内部の強さと静穏という平和を実践しうるといわれるが、ノディングズ (*Peace Education* 101) はここでも、「宗教は、信頼と苦痛が共感と憎しみのどちらにも導くことができる。……宗教は、分裂と和解、戦争と平和のどちらの原因にもなることができる。」というチャペルChappel (16) を引用し、両義性を確認する。

以上のように、ノディングズは、宗教の両義性を人間内部の道徳的な善と悪、戦争と平和の両面において析出する。宗教の問題をぬきに戦争と平和は語ることはできないのである。

（ⅱ）平和運動

平和を確立し維持するための研究は盛んであり、研究の成果の出版物はあふれている。そしてまた、戦争への明確な反対もある。にもかかわらず、戦い続けられた事実は歴史として明らかである。ノディングズ (*Peace Education* 101) は、問いを投げかける。すなわち、このよう

な戦争を支える心理的なメカニズムが何であり、教育はその力を弱めるために何ができるのか。

　平和運動が行われるようになったのは、ようやく20世紀になってからであり、「平和主義」という言葉もその所産である。このような運動や理念の提唱がもたらしたかどうかは定かでないが、第2次世界大戦以降は先進国間の大きな戦争は行われていない。しかしながら、この間たくさんの戦争があった。先進国は戦争を避けたのではなく、これらの戦争に何らかの関与をしている。アメリカに限っては、とくに多く、他国の事変に際して武力干渉し、また政治的・経済的紛争に対しても中央情報局（CIA）経由で行動をしかけた。

　このようなアメリカの軍事的優位は、国内に他国の軍事基地はないが、日本やドイツ、イタリアなどの他国にはアメリカの基地が存在していることにも示される。アメリカの生徒たちは、学校で自国の軍事基地のある国を調べて、一覧にするような学習さえ可能である。

　アメリカが軍事大国であることの背景については、大統領経験者も憂慮したことがある。それは「軍産複合体」の成長であるといわれる。国内においては、この成長を抑制する平和運動は支援されなかった。この軍産複合体は、世論にどんなに説得力があっても、普通の市民の統制を超越している。イラク戦争への反対キャンペーンは、国内外において歴史上もっとも大規模であり、国連の構成国も反対したが、戦争を止められなかったことはそれを象徴している。ノディングズ（*Peace Education* 103）は、この戦争の原因については心理学的要素ではなくて、軍産複合体の内部で働いている経済的・政治的要素にあるのではないかと疑っている。

　ところで、戦争に関していえば、いったん戦争行為がはじまるなら、非暴力を支持することも、またどのような非暴力形態をとるべきかを決定することも難しい。非暴力抵抗については、ガンディーのそれがよく知られている。彼は、闘争の相手方に対し、危害を加えない行動を献身的に要求した。このことにより、物理的な暴力は排除することはできるかもしれないが、だからといって、正義の実現のための非暴力行動が非暴力的な危害を加えないとも限らない。また、非暴力抵抗

第9章　コスモポリタンを育てる平和教育　　179

は、物質的な利益の剥奪行為には有効であるが、ナチスによるユダヤ人の生命そのものを奪うという目的に対しては効果がなかったと、ブーバー Buber はいった。ノディングズ (Peace Education 104) はこれに依拠するだけである。このような立場の行きつくところは、ガンディーとブーバーの手法を調和させること、すなわち思慮深く妥協的に多様なアプローチやメソッドのメカニズムをうまく利用することである。しかし、ここでよく理解できないのは、ブーバーのいう生命そのものを奪う暴力に対していかに抵抗するかが、ノディングズによって述べられていないことである。そのような暴力に対しては、暴力で抵抗するしかないと思われるが、暴力による自己防衛をさしているのか、それとも他者による暴力的援護を意味するのかは判然としない。生命の絶対的保障もないとすれば、解決困難なジレンマに陥らざるをえないのである。

　このようなことからも、絶対的な平和主義については、さらに深く追究すべきであるが、ノディングズは平和優先主義を含めて平和主義一般について多面的に分析を進める方向へと向かっていく。

　平和主義の平和運動は、第一次世界大戦後にもっとも隆盛になった。莫大な死傷者数と悲劇的な結果は、戦争への広範な嫌悪を誘発し、国際連盟の役割と平和条約への期待は大きかった。しかし、帝国主義は台頭し、大戦における復讐への欲望がかなえられていく。このような事態において、平和主義への信頼が唱えられもしたが、ファッシズムの発生とナチスの犯罪は平和主義の足かせとなる。戦争を防ぐためには、ナチスとの宥和政策もやむなしとするむきもあったが、ナチスとの交渉は不可能であり、「平和主義の敗北は劇的であり、平和主義は宥和主義と一体となった」(Noddings, Peace Education 104)。

　宥和政策には、戦争を止めるような誠実な対話がないといわれる。しかし、「孤立は、それらの道を外れた方向に国を導く努力を確固たるものにするよう機能する。」ので、コミュニケーションを保つ方法が必要である。コミュニケーションは、交渉や宥和政策を意味しないが、「お互いを理解するための道徳的な決断力を意味し、平和的な解決の方向へと協同的に働く」(Noddings, Peace Education 105)。

180

平和主義に関しては、第二次世界大戦から学ぶべき教訓がある。この戦争は、連合国から見ると、非道かつ犯罪的な体制に対して行われたという一面があり、正しく善い戦争ととらえられる。ところが、この戦争においては、連合国は絶滅されようとしたユダヤ人を国家として救済しようとしなかった。どうも、国家の利益が関係しているときに、国家は戦争に突入するようである。加えて、国際連盟、国際連合という国際機関は、国家内での犯罪的な活動や非道を抑止する機能を果たせなかった。しかし、今後の国際連合については、現在、国際的な法と秩序の維持のため、戦争ではなく警察活動が行われているので期待がもたれるが、ナショナリズムは国連の国際主義に勝っているのが現実である。同時にまた、平和運動はまだ活発である。

　平和主義を実現する平和運動のしめくくりとして、良心的な異議申し立てが戦争行為にどのような影響を与えるかについて、若干の考察を行う必要がある。

　今日のアメリカにおいて、徴兵制度は存在しない。ヴェトナム戦争後に廃止され、志願兵の制度が維持されている。国家が戦争をとおして殺人を犯すのに与することを拒否する良心的不服は、長い間実践されてきた。欧米の国家のほとんどはこれを認めなかったが、アメリカにおいては、合衆国連邦最高裁が良心的不服の主張を認める裁決をした。ヴェトナム戦争中の不服者の増加が、このような裁決と徴兵制度の廃棄に貢献したといえる。明確に絶対的平和主義の立場に立っているとはいわないノディングズ（*Peace Education* 107）は、国家が現代的な戦争を遂行する場合を想定するかのように、徴兵制度がないのであれば、良心の呵責にさいなまれる少数者から構成される軍隊に期待をよせるほかはないという。

（iii）平和主義にチャンスを与える

　平和主義は、平和の実現のために非暴力的な行動主義を基本とするように見えるが、ノディングズ（*Peace Education* 107）は、すべての暴力に反対することは非現実であることが明らかだとした。平和愛好者のほとんどは、子どもや女性たちを守る戦いを認めており、ガンディー

第9章　コスモポリタンを育てる平和教育　　181

の非暴力抵抗もナチスに対しては成功しないことは確実だからである。もはや、絶対的な平和主義者はほとんどいないと断言する。

　平和主義のこのような現状において、アメリカの学校では、平和教育はいかに行われているのか。平和主義や平和運動については、歴史や社会科のコースで扱っているが、たくさんの教材があるものの、それらが用いられていないことが問題である。しかし、より重要なのは、教える教師の側の立場である。教材を中立的な形で提供することは、宗教や道徳を重視するような教師にとって大変難しいことであり、独断主義に陥ることが警戒される。この独断主義は教育にとってゆゆしき問題であり、戦争と暴力に貢献してきた科学を教えるにあたっても、合理的でも反省的でもなくなるおそれさえでてくる。

　デューイは合理性と科学的な方法の提案者であるが、第一次世界大戦が民主主義のために世界を安全にすると信じて、大戦への参加決定を支持した。つまり、戦争をとおして民主主義が前進すると結論するのが、デューイの合理的・科学的な考えであった。それだけに実は、アメリカ国民は第一次世界大戦時において非民主主義的でヒステリックであった。ノディングズ（*Peace Education* 108）は、学校や大学では国民がこのような行動をとったことを学ぶべきであるし、また独断主義の危険性についても学ぶべきであると主張する。しかし、デューイは、大戦後にアメリカ国民が合理的に民主主義的に考えるようになるとともに、民主主義の教育の主張者として変容を遂げていくことになる。ノディングズは、次のように記している。

　　デューイは、戦後に心を開くことを回復し、知性的で実用主義的な平和主義の力強い主張者になった。平和教育の役割として、デューイは歴史と地理が国内的ではなく国際的な利益を強調することによって、教えられることを推奨した。[32] 彼は、適切に教えられた学校の生徒が憎しみと疑いの感情の影響をより受けにくいだろうと期待する。彼の平和教育に対する貢献に言及することは有用であるが、彼の判断の不幸な誤りを認め反省することは等しく価値あることである。独断主義は、宗教的な思考と同様に、世

俗的な思考を苦しめる。[2] (Noddings, *Peace Education* 108)

　デューイの反省的な思考と判断は、実用主義的な平和主義にもとづく平和教育と結びつくことになった。それは、独断主義の陥りやすい無謬的で完全な思考様式を克服したことから帰結したのである。このような視点は、ケアの視点とも共通すると思われる。ケアの倫理は、自然主義的な根拠にもとづくのであるから、全人類が傷つかないことを望むと考えるノディングは、次のように述べる。

　　故意に傷つけることや痛みを与えることをすべきではない。子ど
　　もを守るために戦わなければならないときにさえ、不必要または
　　意図的に苦痛を与えてはならない。この結論は、絶対的な平和主
　　義を拒絶するが、その理想にできる限り接近することを期待する
　　平和主義者と私たちを同じく扱う。私たちのほとんどが子どもた
　　ちを守るために戦うことを認めるため、絶対的な平和主義である
　　ことはできない。ベストの希望は、戦争を推し進める要因を除去
　　することに努めることである。ケアの倫理は、ケアリング関係を
　　維持することと、状況がそれらを破壊したり、傷つけたりするお
　　それがあるとき、それらを回復するためにがんばるよう助言する。
　（Noddings, *Peace Education* 109）

　このようなノディングズのケアの倫理のとらえ方は、ヘルド Held (160) のケアの倫理の位置づけによって補完されることで、平和の実現へとより貢献できる。すなわち、ケアの倫理は、軍事や経済、政治の力と、ケアリング活動の周辺化による支配から、ケリング活動が配慮することや、努力や支援の中心になることへと移行し、賞賛に値するようなケアリング関係をとおして人を育てることが、社会のもっとも大切な目標になることへと導いていくはずである。これをふまえて、ノディングズ（*Peace Education* 109-110）は「ケアの倫理は、表明されたニーズ、対話への配慮と対応、さらにコミュニケーションの経路を開いておくことを強調する。それは、ニーズに対応することによって、しばしば

暴力へと導く怒りと憤りを引き止めようと試みる」ものであって、他者と私たち自身の双方をよりよく理解したいと望むことを促す。

ノディングズがこのような結論を導く根底には、介護や外交、グローバルな交流、さらにケアの倫理で説明される態度やスキル、家族の実践など、すべてのことは既存の男性の基準や経験、思考によって判断されるべきではなく、女性のそれらも同様に配慮されるべきとする（Noddings, *The Maternal Factor* 249）、ケアの哲学が存在するといえる。

(3) 平和主義の心理学的メカニズムと平和教育

ノディングズが平和主義について論じているのは、その著書『平和教育*Peace Education*』である。伊藤（9-10）は、この書を心理・文化的側面を重視したものと位置づけ、「自分がいつ加害や被害のどちらに立つか分からないなかで、戦争と平和をめぐる心理の両価性（ambivalence）を明らかにし、それを理解すること、すなわち加害・被害両方の理解が平和的解決に作用するとしている。」と述べる。ノディングズは、平和の概念については消極的平和の立場を、また平和主義については平和優先主義の立場をとっていると理解できるので、心理的側面とは戦争と平和をめぐる心理であり、その両価性も同じ立場から明らかにされていると考える必要がある。そのうえで、平和教育で教える内容と方法が組み立てられなければならない。それゆえ、ノディングズは、戦争を憎ませるだけでなく、戦争を支持する心理を取りあげ、教師が反省的に教える方法のもとで、子どもたちが読むことや聴くことをとおして知識を獲得していくべきことを主張する（伊藤10-11）。

従来の平和教育は、とくにわが国の教育に着目すると、原爆被爆はもちろん、沖縄地上戦や各地での空襲などの被害の心理を明らかにするものであった。これに対し、国外の戦地での加害や国内の反戦運動への加害の心理については回避する傾向にあった。しかし、ノディングズの主張する平和教育は、両方の心理をバランスよく教えることに主眼をおく。絶対的平和主義、平和優先主義のいずれも、平和主義に変わりはないのだから、被害も加害も否定されなければならない。この点、ノディングズの視点は正鵠をえているが、問題は戦争における

加害や戦争の支持の心理が歴史的事実に照らし合わせてみても、容易に擁護されてしまうのではないかということである。歴史的現実の今日においても、自衛や防衛の名のもとに加害を正当化する空気が醸成され、また周辺国の脅威が喧伝されて戦争への備えが進められているように見える。たとえ、自衛戦争であっても加害がともない、それでもより多くの国家市民の支持は獲得できると予想されるが、このことでもノディングズの立脚する平和優先主義には合致するといえよう。絶対的平和主義は、暴力的な対抗はしないのであるから、被害は必然的であるが、加害は生じず、その心理を語る必要はない。要するに、戦争の被害のみならず、加害・支持の心理を語りうるのは、平和優先主義の立場をとるからである。

　このように、戦争と平和をめぐる心理の両価性にあらわされる平和主義の心理学的メカニズムは、絶対的平和主義の考え方をとる限りは解明できないものである。伊藤 (12) は、「私たちが将来、戦争で加害を行ったり戦争を支持したりする心理やそれによってもたらされる人間の善さ (連帯・自己犠牲・勇気など) を、平時の諸活動で十全に見出せるようにすることで、戦争を美化するプロパガンダを批判的に捉え、道徳的アイデンティティの崩壊を未然に防ぐ可能性が、ノディングズの『平和教育』にはあるといえないだろうか。」と述べる。これは、ノディングズの良き理解であり、過去の戦争と同様、戦争の加害や戦争の支持の心理と、それらの帰結する人間の善さを見いだすことができるとするものであるが、そこには戦争の可能性という前提がある。戦争の未然防止という意味での戦争の平和的解決、侵略戦争への人間の英知を結集した非暴力の抵抗による初期段階での解決など、絶対的平和主義の見地からの実践を放棄する姿勢が明確である。あたかも、理不尽な侵略というほどの邪悪をなす国家が必然的に存在することを確信しているがごとくである。平和主義を論ずる以上、絶対的平和主義の立場から戦争と平和をめぐる心理の両価性を超えた、平和を構築するための平和教育を模索することにも目を向けてしかるべきである。

　ユネスコ憲章は、「戦争は人の心の中から起こるものであるから、人の心の中に平和のとりでを築かなければならない」と宣言している

第9章　コスモポリタンを育てる平和教育　　185

が、戦争を絶対悪として、それを絶対的に行わない人間の心理の形成
をめざす平和教育を構築することはできないであろうか。

4 コスモポリタンを育てる平和教育の課題

伊藤(15)は、ノディングズの『平和教育』を総括して、「戦争と平和
に関する心理的側面を重視し、戦争を愛し憎む両価性を理解する助け
となることをねらいとしている。しかし、平和を構築する主体の育成
として求められるような、実際の紛争や戦争の解決につながる行動を
示したものではない。」と評価する。この評価は適切と思われる。ノ
ディングズのねらいは、これまであまり光が当てられてこなかった
戦争と平和の心理的側面を明らかにするものであった。この点では、
平和教育の充実・発展に大きく貢献するものである。コスモポリタン
として地球的規模で考え行動するにあたっても、国家間の戦争をめぐ
る心理の両価性を理解することは重要な要素となりうる。しかし、理
解するにとどまるだけで、批判や実際的な行動の力を育てるしくみが
ない限りは、平和教育のねらいとされる平和構築の主体形成に寄与す
ることまでは期待できないであろう。

ノディングズの平和主義は、戦争を愛し憎む心理の両価性の理解に
もとづいて構成されているとすれば、非暴力主義を貫徹できないとい
う点で、やはり平和優先主義に立つことを再確認できる。しかし、こ
のような立場であっても、コスモポリタンの育成にとっては有益であ
ろう。なぜならば、コスモポリタンは、平和主義に関しては絶対的平
和主義、平和優先主義のいずれかの立場をとらなければならないとい
う根拠が存在せず、双方を理解したうえで、いずれかを選択するので
もよいし、双方の考え方を知識として保有しながら、行動することが
許されるからである。ただし、先述のヌスバウムのように、コスモポ
リタンを「全人類の人間性によって構成される道徳的共同体に第一の
忠誠を誓う」道徳的な市民と位置づけるなら、非暴力による平和的解
決を追求することがもっとも理想的であろう。まして、ノディングズ
はケアの倫理の視点から平和主義をとらえようとしたのだから、絶対
的平和主義を主張することのほうがより道徳的であろう。

このように、コスモポリタンの育成にとって平和主義の考え方は、積極的な意味をもつといえる。つまり、平和主義の立場から平和の実現について考えることを促す平和教育は、コスモポリタンの育成に大きく貢献するだろう。村上 (156) は、今日の平和教育においては、戦争体験の継承や平和の発信から平和の「創造」をめざす平和社会形成のための教育が求められているとし、コスモポリタンの育成が重要な鍵となることを示唆している。すなわち、「平和形成のためには、過去の戦争題材を学ぶと同時に、マスメディアやインターネットで伝えられる今の紛争と世界的課題について、子どもたちが批判的に考える力をどう高めるかが、重要な課題である。その際、平和主義や利他主義の立場を生かしながら、話し合いによる解決と共存の方法をとる『地球市民』の教育が目指される。」と述べる。[3] ここには、平和教育がコスモポリタンの育成に密接に関連し、コスモポリタンにふさわしい、平和的に対立や争いを解決する資質・能力を身につける役割を果たしうることが描かれている。

それでは、コスモポリタンが育つ過程において、平和教育は今後どのような課題に取り組む必要があるのだろうか。ここでは、紙幅の関係で主要なものをあげるにとどめる。

その第1は、コスモポリタンとして取り組むべき事柄を認識し、実践への動機づけと意欲の向上をはかるため、新たな平和教育を構築することである。

日本平和学会は「平和創造のための積極的平和教育」を提唱している。同学会のメンバーである高部 (10-12) は、論争的な平和の概念を「直接的暴力・構造的暴力・文化的暴力の低減、不在」である「消極的平和」と、「直接的平和・構造的平和・文化的平和の存在、構築」を意味する「積極的平和」が実現された状態と規定し、双方をめざす取り組みが「平和創造」であり、これを遂行するには、あらゆる事象を批判的に見つめ、考える平和創造力が個人の資質・能力として求められると述べる。また、積極的平和は消極的平和を克服した状況であるから、平和教育は、消極的平和の考え方にもとづく消極的平和教育を内包する積極的平和教育でなければならないという。このような積極的

平和教育については、現時点で教育の目的や目標、内容、方法が掲げられているが、高部 (13-14) の整理によって内容と方法を簡単に見ることにする。すなわち、内容としては、直接的・構造的暴力、核・原発問題、憎悪表現、民族問題、多様性と共生、民主主義と対話、紛争分析などがあり、方法としては、他者との学び (グループワーク、対話参加型、相互学習型等)、ロールプレイ、シミュレーション、フォーラムシアター、リフレクション、フィールドトリップなどがある。

このように内容と方法に着目してみても、コスモポリタンとして必要な地球的規模の課題への取り組みが取りあげられており、積極的平和教育をも含めた新たな平和教育の創造が期待される。

第2には、平和教育の非政治性が克服され、コスモポリタンが、戦争や暴力は政治との密接な関わりのなかから生起するものであることを理解するようにしなければならない。これは、旧くて新しい問題である。従来、教育の「政治的中立性」の名のもとに、教育において政治にふれない教育の非政治化が行われてきた。高部 (9-10, 15) と中原 (62-64) は、このような教育の非政治性の主張が今日の支配構造や政党政治、教育制度のもとでは、もともと教育は中立でないばかりか、実際は権力に傾き中立性を確保できないことが危惧されるので、政治こそ学びや吟味の対象とされるべきことを指摘している。[4] 戦争と平和をめぐる歴史を振り返るなら、たとえばナチス党による第二次世界大戦や日本の軍部の政治への介入にもとづく太平洋戦争の惹起は、平和を脅かす政治の一面の帰結であろう。戦争・暴力と政治を切り離す平和教育は、コスモポリタンの育成には何の貢献もしないのである。

第3に、ケアの視点では、軍事や外交、グローバルな交流を含めたすべての平和実現は、既存の男性の基準や経験、思考のみでなく、女性のそれらも同様に配慮することによって可能となる。この視点は、コスモポリタンとして身近な他者から見知らぬ遠くの他者までの間にケアリング関係を築くにあたっても、不可欠と考えられる。ノディングズは先述のように、ケアの倫理は自然主義的な根拠にもとづいて全人類が痛みを与えられたり、傷つかないことを望むが、そのような平和を実現するためには絶対的平和主義ではなく、戦争を推進する要因

を除去することによって貢献すべきことを主張した。ケアの倫理がこのような枠組みのなかでとらえられているにもかかわらず、他者のニーズへの対応や対話への配慮を促すことにより、暴力へと導く怒りと憤りを引き止められることは可能であろう。ケアの視点からの平和創造のための教育は、他者と自身の双方をよりよく理解したいと望むコスモポリタンを育てることを促すといえる。

第4には、生涯学習の視点で大人、子ども、それぞれが同世代で学び合うと同時に、大人と子どもが世代間で学び合うことをとおして、生涯にわたる平和教育を生涯にわたってのコスモポリタンの育成につなげることが課題となろう。奥本ほか (148) は、「平和教育とは何か。……それはすべての世代を対象にしている。児童・生徒・学生だけではなく、実は教師（執筆者も含め）も対象である。21世紀の今、世界中の若い世代が、『こんな世界に誰がした』と声を上げているように、そんな世界を作ってきた私たち自身の責任を『自分事』として捉えたい。」と述べる。ここでは、研究者としての反省が自覚されているが、研究者、教師のみではなく、すべての大人が自覚すべきと考える。その意味でも、さまざまな機会と場における大人と子どもの世代間の学び合いが双方の生涯学習となり、生涯にわたる平和学習が生涯にわたってのコスモポリタンの育成を促していくことになろう。ここではこれ以上追究せず、生涯学習論としての本格的な議論に委ねることにしたい。

5 おわりに

今日においては、平和の概念を消極的平和と積極的平和に分けて考えるのが有力であるが、これに縛られないことも可能であり、実際に多様な概念規定がなされている。たとえば、大国の武力支配や国家間の軍事力の均衡によって、また最近では核兵器の恐怖のもとでも、現実に戦争状態が惹起されていないことを平和とする場合が考えられる。このような平和を是とし、それをめざす平和教育もありえよう。いわゆる抑止力論にもとづく平和教育論とでもいえよう。しかし、このような抑止力論については、疑問が提起されている。最上 (90-92) は、

「平和を欲すれば戦争に備えよ」という格言を引き合いにだして、「この格言があやういバランスの上に成り立っていて、ひとつ間違えば、平和を確保するより戦争を推進する原理にもなりうる」と述べる。それは、備えが必ずしも相手の攻撃を思いとどまらせる抑止力になるとは限らず、また備えが自分を抑止することになる保証はどこにもなく、「豊かな軍事力を持ったばかりに、正当化できない攻撃を他国に加えたりはしないか？これもまた太鼓判を押せるだけの経験を、私たち人類は持っていません。」という理由から帰結する。

　このような意味では、平和主義は軍備による戦争の抑止には与しないものである。平和主義なるものは、先に述べたように、戦争に反対し、戦争を進めることに非協力と不服従の立場をとるものであり、甚大な被害や犠牲をもたらした第一次世界大戦後に高まりを見せ、第二次世界大戦後に核戦争による人類絶滅が危惧されるようになって広く受け入れられるようになった。このような平和主義こそは、平和を平和的な手段によって実現するという意味合いが強い。

　しかし、これも再確認となるが、平和主義はその実践が非暴力によって行われるかどうかによって違いが生じる。このため、平和主義にもとづく平和教育論といえども、平和実現の手段の違いを教育内容として教えることを含むものである。この手段の違いを教えるにあたっても、暴力的抵抗を選択せざるをえないときは、たとえば武力に対し武力で応じるのでは戦争遂行となってしまうので、非協力と不服従に合致するような、必要最小限の暴力行使が許されると理解しなければならないであろう。そうでなければ、平和教育は自らの命や人間の尊厳をふみにじられても、抵抗すべきではないとする教育になってしまうからである。

　ノディングズは、平和主義を考察するにあたって戦争と平和の心理的側面にメスを入れたが、このような非協力と不服従という人間の心から発する問題にまで言及していない。たしかに、ユネスコ憲章前文の「戦争は人の心の中で生まれるものであるから、人の心の中に平和のとりでを築かなければならない。」という著名なフレーズに見られるように、戦争と平和に関わる心の問題には困難がともなう。「戦争

は人の心の中で生まれる」とは、人が意思決定するという意味であろうが、「人の心の中に平和のとりでを築かなければならない」の部分は、このままでは意味がよくわからないというべきであろう。

　しかし、宮田（123-124）は、このユネスコ憲章前文を「戦争は人間の心のなかに始まるので、平和擁護の作業は、人間の心においてもなされなければならない。」と訳し、戦争が人間の偏見や怨恨、闘争本能からのみ生ずると解していると見ている。このような見方は、現代戦争の社会的・政治的構造を無視するものであるともいう。戦争は、自然発生的なものではなく、人間が政策決定として主体的に加担することで生ずる。また、戦争のために国家機構や社会組織を動かすのも人間である。このように、現代戦争においては、それを遂行するにも、それに反対するにも人間の意志が重要であるから、平和教育の議論は、平和への決意とそのための行動規範をつくることや、戦争をもたらす行動様式と意識構造の批判的な解体という、理性の面へのアプローチはもちろん、人間の行動の無意識的な情動の面へのアプローチも不可欠である。

　以上のような、ユネスコ憲章の精神をふまえた宮田の平和教育への提起は、コスモポリタンの視点においてはやや脆弱な面も見られるが、ノディングズの平和主義の考察にもとづく平和教育の構築にも再検討を迫る意義をもつと思われる。

【注】

(1)　日本平和学会ホームページによると、平和教育分科会における具体的な研究課題として、①これまでの日本の平和教育の蓄積、②海外の平和教育の理論と実践、③「平和の文化」を創造する国際的動向、④教育学・心理学的視点からの平和学、⑤人権教育・開発教育・環境教育・国際理解教育などとの平和教育の可能性、⑥平和博物館などの社会教育やNGOなどの教育活動の経験、⑦非暴力的方法による紛争解決学習を掲げている。これらの課題を平和学や教育学などの人間諸科学総合的知見を糾合しつつ究明していく、「平和教育学」の構築を目指すとしている。なお、日本平和学会では研究書として、高部・奥本・笠井編『平和創造のための新たな平和教育―平和学アプローチによる理論と実践』も上梓している。

(2)　このノディングズからの引用文に、「32」という註がある。これは、ノディングズが文献を参照すべきことを指示したものである。その内容は、'See Charles How lett, "John Dewey and Peace Education", in Monisha Bajaj, ed., Encyclopedia of Peace

Education (Charlotte, NC: Information Age, 2008)，pp.25-31.' である。

（3）　村上のこれに続く文脈は、「平和社会形成の教育の実践では、日本の視点からと外国の視点とにより双方向的に見る視座が必要であり、自国と異なる（欧米や中国や途上国）視点を配慮するグローバルな視座が必要となっている。日本の戦争被害を中心に教えてきた反戦平和教育だけでは、双方向の視座にあるとはいえない。そのままでは、グローバル化と情報化が相乗的に進む国際社会の変革に対応できるものではない。ナショナリズムを抑制して自国を客観的に評価できるように子どもたちの批判力を育て、国際的状況を見る目をより公正なものにする必要がある。／……グローバル社会の平和学習では、異なる人々と出会い、考えを深めて視野を広げ、人々とつながることを経験し、つながる楽しみを重ねていくことで平和にそして幸せに生きる活力を増していくことが望まれる。」(156-157) というものである。平和教育実践がそのままコスモポリタン教育実践になっていると見ることができるのではないだろうか。

（4）　このような教育の営みと関連して、教育の条件整備の役割を果たす任務を負っている教育行政は、立憲民主主義体制であっても、政党政治と議員内閣制のもとでは例外を除いて政治的に中立ではありえないことを論証したものとして、小林を参照。

第**10**章

コスモポリタン・シティズンシップ育成のリアル

―ユネスコスクール

1 はじめに

　国民国家の枠組みを超えた世界的ないし地球的な視野から教育を語る概念として、コスモポリタン教育やグローバル教育があげられる。これらの教育は、人間形成の一端をになうが、今日のグローバル時代における公民＝市民にふさわしい資質・能力としての公民＝市民性（シティズンシップ）を育成しうるものである。

　コスモポリタン教育は、伝統的に「世界市民教育」として議論されてきた。それは、コスモポリタンとしての世界市民の資質・能力の育成をめざすという意味では、コスモポリタン・シティズンシップ教育と名づけてもよい。しかし、この教育には、つねに世界国家の問題がつきまとう。これに対し、グローバル教育は、現実の国民国家の枠組みのなかにありながら、全世界、全地球へと視野を開いていくので、そのめざす空間は抽象的であいまいであり、むしろ無限でさえある。わが国においてはこれまで、「地球市民教育」という言葉でグローバル・シティズンシップ教育が比較的盛んに追究されてきたが、これはグローバル教育の系譜に中心的に属するものである。

　先行研究を見ると、コスモポリタン教育とグローバル教育の双方とも、シティズンシップの育成をめぐっては、国民国家が理論枠組みの基軸になっている。すなわち、コスモポリタン教育には世界国家を想定するかどうかにかかわらず、全人類社会ないし地球全体から下構的に国民国家におけるシティズンシップ教育を基礎にすえる文脈を見てとることができ、逆に、グローバル教育が国民国家におけるシティズンシップ教育を基礎に、上構的に地球全体へ、さらにそれを超えて宇宙へと無限に広がる文脈をもつ。

　このため、コスモポリタン教育、グローバル教育のいずれであれ、国民国家を超える組織や機構が教育を推進する役割を果たすことの問題が生ずる。この点、「ユネスコスクール」は国際連合の一機構であるユネスコの提唱と認定にもとづく教育機関であり、そこでのシティズンシップの育成が注目される。先行研究においては、ユネスコスクールはグローバル・シティズンシップ教育（地球市民教育）を標榜して

いるとされており（小林、ユネスコスクール）、現実に世界的に展開されて
いる唯一の学校教育機関でもある。

　そこで、ユネスコスクールにおけるグローバル・シティズンシップ
教育についての先行研究と、ユネスコスクールのホームページにおい
て示されている教育実践を中心に分析し、今日のユネスコスクールに
おけるグローバル・シティズンシップ教育がどのような課題を提起す
るかを探ることをとおして、それがコスモポリタン・シティズンシッ
プ教育の理論と実践にどのような影響を与えうるかを考察することに
したい。

2　コスモポリタン・シティズンシップ教育とユネスコスクール

　全人類を同胞と見なす考え方であるコスモポリタニズム cosmopoli-
tanism の人間像は、世界主義者とか世界市民などと訳される、コス
モポリタン cosmopolitan である。このような国民国家を超えた共同体
の成員としてのコスモポリタンの育成をめざすとなれば、それは教育
課題の一つである。

　コスモポリタン教育は、このような課題に対応して理論や実践が展
開され、一定の成果を生み出してきた。しかし、コスモポリタン教育
は一様ではない。教育の目的や内容、方法などが多様であり、それら
を明快にまとめることは困難であるが、コスモポリタン（世界市民）と
してのシティズンシップ（市民性）の育成をねらいとしていることに共
通点を見ることができる。

　このようなコスモポリタン・シティズンシップは、国民国家の枠組
みにおけるシティズンシップを基礎としている。国民国家を超えて地
球規模に広がる共同体に関わるコスモポリタンの概念をクローズアッ
プさせるようになったグローバル化と、シティズンシップはもともと
対立する概念である。これらを結びつけたようにも見えるコスモポリ
タン・シティズンシップの概念を明らかにするには、シティズンシッ
プおよびそれを育成するシティズンシップ教育について確認しておく
必要がある。

　先行研究によると、シティズンシップ教育は、共同体主義的なそれ

第10章　コスモポリタン・シティズンシップ育成のリアル―ユネスコスクール　　195

と政治的なそれとが対立と相克を内含しつつ共存している（小玉 258）。このような認識の基礎にあるのは、政治学者でシティズンシップ教育研究でも著名なクリック Crick（13-25）が、シティズンシップの構成要素である「社会的道徳的な責任」「地域社会への関与」「政治リテラシー」のうち、政治リテラシーを能動的な市民を育成するうえで重要視する主張である。それだけに、シティズンシップ教育の中心となるべきものは、政治的シティズンシップ教育であると理解することもできる。

　このようなシティズンシップ教育で育成されるべきシティズンシップは、国家市民の市民的資質・能力としてふさわしいと評価できても、越境的な地球規模の共同体の市民にそのままあてはめることはできない。国家のみならず民族や国民を超えるグローバルな地平においては、国民国家を単に地球規模に拡張した世界国家の実現を想定するなら、あてはめは可能と考えられるが、そのような世界国家はまったく疑問とされている。

　「今日、コスモポリタン・シティズンシップを提唱する論者の中で、世界政府構想を支持する者はほとんどいないのが現状である。」（稲田 206）したがって、世界国家による教育としてのコスモポリタン・シティズンシップ教育、ないしはそのにない手の世界市民を育成するコスモポリタン・シティズンシップ教育を論ずることは無意味なものとなろう。実際にも、このような教育論を確認することはできない。

　このような世界国家を前提にしないコスモポリタン・シティズンシップ教育は、賛同をえられている。ヘルド Held（デモクラシーと世界秩序）、ヒーター Heater、デランティ Delanty などはわが国においても知られているコスモポリタン・シティズンシップの提唱者であるが、その理念は「最近のグローバルな変化の方向性に関する認識と、あるべき未来社会像から導き出された規範的モデルなのである。」（稲田 206）と評価されており、少なくともこのような理念のもとにコスモポリタン・シティズンシップ教育は展開されているといえよう。

　今日、一方においては、グローバル・シティズンシップ教育が論じられているが、コスモポリタン・シティズンシップ教育との相違を意

識することなく、それとほとんど同様のもの、もしくはそれを当然含むものとして扱っているように思われる。[1] しかし、コスモポリタンは民族や国家に帰属するが、世界国家に帰属するとはいえないものの、ヌスバウム（*Cultivating Humanity* 50-84）のいうように、全人類の人間性によって構成される道徳的共同体に対し忠誠心をもつ「世界市民world citizen」である。とすれば、そのような共同体へのアイデンティティを語ることができる。これに対して、グローバル市民としての地球市民は、同様に民族や国家に帰属しながら、地球規模の課題解決を志向するという論理に帰着してしまうので、世界市民のようなアイデンティティを語ることにはならない。

　このような相違は、教育の目標や内容、方法のすべてにおいて影響を及ぼすだろう。しかし、わが国においては、この影響への追究がなされることなく、実質的にはグローバル・シティズンシップ教育といえる、グローバル教育の研究が進められてきた。これに比し、コスモポリタン・シティズンシップ教育であるコスモポリタン教育という名称の研究例はきわめて少ない。その唯一無二の研究といってもよいのが、河野（41-55）の研究である。この研究においては、コスモポリタニズムがある種の世界国家を志向する場合と、国家連合やさらに包括的な国際関係を志向する場合があるとの前提がなされている。しかし、河野はいずれを志向するかを問わず、教育に関する「世界市民法」を策定し、それにもとづくコスモポリタン学校を設立・運営することを提案する。すなわち、世界国家ないし国際機関が設立・運営する学校や教育機関が実施するのがコスモポリタン教育である。だから、各国民国家が主導する教育において世界市民の育成を志向することは、コスモポリタン教育の名に値しないという。

　ここでいう世界市民法は、カントKantが提案したものであるが、きわめて限定された構想であるとともに、主権国家を超えて個人に法主体としての地位を与えることにともなって、どのように個人の責任を追及するかという困難な問題が生じる。[2] また、カントは、多数の国家を超えた単一の世界国家を建設することは理論的には正しいが、実際上は不可能であるとし、民主国家による国家間組織をつくるほか

はないとする。

　世界市民法は、国内法と国際法と並ぶものであるが、世界国家の制定法というわけでもないので、制定権の所在がいまだ明らかではない。また、世界国家の実現を見とおすことはまったく不可能というのが現実である。したがって、河野の主張する世界市民法としての教育法はきわめて脆弱であるとともに、世界国家の教育機関が実施するコスモポリタン教育も成り立たないといえる。しかし、国際機関が実施するのもコスモポリタン教育と位置づけているので、現在、国際連合が結成されており、これが関わる国際機関の実施する教育をコスモポリタン教育と称することは可能であろう。

　このように、コスモポリタン教育の意味を狭義に理解するならば、その可能性はきわめて限定されよう。これに対して、広義に理解するならば、現実に行われているグローバル教育ないしグローバル・シティズンシップ教育をも包摂することができる。このような教育は、世界の各国で行われている。

　今日存在しているユネスコスクールは、国際連合の一機関であるユネスコUNESCO（国連教育科学文化機関）が基準を設け、これをクリアした場合に認定され、グローバル・シティズンシップ教育（「地球市民教育」）を行う学校とされる。しかし、このような形態ではなく、国際機関のユネスコが直接教育プログラムを作成し、それを忠実に実施するのがユネスコスクールであるとなれば、この学校は河野のいうコスモポリタン教育を行う機関ということになると考えられるが、現在のユネスコスクールはユネスコの基準に合致するものの、多様な教育課程にもとづいて教育を行っている。これをもってただちに、ユネスコスクールは、コスモポリタン・シティズンシップを育成する学校として位置づけることはできない。グローバル・シティズンシップという、やや漠然とした概念とは調和できそうであり、これを育成する学校をユネスコスクールと称するほうが問題は少ないかもしれない。

　次には、もう少し詳しく現在のユネスコスクールによるグローバル・シティズンシップ教育の内容・方法を分析し、コスモポリタン・シティズンシップ教育との関係構造を明らかにすることにしたい。

3 ユネスコスクールにおける グローバル・シティズンシップ教育の展開

　先行研究は、ユネスコスクールをグローバル・シティズンシップ教育、すなわち地球市民教育の実施校と位置づける（小林、ユネスコスクール 93-113）。ユネスコスクールは、1953年にスタートした。ユネスコ本部が認定する世界最大規模の学校間ネットワークである。日本ユネスコ国内委員会によると、[3] 2020年現在、世界182か国約11,500校が認定されている。このうち、日本は1,120校で世界最多となっている。2005年に16校にすぎなかったが、2020年にはこのような数になった。これは、「2008年に日本ユネスコ国内委員会が、ユネスコスクールをESDの拠点施設として全国の自治体や関係機関に広く加盟促進を提言したことが直接のきっかけ」となったことによると分析されている（小林、ユネスコスクール 49）。

　このくらいの規模でグローバル・シティズンシップの育成にどれくらいの効果をもたらしているのかは、評価方法をしっかり確立したうえで評価すべきである。ここではおくが、一つの国際機関の提唱により学校教育の目標を共通にして、世界的に展開されている教育実践は他に類を見ないであろう。しかし、先行研究のように、ユネスコスクールがグローバル・シティズンシップ教育の実施校であるとすれば、それがどのような理由からどのように行われているのかを確認しておく必要があろう。

　それではまず、ユネスコスクールの創設から今日までの過程を小林（ユネスコスクール 19-113）の先行研究にもとづいて概観する。

　ユネスコスクールは、ユネスコにより教育と文化の交流をとおして国際理解の促進を目的として設立され、国内外の各地の加盟校間で交流と情報共有をはかるためのネットワークを形成することに大きな存在意義が認められる。当初のユネスコスクールの中心的な課題が国際理解教育であったのは、このような背景による。わが国の場合も、第二次世界大戦への反省から平和教育、国際理解教育が重要視された。

　ユネスコスクールの4つの学習テーマとして、①地球規模の問題に

第10章　コスモポリタン・シティズンシップ育成のリアル─ユネスコスクール　　199

対する理解と国連システムについての知識、②人権、民主主義をはじめとする普遍的価値の理解と促進、③国際理解教育、④環境教育をあげているが、これらは教育内容を示したものといえる。創設時には、このうち④国際理解教育がユネスコスクールの中心に位置づけられた。しかし、グローバル化の進展とともに、各国、各民族間の相互依存や「共生」が必要不可欠と考えられるようになり、ユネスコ21世紀教育国際委員会が「学びの4本柱」を提言した。それは、「①知ることを学ぶ、②為すことを学ぶ、③人間として生きることを学ぶ、④共に生きることを学ぶ」、というものである。これらは、ユネスコスクールにおける学習の内容というよりも、相互依存と共生のための学習の方法をあげたものというべきであろう。

　そして、現在もこの4本柱については「ユネスコスクールの使命」として、次のように説明している（ユネスコスクール）。

　　　ユネスコスクールは、ユネスコの理念や目的を学校のあらゆる面（組織運営や授業、プロジェクト、経営方針など）に位置づけ、児童・生徒の「心の中に平和のとりでを築く」ことを目指しています。また、ユネスコが提唱する理念、『学びの4本柱』を重視しています。

　続いて、「ユネスコスクールの目的と活動テーマ」については、次のように述べている。

　　　①ユネスコ憲章と国連憲章に通ずる理念として、基本的人権、人間の尊厳、ジェンダー平等、社会的進歩、自由、公正、民主主義、多様性の尊重、国際的な連携などを推進すること。
　　　②ユネスコの任務である教育・文化・科学・コミュニケーションの分野における平和のための国際協力に資する「アイディアの実験室」として、組織や人材の能力開発と政策やモデルの構築に貢献するために、国際間・地域間協力を進めること。
　　　③斬新で創造的な教育手法を開拓し、グローバルな概念を学校

レベルの実践に落とし込んで実験的機能を果たすことにより、教育制度や政策の変化を促すこと。国際ネットワークの一員として、同じような志を持つ世界中の学校と知見を共有し、パートナーシップを育むこと。

④国際社会の構成員であるという意識を持ち、持続可能な開発目標（SDGs）の達成に貢献すること。特に、SDGsの目標4（教育）に関連して、以下のテーマに重点的に取り組むこと。

・地球市民および平和と非暴力の文化（Global citizenship and culture of peace and non- violence）

・持続可能な開発および持続可能なライフスタイル（Sustainable development and sustainable life style）

・異文化学習および文化の多様性と文化遺産の尊重（Intercultural learning and the appreciation of cultural diversity and heritage）

文部科学省及び日本ユネスコ国内委員会では、ユネスコスクールを持続可能な開発のための教育（ESD）の推進拠点として位置付けています。

　以上のような現在のユネスコスクールの使命、目的と活動から、国際理解教育、ESD、地球市民教育のいずれも重要視されていることがわかるが、文部科学省と日本ユネスコ国内委員会はESDの推進拠点であることを強調している。しかし、学校がいずれを重要視するかを選択できるので、ユネスコスクールの多様性につながる。したがって、ユネスコスクールの使命自体もあいまいになりやすい。このようなことから、小林（ユネスコスクール 93-94）は次のように分析している。

すなわち、ユネスコスクールの中心的課題が国際理解教育からESDへ移っていったように見えるが、そうではなく、国際理解教育とESDは互いに包摂し合っている相互相入的な関係にあり、双方は2015年以降も中核的な教育理念であり続けると考えられる。そして、地球市民教育は、ユネスコが今、時代を先導する「価値教育」の中心理念として打ち出している概念で、今後、中長期的にユネスコスクールの教育実践を支えるとりわけ重要な教育目標になるだろうと予想している。

この分析においては、地球市民教育が、国際理解教育とESDの関係のように、双方とどのような関係にあるのかは明瞭に述べられてはいない。しかし、小林（ユネスコスクール 95-96）は、地球市民教育はESDとは少し異なるが矛盾はしないという視点から、これまでのユネスコの提唱した価値教育の理念を総括して、未来への新たな方向性を示した概念であるという。つまり、「より公正で、より平和であり、寛容で、どのような人も排除せず、安全で持続可能な世界を実現していくために必要な知識、技能（スキル）、価値観、態度を学習者の中に育んでゆこうとする包括的な教育パラダイムを『地球市民教育』（GCE: Global Citizenship Education）と呼ぶことができる」と述べる。

　このように、包括的な教育パラダイムであるとすれば、地球市民教育をユネスコスクールの統合的な教育の概念として位置づけてもよさそうに思われる。しかし、小林（ユネスコスクール 102）の教育論は、地球市民教育が国連の提唱にもとづき、ユネスコによって2013年に立ち上げられたばかりのプロジェクトで、地球市民としてのアイデンティティを世界中の子どもの心の中に形成するという理念は明確であるものの、理論的にも実践的にも具体的に明確化するべき課題、とくにユネスコスクールの日常の教育活動に地球市民教育をどのように位置づけ、具体化していくかは重要な課題とする。

　小林の教育論の特徴は、心理学的な視点から地球市民としてのアイデンティティ形成を理念とする。つまり、地球市民教育の中核をこのようなアイデンティティ形成とするものである。しかし、グローバル・シティズンシップ教育においては、そのめざすシティズンシップ形成はコミュニティや集団等への帰属意識のような、アイデンティティに関わる「感覚」の次元にとどまらない。原田（200）は、オスラーOslerとスターキー Starkeyがこのような感覚のほかに、シティズンシップとしての法的な市民である「地位」と、社会に参加する能動的なシティズンシップである「実践」の次元を区分した構成に注目する。そして、これら3つの次元をグローバル・シティズンシップに照らし合わせながら、次のように述べる。すなわち、グローバル・シティズンシップは、法的な地位としては国家に帰属する市民としての資格で

なく、また感覚の次元ではそのアイデンティティが特定の場所や地域、集団にあるのではない。しかし、民主主義や人権に関する実践や他者との協働という「実践」の次元では、国家のシティズンシップと重なる。

　このように、グローバル・シティズンシップ教育において、シティズンシップとしてのどのような市民的資質・能力の育成をめざすのかについては、視点や立場の相違があり、グローバル・シティズンシップの概念が広くなる傾向とあいまって、合意形成を見るまでには至っていない。

　ところで、小林（ユネスコスクール 99-102）のグローバル・シティズンシップとしてのアイデンティティ形成は「地球全体」や「人類社会全体」を自分のアイデンティティとして受けとめられる人（地球市民）にとって必要であり、このような人こそが世界的な諸問題について地球レベルでものを見る力をもち、それにふさわしい態度や行動をとれるとする。そのうえで、ユネスコの地球市民教育の教育目標は、「1.態度（attitude）2.知識（knowledge）3.認知的スキル（cognitive skills）4.非認知的スキル（non- cognitive skills）5.行動能力（behavioral capacities）」の育成であるととらえる。ここでいう「態度」は、自己を形成するさまざまなレベルのアイデンティティがあり、「人類に共通の『地球人』としてのアイデンティティを育むことが求められているということを意味します。」と理解されている。

　そうだとすれば、アイデンティティ形成を感覚の次元でとらえたオスラーとスターキー（13-17）と異なり、小林（ユネスコスクール 95）は人類社会全体を自分自身の帰属集団としてとらえる「地球市民アイデンティティ」の形成を「態度」として求めたのである。しかもそれは、「国民アイデンティティ」や「民族アイデンティティ」と並立するとされる。このように見ると、小林の地球市民アイデンティティはグローバル・シティズンシップの中核に位置づけられ、その形成がめざされながら、「知識」「認知的スキル」「非認知的スキル」「行動能力」とともに、教育目標の一つとされる「態度」として形成されるべきものと扱われる。ここで気づくのは、これらの関係構造が不分明になりつつ

あることである。

　オスラーとスターキーのシティズンシップの3つの次元は、その広汎性のゆえに、小林のようなアイデンティティ論の枠組みよりは包摂的であるが、すべての次元にわたってシティズンシップの内容を追究することには困難がともなう。このため、原田（200）や山田（247-293）のように、「実践」の次元でグローバル・シティズンシップを解明しようと試みるのが現状である。あるいは、これらとは異なる次元ではあるが、地球市民の資質・能力論として、シティズンシップをグローバルな正義感覚の能力やケアする能力ととらえる筆者（コスモポリタニズムの世界市民教育論；世界市民教育におけるグローバル・シティズンシップ育成；支援の原理としてのケアの哲学）の試みがある。小林（ユネスコスクール 75, 85, 106）の言及する「グローバル・コンピテンシー」論もこれに近いアプローチと考えられる。いずれの視点や立場も、グローバル・シティズンシップ概念の複層性と広汎性の帰結であろう。

　小林に代表される先行研究は、ユネスコスクールにおけるグローバル・シティズンシップ教育を、国際理解教育とESDを克服ないし統合する教育パラダイムではなく、それらと並存しつつも、今後の方向としてやや重要視される包括的な教育パライダイムと見ている。グローバル化に対応するためにコスモポリタン教育が提唱されるなかで、世界市民＝コスモポリタン・シティズンに対して、地球市民＝グローバル・シティズンの概念を用いて、地球全体もしくは人類社会全体へと視野が開かれたシティズンシップ形成の内実を明らかにする意義をもつのが、このグローバル・シティズンシップ教育である。

　このような教育がユネスコという国際機関・組織によって実践されるのであるから、その内容はともかく、形のうえでは先述した河野のいうコスモポリタン教育に当てはまるであろう。しかし、コスモポリタン教育の主流は、コスモポリタン・シティズンシップがコスモポリタニズムの思想から導き出されたため、たとえ実現が不可能視される世界国家についても、議論から排除するものではない。これに対し、グローバル・シティズンシップは、既存の国民国家に帰属する市民が地球全体もしくは人類社会全体にも帰属意識をもち、地球的規模の諸

課題に実践的に取り組むということに意義がある。世界国家なるものは、想定外であろう。この点においては、双方は並行するだけであるが、それ以外は重なる部分が多く見られる。

　ユネスコスクールは、国際機関が関与することによってグローバルな視点でシティズンシップ教育を進めているので、コスモポリタン・シティズンシップ教育との関係構造を明らかにしておくことは、未来における人類社会の行方とも関わって、何らかの意義を見いだすことができると思われる。

4　コスモポリタン・シティズンシップ教育の行方とユネスコスクールの未来展望

　あらためてコスモポリタニズムを定義すると、それは「国家や民族を超越して、全人類を同胞と見なし、世界市民としての個人によって世界社会を実現しようとする思想。」(広辞苑)、「人類全体を一つの世界の市民とみなす立場をいう。」(ブリタニカ) などということになる。コスモポリタニズムは大なり小なりこのように説明されるので、コスモポリタン・シティズンシップ教育がこの思想に忠実であろうとすれば、その育成をめざす市民像は抽象的な道徳的存在にならざるをえない。それはつまり、現実の諸国民国家を観念的に統合した世界社会の市民としての意識を形成し、越境的な行動力を備えた市民を育成することである。

　このため、コスモポリタニズムの立場に立つとされるヌスバウム(愛国主義とコスモポリタニズム 26) は、われわれは「全人類の人間性によって構成される道徳的共同体に第一の忠誠を誓うべきだ」といい、またヘルド Held (デモクラシーと世界秩序 77) は「重複型運命共同体からなる世界において、各人は直接的な政治的コミュニティの市民であるだけでなく、自らの生活にインパクトを与える、より広いリージョンとグローバルなネットワークの市民になる。」と述べ、[4] 世界市民としてのコスモポリタンが個別的に直接、全人類の共同体に結びつく個人主義的で普遍主義的な主張を行う。このように、コスモポリタニズムの擁護者は、必ずしも全人類の共同体を単一の世界国家とはとらえてはい

ない。

　たしかに、コスモポリタン・シティズンシップ教育については、単一の世界国家が自らの成員である市民を育成することをめざす教育であると位置づけたほうが、明瞭である。しかし、そのような国家がこの世界にいまだ存在しないだけでなく、実現のための具体的で有効な構想も見当たらない。この世界国家については、たとえば市川(365-373)のように、それが誕生する見込みはなく、必ずしも望ましい統治形態でもなく、人びとはいずれかの国民国家の一員として生き続けるほかはないと断言する文脈も見られる。絶望的にならざるをえないが、ここで逆転した視点から、コスモポリタン・シティズンシップ教育を、望ましい統治形態を有する世界国家を実現するために、考え行動できる市民の育成をめざすことに貢献できる教育としてとらえ直すことはできないであろうか。現実に行われているコスモポリタン・シティズンシップ教育は、ヌスバウムやヘルドなどに見られるような世界国家を前提にしないで、道徳的に全人類社会の一員となりうる市民の育成をめざしていると理解できる。今日の多くのコスモポリタン・シティズンシップ教育は、このような思考枠組みのうちに属していると思われる。ただ、この場合においても、教育を実施するにあたっては、2つの方法が対立している。その1つは、河野のいう国際機関が実施する教育である。もう一方は、現実の国民国家のなかで行われる教育である。

　河野の主張するコスモポリタン教育は、世界国家が存在しなければ、国際機関が行っても許される。だから、現在の国際連合の一機構であるユネスコ（国連教育科学文化機関）がこのような教育を行うことでもよいだろう。これまでユネスコスクールについて述べてきたように、そのめざす重要な目標がグローバル・シティズンシップの育成にあることは方向性として明確になりつつあることからすれば、ユネスコスクールは世界国家を前提にしないコスモポリタン・シティズンシップ教育の実践をになうことができるように見える。もし問題があるとすれば、ユネスコスクールがユネスコの直接経営する学校ではなく、ユネスコが学校運営や教育課程を一定の基準に照らして認定し、指定す

る制度になっていることである。

　このようなことから、ユネスコスクールは過渡的なものと位置づけられるであろう。というのは、河野 (47-48) のいうように、コスモポリタン教育の主体構成やガヴァナンスの具体的な方策を論ずる必要があるが、暫定的には国連がそのような学校を設立運営する役割をになうべきであり、将来的にはコスモポリタン教育のためのガヴァナンスとしてコスモポリタンな民主政体を立てるべきであるからである。また、コスモポリタン教育の実施場所は、国や地域の中に作った校舎と専属の教員をもった学校であるべきだが、困難な場合はマスメディアを使った教育や双方向のインターネットを使った教育でもよいとしているからである。このような文脈からすると、国連やユネスコが設立運営する学校でもなく、また専用の校舎と専属の教員をもった学校でもないユネスコスクールは、コスモポリタンなガヴァナンスによる直接的な強い統制の及ばない学校である。

　このような過渡的性格のユネスコスクールは、国民国家の教育制度のもとの学校として、国際機関のユネスコによって教育課程の認定を受けるほかはなく、いかに国際的なネットワークを構築したとしても、国民国家内のいずれかの地域に根ざして教育運営を行うほかはない存在である。このような制約のなかにあっても、ユネスコスクールは、グローバル・シティズンシップないし世界国家を前提にしないコスモポリタン・シティズンシップを育成することが可能であろう。

　以上のように、現在のユネスコスクールのめざしているのは、グローバル・シティズンシップ教育であるとともに、世界国家を前提にしないコスモポリタン・シティズンシップ教育でもある。それでは、ユネスコスクールも可能性としてはありうる世界国家を前提とする、コスモポリタン・シティズンシップ教育を行う学校たりうるためには、何が必要とされるのか。これに対する答えは、世界国家を実現することである。しかし、この問題がきわめて困難であることは周知の事実である。

　コスモポリタニズムの世界国家の志向をもっとも擁護したといわれるのは、哲学者カントKantである。カントは、世界市民主義を達成

するためのもっとも理想的な方法は世界国家を建設することだとする。しかし、世界国家の建設はすこぶる困難であると自覚する。国民国家が自ら主権や国境を捨てて世界国家へと統合することは、きわめて困難でかつ非現実的である。ストア派のコスモポリタニズムの射程において世界帝国が領土を拡大していったように、超大国が世界を征服することで世界国家を建設する方法も考えられないわけではないが、それは「世界王国」である。この世界王国が無政府状態にならずに存続しようとすれば、専制的・独裁的な体制になりやすく、また世界的な規模で中心と辺境が生じてしまう。このため、国家間の連合や組織を利用するほかはないということになる。

このようなカントの世界国家を回避するコスモポリタニズムについては、ボーマンBohmanらはその論理を認識しつつ多くの課題を提起している。なかでも、ルッツ−バッハマンLutz-Bachman (102-103) とハーバーマスHabermas (カントの永遠平和という理念135-136) は、世界市民法は現行の国民国家のシステムに似てはいるが、それを超越した、立法、行政、司法の権能を備えた世界国家を求めていることが明らかであるとする。つまり、世界国家への志向を主張しているのである。しかし、一方、井上 (351-358) のような、世界国家を「専制の極限形態」とする強力な批判もある。すなわち、世界国家が実効的に民主化されたとしても、民主体制は多数の専制に陥る可能性を内包しており、政治権力の民主的統制が困難であることは現存の国家の場合よりも世界国家のほうがはるかに大きく、さらに世界国家は覇権的・階層的支配を廃棄できない。けっきょく、井上 (382) は、世界秩序の無政府主義的な共同体構想を示し、その共同体を構成する国民国家の民主体制の再構築の必要性を提言する。[5]

今、世界の国民国家の民主主義は、機能不全に陥っているということがよく強調される。このことから、井上の結論がヒントを与えるとすれば、国民国家における民主主義の再構築が成功し、それをモデルとして世界国家の民主体制を構築できないかどうかである。きわめて単純で短絡的な発想のようにも見えるが、世界国家の専制化・独裁化を避けるための現実的かつ明確な議論ととらえられると同時に、思考

の浅薄性と理論構成の甘さを批判される可能性は十分である。現時点における筆者の力量の帰結であり、今後の大きな課題を負わされることになる。

　最後に、世界国家の問題と関連させて、ユネスコスクールの今後を若干展望することにしたい。

　現在の世界には国民国家とその連合組織のみが存在し、ユネスコスクールは、地球規模の課題を解決するふさわしい資質・能力としてのグローバル・シティズンシップの育成をめざしている。ユネスコが国際連合の一機構であるため、その主導で教育活動の基準を設定し、それに当てはまる場合にユネスコスクールを認定するのが現在のシステムである。これをもって、ユネスコスクールは、国際機関の実施するコスモポリタン・シティズンシップ教育のにない手といえるだろうか。判断は分かれるかもしれないが、それが国際機関による教育と認められない場合でも、国民国家の学校として実施するコスモポリタン・シティズンシップ教育は実質的にグローバル・シティズンシップを育成する機能を果たしうる。北村は、国際機関が提唱するにしても、また国民国家が実施するにしても、グローバルな視点をふまえているシティズンシップ教育を一括してグローバル・シティズンシップ教育ととらえ分析している。コスモポリタン・シティズンシップ教育がつねに世界国家という複雑で困難な問題の解決をもかかえているのに比べると、グローバル・シティズンシップ教育は全人類社会を視野に入れた、地球規模の課題解決をになうという点で、めざす方向が明確だからであろう。

　このような点から考えると、現在のユネスコスクールは、世界国家がその成員を育成するコスモポリタン・シティズンシップ教育をになっているのではないことが、またその逆に、世界国家の実現に向けて力量を発揮する市民形成をめざしているものでもないことが明らかである。しかし、きわめて実現困難とされる世界国家建設のために一大プロジェクトが計画・実施され、可能性が見えてきた場合に、ユネスコスクールはその実現に貢献できる市民形成へと転換をはかることも不可能ではないだろう。ただし、多くの論者の見方のような、世界

第10章　コスモポリタン・シティズンシップ育成のリアル―ユネスコスクール　209

国家を排除したグローバルな視点に変化がない限り、ユネスコスクールは国際機関の実施するコスモポリタン・シティズンシップ教育の機関とされるか、国民国家の行うグローバル・シティズンシップ教育の機関とされるかに区別することなく、実質的にグローバル・シティズンシップ教育を実施する教育機関として統一されるべきであろう。

5 おわりに

　本章においては、コスモポリタン教育、つまりコスモポリタン・シティズンシップを育成する教育がユネスコスクールにおいて、いかに実践されているのかを分析した。しかし、そのようなシティズンシップをめぐっては、コスモポリタニズムがいまだ実現されていない世界国家を前提にするレベルにとどまらず、既存の国家間の連合や国際組織のレベルを経て国民国家のレベルにおいても受け入れられるアイディアであるため、どのレベルに立つかによってその育成の内容と方法が異なってくる。また、ユネスコスクールは、ユネスコという国連の機関が推進する「地球市民教育」をになう。これは、国際機関が関わるレベル、国民国家のレベルのいずれにおいても、コスモポリタン・シティズンシップ教育といってよいが、ユネスコに賛同する論者はそれをグローバル・シティズンシップ教育と呼んでいる。

　同一の対象に対して異なる名称を与えることはよくあることだが、国民国家の市民、すなわち国家市民を超える市民を、「世界市民world citizen」あるいは「地球市民global citizen」と呼んでいる。しかし、これらは同じことを意味しているのではないだろうか。これらの市民的資質・能力、すなわち市民性をコスモポリタン・シティズンシップ、グローバル・シティズンシップのいずれと呼ぼうとも、「超国民国家的市民性」に変わりはない。異なるのは、世界国家に関連づけるのか、そうしないのかの違いにすぎないように思われる。したがって、現状では世界国家の問題に言及するのでない限りは、いずれの用語を使ってもよいということになろう。

　それでは、今後のグローバル時代の市民の育成にあたって、どのような点に留意すべきであろうか。そのヒントを与えてくれるのが、グ

210

ローバルな正義、つまり「グローバル・ジャステス global justice」の領域である。瀧川 (81-88) は、正義の射程は国民国家内部に限定される（国家主義）のではなく、それにとどまらず地球全体に及ぶ（地球主義）が、道徳的コスモポリタニズムの立場では、宇宙に存在する万人が道徳的関心の究極的単位であるから、地球主義を超えて宇宙全体に及ぶとする。いいかえると、国家主義が国家に特殊な議論であり、国家を超えるとする地球主義も地球に特殊な議論であり、宇宙主義こそが普遍的な議論である。だから、宇宙主義は地球を超えないとする地球主義を否定できるし、地球主義が擁護されうるのは実際上の理由、つまり地球外の問題は解決できず、地球外では問題が生じていないことによる。このような正義論をふまえると、グローバルな視点からのシティズンシップの育成の理論と実践は、地球主義の枠組みの世界国家の可能性や問題性についての議論にとどまることなく、宇宙主義の射程を展望しながら、再構築を重ねていくことが課題になると考えられる。

【注】

(1) このようなグローバル・シティズンシップ教育の動向については、原田 (197-206) が詳しい。

(2) 山内 (2) は、「世界市民法とは、『人々および諸国家が、外的に相互に交流する関係にあって、一つの普遍的な人類国家の市民とみなされることが可能な場合、その限りの法』のことである。……。／……カントは『世界市民法は、普遍的な友好をうながす諸条件に制限されるべきである』と記し、コスモポリタン的な世界市民法論をこれ以上は展開していない。きわめて限定的である。」と述べ、カントの世界市民法が外国人に対する「友好の権利」に限定されているとの解釈をとる。また、ハーバーマス Habermas (他者の受容208) は、世界市民法のもとでは個人は世界市民であると同時に、国家市民でもあるが、最高権力は「世界連邦国家」にあり、個人はこの国家から直接的に法的地位を得ることになるから、たとえ主権国家の国務や兵役に就いている間に犯した非に対する責任は個人にあるという。

(3) 日本ユネスコ国内委員会は、「ユネスコスクールは、ユネスコ憲章に示されたユネスコの理念を実現するため、平和や国際的な連携を実践する学校です。」としたうえで、世界の認定校数をあげている（文部科学省）。

(4) ハーバーマス (*Between Facts and Norms*) は、このようなヘルドの文脈が個人主義的でありながら、越境的で全人類的運命共同体の世界を志向する市民と理解し、「個別主義のゆえに自らを閉鎖しない市民が世界市民への道を歩むことができる。……国家市民と世界市民は両極に位置して」いると述べ (514-515)、国家市民のままに世界市民になりうることを示唆している。

(5) 井上（358-382）は、このような世界国家の覇権的・階層的支配の問題を克服するため、超国家的権力の推進の意味をもつ「多極的地域主義」や「世界市民社会」の可能性を検討するが、いずれも覇権性・階層性から免れることは不可能であり、「共同体的無政府主義」の秩序構想のもとに、世界的な諸国家の共同体における脱覇権的・非階層的な統制と協力のモデルへと発展させる前提として、主権国家システムの再構築を要請する。このような文脈は、まさに国民国家主義への還元といえる。

第11章

コスモポリタン・シティズンシップ育成のメソッド

─ナラティヴ・メソッド

1 課題の提起

　地球的な視野で考え行動する市民であるコスモポリタンを論じるにあたっては、非現実的な世界国家world stateを前提とするのではなく、コスモポリタンを全人類の共同体という抽象的ないし観念的に構築した社会へのアイデンティティを有する市民（シティズン）としての、「世界市民world citizen」あるいは「地球市民global citizen」を想定するのが現状である。このため、コスモポリタンを育てるはずのコスモポリタン教育は、コスモポリタン像を描くにしても限界を内包している。これをもたらしている背景を分析し、教育目標として具体的なコスモポリタン像を掲げることはきわめて困難な課題であり、ここでは追究することができない。

　このように、コスモポリタン像という人間形成のモデルについて、全体的に完全に考察することは過大な要求であるが、コスモポリタンの資質・能力についての議論そのものは比較的容易に行うことができる。筆者自身は、グローバルな正義感覚の能力やケアする能力を身につけることがコスモポリタンにとっては不可欠であることを主張してきた（小林、コスモポリタニズムの世界市民教育論：シティズンシップ教育における「正義」と「ケア」の統合：人権教育としてのコスモポリタン教育）。これらの資質・能力に限らず、コスモポリタンにふさわしい行動がとれる力量形成の土台となるのが想像力である。想像力は他者への共感を動機づける心理的基盤であり、正義感覚の能力やケアする能力が作動するのも共感が条件となる。このため、想像力はコスモポリタン教育において養成すべき重要な能力に位置づけられよう。

　世界市民についてケイパビリティ・アプローチの視点から考察するヌスバウムNussbaumは、この想像力を育成することができることを、物語的な手法、すなわちナラティヴ・メソッドによって解明することを試みた。このような方法によってコスモポリタンの資質・能力を根拠づけるアイディアとしては、ユニークで極めて貴重なものと評価される。

　本章においては、ヌスバウムの「物語的想像力」の構造を分析し、

その意味を明らかにするとともに、コスモポリタンの育成にとってなぜどのように効果があるのかを追究し、さらにまた今後解決しなければならない課題を摘示することにしたい。

2　ヌスバウムのコスポモリタン像

ヌスバウムによる「コスモポリタン」とか「コスモポリタニズム」などをタイトルに入れた、まとまった著作は存在しない。その代わりに、他のタイトルの著作や論文において、それらの概念について考察している。とりわけ、著書『人間性の涵養 *Cultivating Humanity*』やジョシュア・コーエン Joshua Cohen 編の『国を愛するということ *For Love of Country*』に掲載した「愛国主義とコスモポリタニズム」などにおいて、くわしく議論を行っている。

辰巳 (238-239) は、ヌスバウムのコスモポリタニズムは実体的な「世界国家」や「世界政府」を念頭においたのではなく、個々人の行動を導く「世界市民精神 world citizenship」に照準をあわせており、この精神はグローバルな社会においてわれわれの生き方に責任と思慮をもたらすものであるととらえる。これは、ヌスバウム理解としては標準的なものである。つまり、世界市民は「世界国家」の市民ではなく、グローバルな社会で思考し行動する精神をもった道徳的な市民であり、所属している集団、とくに国民国家を問わないものである。このことは、ヌスバウム (愛国主義とコスモポリタニズム 26) の言葉でいうと、「われわれは単なる統治形態や世俗的な権力にではなく、全人類の人間性によって構成される道徳的共同体に第一の忠誠を誓うべきだ」ということであろう。

ヌスバウム (*Cultivating Humanity* 9-11) は、このような世界市民は「人間性の涵養」にとって必要とされる能力として、①自己と自己の属する伝統を批判的に吟味する能力、②自己をローカルな地域や集団の市民ではなく、他のすべての人間とつながっている人間として考える能力、③自己とは異なる人の立場に立つとはどのようなことなのかを考え、そのような人の物語の思慮深い読者となって、そのような人がいだくかもしれない感情や願望、欲求を理解する能力としての「物語的

第11章　コスモポリタン・シティズンシップ育成のメソッド―ナラティヴ・メソッド　　215

想像力」をあげている。これらの能力をもちあわせた人物こそが人間性を涵養されたという意味でのコスモポリタンであり、ここにヌスバウムのコスモポリタン像が描かれているといってもよい。

　そして、ヌスバウム (*Cultivating Humanity*) によれば、これらの能力を身につけることをとおして人間性の涵養をはかるための教育は、多文化教育にほかならず、その理念と実践については、非欧米の文化 The Study of Non-Western Cultures、アフリカ系アメリカ人の文化 African-American Studies、女性研究 Women's Studies、セクシュアリティの研究 The Study of Human Sexuality、宗教系大学における宗教教育 Socrates in the Religious University と現代の大学における一般教育の理念 The "New" Liberal Education の関係という事例に即して議論される。この意味では、コスモポリタン教育の一つの具体的なあり方を示していると評価することもできる。

　このように大学教育の改革を提起するヌスバウムのねらいについて、伊勢 (1-2) は、文化の多元性を大学の教育・研究の中でどのように位置づけていくのかを問題にしたものであり、文化の多元性に注目するのは、文化相対主義ではなく、西洋古代以来の普遍的な人間像の今日的なあり方として、「世界市民」を追求する手段とするものであると解釈している。けっきょく、ヌスバウムは、市民としてのあり方の方向づけを高等教育における一般教育の働きに期待したといえる。そうであるなら、ヌスバウムは社会人経験のない学生を対象にした市民的教養の涵養にとらわれていると見られるかもしれない。しかし、アメリカの大学では多くの社会人経験者が学んでいる実態をふまえると、世界市民の養成は学校教育にとどまらず、成人教育の領域にも通用するものであり、学校外での成人教育の場合においては、それにふさわしいカリキュラムと学習形態が開発されなければならないだろう。

　わが国においては、林 (255-258) がヌスバウムの議論をてがかりに、成人教育としての「世界シティズンシップ教育」の検討を行っている。すなわち、ヌスバウムの提示した世界市民にとって必要な能力は、人間としての共通性をもち、文化や集団の間の「差異」の相互理解と、自己の視点と世界市民の視点の不一致を超えた相互理解をとおして身

についていくものである。そのためには、遠くの他者の立場に立って考えることができるように、異文化に関する学際的な研究による事実について学ぶ必要がある。その際には、とくに文学と芸術をとおして物語的想像力を養成することが重要となる。林は、このように説明するが、世界シティズンシップ教育としての成人教育は、学校での教育とは異なる具体的な教育内容・方法論や指導者論、施設論などによって補完されなければならないであろう。

3　コスモポリタンの共感力と想像力

　ヌスバウムのコスモポリタン像を支えている人間性を構成する３つの能力は、相互に密接に絡まり合っている。ものごとを批判的に吟味する能力は、ヌスバウム（*Cultivating Humanity* 15-49）によると、民主主義的な市民に不可欠で、公正な社会の市民として自らの判断により自己決定する能力と実践的に推論する能力である。このような能力は認知的な能力であり、それが働く過程は知覚や判断、推理のみならず、想像や同定などをも含む。だから、他者問題に関わる能力、すなわち、自己を他のすべての人間とつながっている人間として考える能力と、自己とは異なる人物の立場に立つのがどのようなことなのかを想像し理解する能力である物語的想像力の条件になる能力といえる。もちろん、これらの条件となる能力同士も密接な関係性を有する。ヌスバウムはこの関係性を説明していないが、他者とは異なる自己がすべての他者とつながっている人間であると考えるには想像力が不可欠である。

　想像とは、「現在目の前にない物や事柄を思いうかべること。過去の経験を再生することも含むが、普通はそれらを素材とし、新しく考えついたものもつけ加えて、必要な条件にかなうよう組み合わせて新しい物や事柄としてまとめて思いえがくことが中心となる。」（新田 167）と説明される。したがって、このような心理的作用を実践する能力が想像力であるといえる。ところが、ヌスバウムのように、未知のすべての他者が自己とは異なるが、それでも他者とつながり、しかもその他者の立場に立って観察や思考などの実践を行うには、現前しない物事を思い浮かべるという意味での想像力を働かせることが必要である。

しかし、むしろそこにとどまらず、他者をめざすことを含意する想像力が求められるであろう。他者をめざすには、同じ感情を他者と共有することを意欲するという意味をもつと考えられるので、情動的な働きを必要とするであろう。この点において、想像力は「共感」とつながりをもつ。先行研究は、次のように述べる。

> 私たちは共感を、私たちが世界あるいは他者に向かうあり方の一つと考える。……共感が現前する他者をめざす、あるいはそれとともにあるあり方だとすれば、想像は現前しない他者をめざす。しかし現前しない他者についてさえ、その人柄や境遇や感情やをあれこれ考えることで、共感がいっそう深まることはある。……共感が想像力と本質的なつながりをもつことは明らかだと思われる。(山崎 27)

このように、共感と想像力が本質的につながるならば、ヌスバウムの批判的に吟味する能力という認知的能力を媒介として、他の2つの能力が相互依存の形でつながっていると説明することができるのではないだろうか。この意味で、ヌスバウムの世界市民に求められる3つの能力は一体化したものであり、その構造的な要素は認知的側面と感情的側面であろう。この場合に、とくに感情的側面に注目すると、共感についてさらに追究する必要がでてくる。

共感sympathyは、同情とほぼ同じ意味で用いられている。心理学辞典では、「他人と同じ感情を共有することを指すが、同情の場合にはその感情は悲しみや苦痛に限られ、それを共有することによって、その程度を和らげるという効果をも期待している。」(竹中 199) と説明されている。[1] これに対して、無藤 (179) は「他の人が困っているときに、つまり否定的な情動状態にあるときに、自分もまたその人の否定的情動を感じ、それによって人を援助すること」と定義している。共感は、悲しみや苦痛などの否定的情動に対する反応のように見える。しかし、無藤 (179-180) のそれに続く説明は、「他者の否定的情動に出会ったときに、共感するとは限らない。」とし、同情に向かうか、苦しみ

に向かうかは、共感による情動の喚起がどれほど強いかにもよるという。[2] さらに共感には、山崎 (28) の述べるように、他者の感情の原因や境遇、立場を知ろうとする意欲的側面があり、これが共感の認知的側面を動かすとともに、他者のそのような状況が何を意味しているかを想像することを促す。

　以上のように、共感の構造は複雑であり、まだ考察すべき点が多々あるように思われるが、他の機会に譲ることとする。ただ、感情的側面が強いように見える共感においても認知的側面が重要であり、想像力がこの認知的側面において働くというのが山崎の指摘であったので、想像力は共感の感情的側面には一切関わりがないのであろうか、このことの是非を検討する必要があろう。

　先に述べたように、想像力は現前の他者から自由で、不在の他者をめざす働きを有する。このことが意味するのは、共感との関係では、共感がその対象である特定の他者を超えて別次元に導いていくことの可能性である。それは、たとえば歴史上の人物であってもよいし、文学や芸術の中の人物でもよい。そこではもちろん、想像力が働いている。このような想像力であればこそ、共感の認知的側面に関わっているといえるが、感情的側面との関係も看過することができない。というのも、「それはイメージ（心像）が感情と密接な関係をもつことから来る。」のであり、また現代の心理学の知見によっても、「想像と知覚とが同質の働きをもち得ること、そしてイメージは感情を喚起する」(山崎 29-30) からである。このようにして、想像は知覚と同じ働きをとおして他者の立場に立つことを可能にする。[3]

4　想像力とナラティヴ（語り・物語）の手法

　想像力は、現前しない未知の他者をめざす能力であった。本書の視点においては、このような能力は、地球的視野で考え行動するコスモポリタン(世界市民)であるために不可欠なものである。世界市民といっても、世界をまたにかける小数の人びと、いわゆる国際人を除き、それ以外の移民・難民・外国人労働者を含めた大多数の人びとは、地球上の特定国家内の特定地域において、リアルな生活や環境のなかで経

第11章　コスモポリタン・シティズンシップ育成のメソッド―ナラティヴ・メソッド　　219

済活動や政治活動、社会・文化活動をせざるをえない実在であるのだから、国家やそれを超える全人類の共同体にアイデンティティを感じるにしても、また、見知らぬ遠くの他者へとつながり、支援するなどの実践をするにあたっても、心理作用として想像力を働かせることが出発点となろう。

　想像力は、心理学的には生来的な能力であると同時に、発達する能力としてとらえられている。想像力の発達に関わる研究は少なく、管見の限りでは、内田（想像力―創造の泉を探る：発達心理学：想像力―生きる力の源をさぐる）や佐藤・今井の著作のみである。これらは、言語や芸術との関連でとらえたものである。これらのうち、内田の研究は、発達的視点をより強くしたものとして注目に値するが、その特徴は「想像力とことばの発達」を相互依存的な関係においてとらえた点にある。しかし、これも、ピアジェPiagetの知能の発達段階説やエリクソンEriksonのパーソナリティの発達段階説、コールバーグKohlbergの道徳性の発達段階説のように、発達の段階を明確に区分したものではない。また、これらが人間の資質・能力をより包括的にとらえたのに対し、想像力というより限定された能力の発達を子どもの段階について論じたのである。つまり、内田の想像力の発達論は大人が視野に入っていなく、生涯発達の視点は見落とされている。

　生涯発達論の代表的なものは、エリクソンのパーソナリティの発達段階説であるが、わが国においてはたとえば岡本のように、エリクソンのいうパーソナリティ発達の枠組み内においてアイデンティティの生涯発達を論じた研究がある。このことをふまえると、人間のより具体的な能力である想像力の生涯発達論を構築することは、今後の課題とされるべきであろう。後述するように、ヌスバウム（Cultivating Humanity）は、コスモポリタンの資質・能力として物語的想像力を育てることの大切さについて論じている。これは、先にも述べたように、大学における一般的な教養教育として行われるべきことを主張したものであるが、学生の中には社会人も多く存在するので、大人をも視野に入れた生涯学習において想像力を養うことの効果をもたらすと評価してもよいだろう。想像力の生涯発達論の構築は、十分可能と考えら

れる。

　もとより、生涯学習は、人間の諸能力の発達が自然に委ねられるという考えに立ってはいない。想像力も、子どもから大人までの生涯にわたる学習や何らかの訓練が必要であろう。生涯にわたるという意味では、学習や訓練は、大きく分けて、学校教育と学校外の家庭や社会での教育として行われうるが、それぞれの場でどのような計画や方針のもとにどのような方法で行われるのが適切なのかは大きな課題であるが、紙幅の制約上これ以上追究しないこととする。

　ここでは、教育の場をほとんど区別せずに、想像力を発達させるための訓練として、物語的（ナラティヴ）な手法を用いることの効果を明らかにしようとした先行研究を分析することによって、想像力とナラティヴ（語り・物語）の手法との関係構造にアプローチすることにしたい。

　ナラティヴを用いる手法による研究、すなわちナラティヴ・アプローチは、人文・社会科学のあらゆる分野のみならず、自然科学、とくに医療や看護の分野においても盛んに用いられるようになった。それは、質的研究の中核に位置するものとされる。たしかに、やまだ（61）が指摘しているように、「ナラティヴ研究は新しい潮流であるが、……もともと多文化的、多発生的、多声的である。それぞれの文化に根づいた言語観を土壌に、長い伝統をふまえて独自の発展をしてきた。多種の矛盾した見解や対立もはらみながら、全体として学問横断的な大きな流れになっている。」しかし、想像力について心理学的な視点に重点をおいて理解してきた本書の立場においては、やはりその視点でのナラティヴ・アプローチに依拠することが整合的であろう。

　この立場において、やまだ（54-61）は、「『ナラティヴ（narrative語り・物語）』とは、『広義の言語によって語る行為と語られたもの』をさす。日常語の『ストーリー（story物語・話）』や『話をする（telling story）』は、より広い意味をもつが、ナラティヴとほぼ同義に用いられる。」と説明する。続けて、「質的心理学とナラティヴ研究の歴史」を概観しており、それは「記号論」にはじまり、「言語行為論」、「テクスト論」、「物語論」を経て「臨床ナラティヴ」にいたる流れである。この流れのなかで、本書の視点との関係でもっとも注目すべきは「物語論」であ

ろう。

　物語論は、「ナラトロジー narratology」であり、今日のナラティヴ研究の理論的基盤になっているといわれる。[4] 物語論においては、人生について何をどのように語るかの行為と、語られたものが存在することが大前提となる。しかし、そのような存在が真実なのか虚偽なのかを明らかにするのではなく、人生にとってどのような意味をもつのかを追究するのが、ナラティヴ研究の本質であろう。ナラティヴは、語られたものは録音や文字起こしされ、書かれたものは紙等への印字や電子データとして記録され、あるいは文学作品や文書資料・メディア映像などとして保存・保管されているはずである。

　このような側面を見ると、野家（300）にしたがって、物語概念は実体概念であるということができる。ところが、これらはいずれも人と人との間で語られた所産、つまり「語る行為または実践」の側面をもりはそれらの相互行為として成り立つ。しかも、この語りは、やまだ（65-66）が述べるように、現場の状況や社会的・文化的・歴史的な文脈における、語る行為と聞く行為の共同行為としての意味を有する。また、物語は自己や家族、人生、民族のそれぞれであるけれども、固定した同一物ではなく、変化が可能なものであり、時空間を超えるイメージをつくりだし、「未来を変えていく力」をもつといわれる。[5]

　以上をふまえて考えると、物語論は人間の世界社会に変化を及ぼすインパクトを潜在させているといえるであろう。それでは、このような物語論において論じられる物語に、想像力を訓練する主体はいかに関わることが有効なのであろうか。「物語的想像力」という概念により、コスモポリタンの育成について考察したヌスバウムの論脈に即して、追究することにしたい。

5　ヌスバウムの「物語的想像力」と コスモポリタン・シティズンシップ

　先に述べたように、ヌスバウムのいう世界市民性 (精神) は、コスモポリタン・シティズンシップであるから、これが物語的想像力とどのような構造的関連のもとに形成されうるのかについて、ヌスバウムの記述に即してそのプロセスを明らかにすることとなる。もとより、ヌスバウムはこのような想像力について『詩的な正義*Poetic Justice*』(1995)、『人間性の涵養*Cultivating Humanity*』(1997)、『可能性の開花*Creating Capability*』(2011) などの著作において言及しているが、『人間性の涵養』において集中的に論じているので、本章においてはこの部分の構造分析と意味把握をとおして、コスモポリタン・シティズンシップの育成にとっての有効性を明らかにしたい。

(1) 世界市民の想像力と文学の役割

　ヌスバウム (*Cultivating Humanity* 85) の考える世界市民とは、歴史と社会的事実の知識を身につけているだけでなく、自分とは異なる人びとの動機や選択を理解する「同情的想像力」を育んだ人間である。このような能力は、宗教やジェンダー、民族、階級、祖国の差異を理解することを可能にし、世界市民のシティズンシップにとっても本質的なものである。

　ヌスバウムは、これを育てるうえで重要な役割を果たすのは、文学や音楽、ダンス、絵画、彫刻、建築などの芸術 (アート) であると考える。とくに、文学は世界市民を育てるためのカリキュラムにおいて重要な位置を占める。文学は、市民の想像力を発達させると考えるのが、その理由である。

　そこで、どのように発達させるかを理解するために、ヌスバウム (*Cultivating Humanity* 86-88) は大きく時代と場所の違う2つの文学作品を分析し、それぞれの意味を明らかにする。

　1つは、古代ギリシャのソフォクレスSophoklesの悲劇『ピクロテテス』である。この作品は、トロイ戦争の途中で見放された兵士をめ

第11章　コスモポリタン・シティズンシップ育成のメソッド―ナラティヴ・メソッド　223

ぐる物語である。その兵士は再び戦争の道具として利用されるが、生きようとする男の孤独と絶望に対し、観衆は共感的な想像力によって同情を寄せる。このような生き生きとした想像は、劇において道具として兵士を利用することに反する政治的決定を促す。観衆は、これを政治的・道徳的に価値あるものと信ずる。このような観衆の公的な選択に関わる共感こそは公益に適うものであり、そこには市民性が成立する。

　2つ目の文学作品は、現代アメリカの作家エリソンEllisonの『見えない人間』である。この作品は、人間の知覚と認知に関する失敗や熟慮についての反省を促す。そのために、人種的な固定観念の一例として、あるマイノリティの人物を「見えない人間」として登場させ、その経験を描いている。「目に見えない」ことは、登場人物である「他者」の「内部の目が構築したこと」にほかならず、他者自身の精神が創り出したもののみを見ていることの帰結である。エリソンの描く世界は怪奇的で超現実的であるが、道徳的に失敗した読者の内部の目に働きかけ、目に見えない登場人物をもっと知り見るように導く。

　また、エリソンは、小説家の芸術を民主主義の可能性に結びつける。民主主義は、制度や手続きのみを要求するのではなく、小説による固定観念を辛辣に風刺的に扱うことや、イメージやシンボルを空想的に用いることをとおして、共通の人間性を否定しないようにするため、特別な質の想像力を要求する。たしかに、市民の想像力を鍛えることは文学だけの役割ではないが、重要な役割であることは間違いない。物語芸術は、参加と共感的な理解や社会の可視性を拒絶することへの怒りによって、われわれがもっと異なる生き方を見るように導く。以上のような、文学作品による市民の想像力の育成について、ヌスバウムはとくに高等教育に期待をかける。

　　高等教育は、たくさんのさまざまな方法で学生の文学に対する意識を高めるべきである。文学は世界市民を教育するうえで、きわめて重要な役割を果たす。それから、文学はできるだけよくこの機能を発揮するために、どのようにしたらよいかを尋ねる感覚

を育てる。文学はいかに働くか、また、そのように働くための教育はいかなるものか、高等教育機関は情報にもとづく思いやりのあるさまざまな理想像を育成することを促すべきである。この質問に答えるとき、私たちは世界市民性の目標は文学教育によってもっともよく促進されるということがわかる。そのような教育とは、よく知られた西洋文学の「真作」に新しい作品を加え、討議を重視し批判的精神を大切にする視点で、編集された教科書を考慮するものである。(Nussbaum, *Cultivating Humanity* 88-89)

(2) 人間の発達と同情的想像力

ヌスバウム (*Cultivating Humanity* 89) は、子どもが母親と物語を話すようになるときは、すでに道徳的能力を身につけているという。それは、畏敬の念と好奇心が混じり合った神秘の感覚、すなわち不思議に思う感覚である。子どもは、このような感覚を働かせることをとおして、たとえば天国のまぼろしでも内的な世界をもつと想像する。この想像する力は、内部が隠された形あるものは生命が宿され、感情をもち、思考すると、子どもに考えさせる。子どもは、やがて動物や人間の物語を聴き話すことを学ぶようになるが、しかし、子どもからこのような物語を奪うことは、他者を観察する方法を奪うことにつながる。開かれていないものの内部について不思議に思うことは、それ自身が情緒や感情、思考をもつと推論することであり、このような想像力はストーリー・テリングによる訓練の賜物である。

ストーリー・テリングにおける不思議に思う感覚は、人の不安や愛、共感、怒りなどを完全に理解することができないように、すべての他人にアプローチすることには限界があることを示唆する。反面、ストーリー・テリングに精通すると、実生活のなかの人びとよりも物語のなかの人びととをよりよく知ることができるようになる。また、子どもは両親について疑うようになるが、それは逆に両親が子どもの心のなかをすべて知る必要はないと学ぶことの裏返しである。けっきょく、このような不思議に思う感覚は、ストーリー・テリングによって促されたものだが、他人を自分とは質的に異なり、尊敬に値する、広く深

いものとして明らかにする。

　ヌスバウムは、このようにストーリー・テリングの効能を理解したうえで、物語想像力について次のように述べる。

　　物語的想像力は道徳的な相互作用のための不可欠な手はずである。共感と推測の習慣は、あるタイプの市民性とある形態の共同体へと導く。他者のニーズに対する共感的な反応を高める人は、分離とプライバシーを尊重しながら、それらのニーズを環境が形づくる方法を理解する。これは、文学的に想像することが登場人物の運命に熱烈な関心をいだかせ、すべてが観察できるように開かれているわけではないが、それらの登場人物が豊かな内的生をもっていることを明らかにする方法である。その過程において、読者はその内的世界の隠れた内容を尊重することを学び、創造物を完全に人間として明らかにすることの大切さがわかる。(Nussbaum, *Cultivating Humanity* 90)

　子どもは、年齢を重ねていくので、文学的筋書きが複雑さを増すことに応じて、他者の希望や不安などのみならず、品位や公正などの特性を認めるようになる。これは、子どもが想像力を働かせることで可能になったもので、同情する能力のあらわれである。

　同情は、不幸に対する傷つきやすい感覚である。それは、この不幸に悩んでいる人は自分なのかもしれないという思考を受け入れる。つまり、他人の苦境に同情するのは、その苦境に陥ったのは自分かもしれず、自分がどのように救済されることを望むべきかと考える。このように理解される同情は、他人が悩んでいることを想像でき、その想像において苦痛を感じることさえ可能である。それは、たとえば弱者に対する強い慈善心となってあらわれる。

　また、「同情は、境界を要求する。」(Nussbaum, *Cultivating Humanity* 92) 自己が環境の変化によって、貧困や病気、奴隷、下層階級のメンバーのいずれかになってしまったと見ることは容易である。これは、境界があることへの認識の帰結である。国家の境界も、戦時の危険はその

人の国家を失わせると認識することによって超えられる。しかし、民族やジェンダー、性的志向の境界は、現実の生活において男が女になり、白人が黒人になるなどのことは不可能であり、超えることは難しい。この場合は、想像力を架空的に訓練し、同情のための基礎を育成することが必要である。たとえば、民族は実際上変えることはできないが、自分自身に異なる民族が宿ると想像することはできるからである。

　文学作品の登場人物の中には、同一化できる人がいる反面、それを拒絶する人もいるが、同一化の失敗こそが理解することの源である。公正な社会の実現のためには、同一化とその欠落こそが、社会的な境界を横断する同情的な想像力を鍛えることを助長する。ヌスバウム（*Cultivating Humanity* 92）は、これを「文学についてのケアリングを意味する。」と述べる。

(3) 文学と同情的想像力

　市民が想像力を働かせる基礎は、幼い子どものころにできあがる。子どもたちは、物語や詩、歌などをとおして他の生き物たちの苦悩に気づくようになる。しかし、年長の子どもたちやヤングアダルトに対しては、もっと複雑な文学的課題を与えるべきである。悲劇は、そのための適切な題材を提供する。悲劇のドラマは深刻な苦悩をつくりだし、観客はその苦悩をとおして喪失感をいだき、同情的な想像力を働かせるからである。

　文学は、それ単独では社会を変質させるものではない。私たちの社会は、ドラマ的な経験によっても、女性にとって抑圧的な社会であることがわかる。しかし、芸術は登場人物をとおして、それらの目に見えない世界を理解させる。これこそは、社会正義のはじまりである。

　また、文学は複雑な解釈的な芸術である。ストア派は、世界市民に異なる人びとを共感的に理解するように要請するとき、このような芸術を求める。しかし、多元的な民主社会においてよく考え判断することは、民主的な方法で発展させられる必要がある。ヌスバウム（*Cultivating Humanity* 96）によると、伝統的な文学者のホイットマン

Whitmanは、文学の芸術は民主主義の精神のもとに知覚と判断の能力を発達させると主張した。それは、男女の熱望と内的世界の複雑性を理解する能力であるという。ホイットマンはまた、女性や人種的マイノリティ、貧困者、弱者などの、追放され、あるいは圧迫された人びとへの共感的な理解を促し、彼（彼女）らに発言権を与えることに、文学の芸術の主な社会的役割があると見た。このように、文学的な想像によって共感がもたらされるとすれば、市民性を育てるカリキュラムにおいて、文学を市民的な参加と自覚のために必要な解釈の技術を発達させる科目と位置づけるべきであろう。

　文学的芸術によって促される物語的想像力は、だいぶ古くからその世界市民性の涵養のメカニズムに注目されてきた。マルクス・アレリウスMarcus Aureliusは、誰かが怒りの感情をいだくようになるのはなぜかをイメージできるとき、他者を悪者扱いにし、邪悪やエイリアンと見なす気持ちは少なくなるだろうと説明していると、ヌスバウム（*Cultivating Humanity* 97）はいう。他者の行動を十分に理解しないまでも、疑問を尋ねて、小説家の態度で人の心の描写を試みる活動は、自己中心的な怒りの感情をしずめる。また、私たちに怒った両親や子ども、恋人などの物語を私たち自身に語る能力は、私たちが利己的な復讐心をいだかないようにする。この能力は、政治的な生活に場面を移すと、私たちと異なる人びとを従わせるのではなく、異質な対象として待遇することを容易にできるようにする。

(4) カリキュラムにおける思いやりと政治的な課題

　ヌスバウム（*Cultivating Humanity* 99）は、「文学的想像力が思いやりを発達させるならば、そして思いやりが市民の責任にとって本質的なものであるならば、私たちが望み必要としている思いやりのある理解を促すための課題を教える良好な理由をもつ。」と述べ、文学的想像力は他の文化や民族、人種的な少数派、女性、レスビアン、ゲイなどを理解するうえで必要なものであるとする。このことは、私たちの社会における諸集団の経験に発言権を与える課題を意味している。

　たとえば、英語の授業においてゲイの人の経験について考え、登場

人物の発言権（声）を行使させる（出させる）ことをとおして、感受性と発言の経験は育てられるべきである。しかし、これらはソクラテス的なアクティビティや、世界市民になるストア派の規範と密接に結びついており、想像力を模擬的に実験する作業を必要とする。

　ソクラテス的な姿勢は、テクストを批判的に読むこと、すなわち共感し経験すること、とくに経験については批判的な問いを発することが求められる。この「批判的な姿勢は、古代ギリシャの悲劇の祝祭の伝統にそのルーツをもつ。そこでは、芸術作品を観察することは、基本的な市民的な価値について議論や熟考することに密接に結びついていた。」(Nussbaum, *Cultivating Humanity* 100) そして、これは今日の数少ない批判的な作品において再生されている。

　たとえば、ブース Booth の作品はそれである。ブースは、批判的な姿勢と作品に没頭することは完全に共存できるとした。つまり、作品に没頭し、登場人物との会話のなかで批判的な評価を進めることは、私たちを挑戦的にし、文学的な経験が現実生活において果たす役割を洞察することへと導くだろう。クラスルームは、このような批判的な活動の場面となる。また、ブースの主張からわかるように、思いやりがあり賞賛すべき登場人物と、そうでない人物が登場する作品は、それらの相互作用（ふれあい）をとおして、読者に同情と尊敬を促すだろう。そして、注意力を働かせて小説を読むとき、テクストによって多くの異なる性質の登場人物に同情するよう導かれるが、テクストの育てる同情は一様ではない。

　このような文学作品は、政治生活の先入観や盲点から自由でないことも明らかである。中間階級の女性の経験を理解する小説もあれば、労働者階級の人びとのあがきを認める小説もある。いくら、心の中で平等に関わり尊重するという民主的な理想をいだいたとしても、作品の不完全さを感じることがある。それゆえに、同情的な読書のみならず、批判的な読書を行うことで、テクストの内部構造を理解し、それと明確に関わっていくべきである。これこそが市民の価値ある読書として、政治的だが道徳的であり、読者とテクストの相互作用が友好関係と共同体を築き、その共同体について道徳的・社会的評価を行うこ

とをとおしてテクストについて議論することへと導く。そこでは、すべての市民が尊重に価し、基本的自由に忠誠を誓うべきであるという確信が形成される。

　ここでいう政治的・道徳的なものは、利益である。それは、たとえば労働者の適正な待遇と教育の改革において実現されるものである。個人が自覚的に明確に政治的・道徳的な利益をもつことなしには、テクストが導くような方法によって、登場人物の幸福についてケアすることはできない。そのためにも、批判的に考える討議の共同体をつくることが必要である。

　そのような関心を一時的に停止するために、新批評が隆盛となった。新批評とは、文学作品を読むときにその解釈に外から何ももたらさないゆえに、歴史的・社会的な文脈がなく、いかに生きるかの問いもない。ヌスバウム（*Cultivating Humanity* 104-105）は、この運動のために、社会的な重要性をもつ物語的作品の価値を求めることは困難であったと指摘する。これに抵抗して、トリリング Trilling は「リベラルな想像力」の概念をとおして、小説というジャンルにおいてリベラリズムとデモクラシーに関与し、人間精神の個人性とプライバシーの尊重を促した。ブースと同時代の批評家、中でもフェミニストの批評家はそのようなアプローチを続け、想像力が活動的になるように配慮した。このような批判の態度は、ときには有名な文学作品を辛辣に批評することもある。反対に、黙して語らない人びとの経験を探ろうとする批評家は、共感しうる力強い話を発見する。

　文学についてのこのようなアプローチの方法は、文学作品の社会的・歴史的次元に関心を示さない批評こそは政治的な行為と見なす。ヌスバウムは、授業における文学作品の学習においても、政治的要素を避けるべきでないことを、次のように強調する。

　　私たちは、すべて異議と違いという、反対の見方の相互作用を含むカリキュラムからもっとも多くのことを学ぶ。たった一つの授業において一つの作品を把握するようになる過程においてさえ、私たちは対照的な判断の複数性を探し出すべきである。そし

て、違う教室のそれぞれは、多くの異なるタイプの政治的次元で
アプローチすることを助長するので、当然のごとく大いに異な
るだろう。認めるべき大切なことは、それがないことを装うこと
によって政治的要素を避けないことである。(Nussbaum, *Cultivating Humanity* 107)

　そのような実践によってこそ、作品とくに物語的作品からそれらの
意味を明らかにすることができる。そして、文学を教えることをもっ
とソクラテス的なものにし、新しい作品を増やすことで歴史と人類の
理解を深めるべきである。また、もっと標準的な作品を批判的に考察
することによって、新しい洞察に達するべきである。

(5) 世界市民性の育成と多文化主義

　価値判断の客観性を否定する相対主義は、現代の批評についての議
論を巻き起こしている。真実と客観性について哲学的に考えるにあ
たって、相対主義を擁護するときは、その議論は物理や数学、言語の
哲学が援用され技術的なものになりがちである。しかし、相対主義に
ついての文学的な議論には、もっと哲学的な厳密さを要求すべきであ
る。このことは、相対主義を排除することを意味しない。むしろ、人
文学の教室においては、保守とリベラルのように、相対主義と反相対
主義の活発な議論を行うべきであり、これが高いレベルに達するなら
ば、価値判断の客観性についての議論は選択すべきものの理解を豊か
にすると、ヌスバウムはいう (*Cultivating Humanity* 108)。つまり、ヌスバ
ウムは、文学を教えることにおいて、もっと自己批判的でソクラテス
的になるならば、世界市民を訓練することができると提起しているの
である。

　ヌスバウムのように、文学の教授に関心をもつのは、批判されるほ
ど議論が不完全だからではなく、人への共感と普通の人間がその基礎
とするものを疑う文学へとアプローチすることが隆盛だからである。
また、彼女は、世界市民を生み出すために、アイデンティティ・ポリ
テックスの精神に反対する。このポリテックスは、個人の最初の帰属

を宗教、民族、生物学的性、社会的・文化的性ではなく、地域の集団ととらえるからである。ところが、現今の高等教育機関における文学の教授は、このポリテックスの精神によって促されている。これに対し、人間の多様性と文化の複雑性を適切に認知できる「多文化主義」の考え方に立つと、世界市民については異なった見方をすることができる。それは、国民が民族の歴史に鈍感であるとしても、エリソンの『見えない人間』のような作品は、すべての市民が明快に民族的な問題に気づく手助けになるということである。しかし、アイデンティティ・ポリテックスの視点においては、『見えない人間』はアフリカ系アメリカ人学生の経験を確認するにすぎず、黒人とアメリカ人の双方であることに関わる人間的な普遍的特質を明らかにすることができない。

ヌスバウムは、このような文学的アプローチの違いに着目し、次のようにこの議論をまとめている。

> 文学についてのこれらの異なる擁護は、異なる民主主義の概念に結びつけられる。世界市民の視点は、すべての市民が生きるために、違いを理解する必要を強く主張する。それは、市民が相違を超えて議論し理解するために努力するものと考える。それは、共通善についての討議としての民主的な議論の構想に結びつけられる。これに反して、アイデンティティ・ポリテックスの視点は、力を握ろうとするアイデンティティに基礎づけられた利益集団の市場として、市民の集団を描写し、理解されるよりもむしろ確認される何かとして違いを見る。実に、これらの学者が単純に他のもっと強力な根拠をもつ文化的な見方をふり返るとき、学会におけるアイデンティティ・ポリテックスの現今の流行に対して、文学の専門家を責めることは少し難しいように思える。(Nussbaum, *Cultivating Humanity* 110)

文学の学会においては、アイデンティティ・ポリテックスについてはとくに抑圧された集団のメンバーのみがよく書くことができ、その集団の経験についてよく読むことができると主張される。つまり、抑

圧された集団のメンバーが、他の人びとよりも自分の生活のことについてよく知っている。しかし、個人も集団も自己認識が完全にできるわけではない。また、門外漢でも、経験に没頭した人が見ることに失敗するのに出くわすこともある。たしかに、私たちは、集団の状況を理解しようとするなら、そのメンバーが書いたものを頼りとするが、そのときも作品をカリキュラムに取り入れ、理解を広める必要がある。想像上、集団の境界を交錯させることができないと、作品からは何も学ぶことができないからである。

　このような文学は、その解釈をとおして、経験と文化が多くの意味のある側面を形づくっていることを明らかにする。ゆえに、現実の生活において十分に養うことのできない共感を拡張するためには、市民にとって文学は大切である。また、他者との生活や思考の間の差異を明らかにするのみならず、それらを分かりやすくすることも文学の政治的な約束である。そこから、ヌスバウム（*Cultivating Humanity* 111）は、その可能性を否定する批評は、人間社会における文学的経験の価値を否定することになりかねないので、世界市民に関しては、カリキュラム上においてアイデンティティ・ポリテックスよりもむしろ、多文化主義を主張すべきであるとする。

　文学が市民の生活に貢献しうることがもはや明らかであるが、そのためにも鈍感で他人の気持ちを理解しない想像力よりも、思考と感情の面において他者の承認を獲得する能力が貢献の鍵となる。エリソンのようなフィクションの作品は、登場人物の経験について偶然に読む人びとよって共有され、共通の人間性を肯定する効果を生み出し、そのような貢献の役割を果たすかもしれない。

　ヌスバウム（*Cultivating Humanity* 112）は、「私たちは、民主主義の構想と、その未来を導くことを唯一の価値あるものとするラディカルな課題を擁護すべきである。」と結論する。人類の平等の価値を主張することは、いかなる社会でもつねにラディカルである。ストア的な世界市民性が階層的・序列的につくられたローマにおいても、隣人を愛することのキリスト教のアイディアはラディカルである。世界市民性を育てる今日の教育課題は、人類の平等の価値を主張することでもあ

り、ヌスバウムの主張するラディカルな課題に適切に向けられたものであろう。

6 コスモポリタン教育におけるナラティヴ・メソッドの課題

ヌスバウムは、物語的想像力の訓練や育成については、文学作品を理解することに主眼をおき論じている。しかし、ナラティヴの方法は、文学作品の理解にとどまらず、さまざまなテクストを用いるもの、対話（語り合い）によるもの、ロールプレイやドラマによるものなど、多様である。また、子ども、学生、大人という発達の段階や状況を考慮する必要もあろう。この点、ヌスバウムは、学生の教養教育を中心にするが、子どもへのストーリー・テリングの効能について語り、またドラマを用いた方法を示しているほか、市民を対象から除外していないので、世界市民性の育成については生涯にわたる学習や発達の視点をまったく考慮していないと見なすことはできない。世界市民性の育成にとって生涯学習の視点が重要であることについては、第2章において提起した。

生涯学習論においては、ナラティヴの生涯学習に果たす役割について考察がなされている。荻野 (150) は、「発達へのナラティヴ・アプローチ」においては、ナラティヴは人生におけるそれぞれの出来事に意味を与え、全体として人生をつうじた発達を形づくっていくが、その発達を漸進的な変化の過程としてとらえていると指摘する。このような生涯発達の視点は、社会構成主義や状況的学習、批判的学習などの学習理論と適切に組み合わされることによって、世界市民性の育成にとって効果的なものとなろう。荻野 (154-159) の整理によれば、学習手段に注目したナラティヴ学習は「日記・日誌やライフ・ヒストリーを用いた学習」「事例やシナリオを通じた学習」「ドラマを用いた学習」に分類される。

このようなナラティヴ学習に対して、ヌスバウムの文学作品の理解はいずれの学習にも関連しうる。けっきょく、生涯にわたる世界市民性の育成の視点に立つと、発達の段階や状況に応じて、適合的な学習理論にもとづき学習手段を選択決定した学習方法が必要となり、これ

を実践することが課題となろう。とりわけ、文学作品を用いて物語的想像力の育成に効果を発揮させようとするなら、ヌスバウムの理論をふまえつつ、その補完をも考慮した学習方法の開発が求められる。

　次に、世界市民性は世界市民にふさわしい資質・能力といえるから、普遍的な性質を帯びているように見える。文学作品は、民族的・文化的な背景のもとに創作されているのが通常であろう。それだけに、世界市民性の普遍性を意識して、文化横断的な意図のもとに新たに創作された文学作品であれば、有効であるかもしれない。しかし、そのような確証がえられるかは疑問であろう。グローバル化の進展とともに、「ポスト国民国家」時代の到来が叫ばれながらも、依然として国家の枠組みのなかで異文化の相互理解や相互尊重が多文化主義にもとづいて強調されるのが現実である。そうだとすれば、異なる文化的背景の文学作品から世界市民性の要素を抽出できる場合は、それらの作品を国家や文化を超えて交換し合うことで、教育的活用をはかることも現実的であろう。このためには、ヌスバウムの方法を十分参考にしながら、国家や文化を横断した基準づくりをすることが課題となろう。

　教育効果については、これをどのように測定し評価するかは論争的な課題となっている。これは教育学上の大きな課題であるので、ここではこれ以上論及することはしない。しかし、物語や語りをとおして発達が促され、グローバル社会において社会正義の実現につながる世界市民の物語的想像力については、質的あるいは量的なデータによって説明できるような信頼性がなければならないと考えられるので、その方法を確立するための模索が課題となるだろう。

　最後に、ヌスバウムの思想において特徴のある「ケイパビリティ・アプローチ」については、ケイパビリティ[6]のリストが注目されており、ナラティヴで育まれる想像力である物語的想像力はその一つに位置づけられている。しかし、それは「四　感覚・想像力・思考力」（ヌスバウム、正義のフロンティア 91）としてあげられている。これらが相互に何らかの関係にあることは間違いないが、それぞれが異なる能力であり、ここで並列するのは想像力の位置づけをあいまいなものにしてしまうおそれがある。想像力は、世界市民性の育成の中心ともなりう

る能力である以上、人間性の涵養を視野に入れた道徳的な能力として、個人の内部だけの視点にとどまらず、グローバルな社会正義の実現につながる共同的な実践の基礎となる力と位置づけられるべきである。このためには、ヌスバウムのコスモポリタン・シティズンシップ教育論における特別なケイパビリティとしての再解釈あるいは再構成が必要となるであろう。

　以上のように、グローバル社会において、他者を愛し思いやる基盤となる想像力を培うことのできるナラティヴ・メソッドは、コスモポリタン・シティズンシップの育成にとって有意義であるが、完全無欠な方法ではないため一定の補完を必要としているといえる。

【注】

(1)　このような説明に続けて、「一般的には感情移入（empathy）という心理作用によるものと考えられ、他人の態度・表情・行動などを観察することによって、みずからのそれらに伴う感情を体験し、あるいは対象に投影するのだといわれる。」（竹中 199）とあるが、共感を一般的に定義するならこのようになるというのであろう。

(2)　無藤（179-180）によると、それはなぜかといえば、相手が悲しければ自分も悲しくなるような、相手の情動状態と同様になるときもあれば、相手の情動への共感があるが相手と同じ情動ではなく、相手への心配や関心の情動という意味での同情である場合や、共感が自分の個人的な苦しみにつながることがあるからである。なお、無藤は同頁において情動の喚起の規定因について説明している。ここでは、これ以上ふれないことにする。

(3)　想像と知覚の関係について、山崎（30-31）はさらに深く追究し、「知覚と同じ枠組みをもつことで、想像は他者の苦悩をそれとして理解することに有益な手立てを与える。しかし他方で想像力は自由でもある。それは現前の対象をこえてゆく。そして私たちが知覚しない他者の状況や苦悩や悲しみを心の内に思い描く。イメージが感情を喚起することで、そうした想像は他者の感情の理解へとつながる。……共感の感情的側面においても想像力の本質的な役割はあると、私たちは言えるだろう。」と結ぶ。

(4)　よりくわしく、やまだ（59）によると、物語論の系譜は古くはアリストテレスまでさかのぼることができるが、現代の物語論は、哲学の主要問題である実在論、認識論に関わって、科学哲学、歴史哲学、言語哲学とむすびつき、ナラティヴ研究の理論的骨格をつくったと見られている。

(5)　同様のことは、野家（320-324）も述べている。すなわち、物語りは「直接的体験（生きられた経験）」や「異他的なるもの」などを外部にもつ「開かれたネットワーク」と見ることができるので、絶えず外部から越境してくるそれらとの遭遇をとおして、「物語りを語り直し、更新するダイナミズムの中へと身を投ずる」ことになる。しかし、物語の内部と外部の間に明確な境界線は存在せず、それは「物語りうるものを物語り尽くすことによって、あくまでも内部から確定する」ほかはない。そして、世界はわれわれの理解可能なものであるから、「物語の限界が世界の限界である」。その意味で、「物語り行為は世界制作の行為にほかならない。」

(6) Capabilityは、潜在能力、可能力などと訳されるが、適切な訳語については議論が続いている。ヌスバウムにくわしい神島（518）は、ケイパビリティを「倫理的によいものとして評価しうると考えられる能力」ととらえている。

あとがき

　本書は、生涯学習の視点でまとめようとしたものである。コスモポリタンの育成は、生涯にわたって行われるにふさわしいと考えるので、成人期の教育のみならず、幼少青年期については学校での教育はもちろん、さらに学校外での教育をも十分に視野に入れる必要がある。しかし、本書はこのような点で必ずしも十分ではない。生涯学習の視点である以上、各発達段階に応じてバランスよく記述するのがベストであるが、筆者の力量では及ばなかった。今後の機会に譲りたい。

　本書の各章の内容は、これまでに筆者が学術誌に発表した論文から構成されている。初出一覧は下記のとおりであるが、それぞれについて加筆・補正を行った。

初出一覧

第1章　「社会教育研究として規範理論研究を語ることは無意味か」大阪教育大学社会教育学研究室『社会教育学研究』第42号、2018年、1-6。

第2章　「コスモポリタニズムの世界市民教育論―コスモポリタンの生涯にわたるグローバルな正義感覚の形成をめぐって」『聖園学園短期大学研究紀要』第40号、2010年、25-34。

第3章　「成人教育としてのコスモポリタン教育―グローバルな正義とコスモポリタンのアイデンティティ形成の学習実践」大阪教育大学社会教育学研究室『社会教育学研究』第12号、2007年、60-74。

第4章　「グローバルな課題と『社会的企業』の教育力―英国の『社会的企業』の活動におけるグローバルな正義感覚の形成」大阪教育大学社会教育学研究室『社会教育学研究』第14号、2008年、1-15。

第5章　「世界市民教育におけるグローバル・シティズンシップ育成の心理社会的課題─ネル・ノディングズの『ケアリング』の意味構造との関連で」大阪教育大学社会教育学研究室『社会教育学研究』第21号、2011年、26-35。

第6章　「シティズンシップ教育における『正義』と『ケア』の統合の意味構造─『正義感覚』の能力と『ケア』の能力の相互補完関係をめぐって」『聖園学園短期大学研究紀要』第42号、2012年、1-10。

第7章　「人権教育としてのコスモポリタン教育─国境を越えるケアの倫理の視点から」『聖園学園短期大学研究紀要』第43号、2013年、1-15。

第8章　「コスモポリタン教育における『愛国主義』の排除と包摂の意味と課題─ノディングズの『愛国主義』の両義性をてがかりに」東京学芸大学国際教育センター『国際教育評論』No.17、2021年、17-30。

第9章　「コスモポリタンを育てる平和教育─ノディングズの『平和主義』理解をふまえて」秋田県立大学総合科学教育研究センター『秋田県立大学総合科学研究彙報』第25号、2024年、45-57。

第10章　「コスモポリタン・シティズンシップ育成の可能性─『ユネスコスクール』の意義と課題」秋田県立大学総合科学教育研究センター『秋田県立大学総合科学研究彙報』第24号、2023年、77-88。

第11章　「コスモポリタン・シティズンシップの育成とナラティヴ・メソッド─ヌスバウムの『物語的想像力』の意義」秋田県立大学総合科学教育研究センター『秋田県立大学総合科学研究彙報』第25号、2024年、31-44。

　以上の構成から見ても、本書がコスモポリタン教育について、できるだけ広くとらえようとしたことをお分かりいただけると思う。しか

し、欠落したテーマもある。

　第4章においては、「社会的企業」の教育力について論じたが、営利組織によるコスモポリタンとしてのグローバルな正義感覚の能力の育成について追究したのであるから、章をあらためて非営利組織であるNPO・NGOの活動と、このような能力の育成との関連性を議論すべきであった。NPO・NGO自体の教育力については、若干ふれたが、深く考究はしていない。本書でも若干ふれた「グローバル人材」の育成とも関連させながら、NPO・NGO活動がコスモポリタン・シティズンシップの育成の場と機会にふさわしいのかどうか、また逆に、そのようなシティズンシップがNPO・NGO活動の活発化を促すのかどうかを、追究することは有意義な研究と考えられる。

　また、地球的視野で考え行動する市民的資質・能力としてのコスモポリタンないしグローバルなシティズンシップを育成する教育の場や内容・方法などについては、依然として議論が続いている。これらとの関わりにおいて、PBE（「地域に根ざした教育」）がローカル・シティズンシップとグローバル・シティズンシップの関係構造を究明しつつ、「グローカル教育」として提起される傾向が見られる。その内実は、地域において、地域とつながりのある自然や世界について学ぶことへと導くのであるから、PBEはコスモポリタンないしグローバルなシティズンシップの育成のために何らかの融合を求めている。それが、グローバルとローカルの相互作用性で説明がつくのか、それとも新たな領域横断的な枠組みを必要とするのかなど、グローカル教育の普遍的な定義とその実践の理論を追究することが、教育学の重要な課題の一つに数えられるであろう。

　NPO・NGO活動とグローカル教育を媒介とするコスモポリタン教育論の再点検は、本書において追究した各テーマをもとにしたコスモポリタン教育論を見直す契機となる可能性もある。今後の筆者の追究すべき課題としたい。

　コスモポリタン・シティズンシップを育成することを目的にする教

育は、まったく架空の世界で唱えられ、実践が試みられていないというわけではない。教育界においてその重要性の認識に差異はあれども、実際に教育の場で取り組まれているのである。地球温暖化や核兵器の使用などによる地球崩壊や人類絶滅などという危機に刻一刻と接近しつつある今こそ、コスモポリタン・シティズンシップ教育を充実することの重要性を説くことが大切であると考える。

＊

　このたびの出版にあたり、本の泉社の浜田和子代表には、教育の分野においては大変マイナーなテーマについての著作であるにもかかわらず、深いご理解とご配慮をいただきました。心より感謝を申しあげます。また、読者の皆様からは、きたんのないご批判、ご高評をいただきたく、お願い申しあげます。

　2024年11月14日　秋田にて

筆者

【引用・参考文献】

第1章　研究の目的・方法・構成

藤掛洋子「国際協力と市民」内海成治編『新版国際協力論を学ぶ人のために』京都：世界思想社、2016。

勝田守一「教育学原論」勝田守一編『現代教育学入門』東京：有斐閣、1972。

小林建一「社会教育研究として規範理論研究を語ることは無意味か」大阪教育大学社会教育学研究室『社会教育学研究』第42号（2018）。

久保田賢一「NGOの役割と動向」内海成治編『新版国際協力論を学ぶ人のために』京都：世界思想社、2016。

文部科学省「グローバル人材の育成について」文部科学省ホームページ
https://www.mext.go.jp/b_menu/shingi/chukyo/chukyo3/047/siryo/__icsFiles/afieldfile/2012/02/14/1316067_01.pdf　2024年2月9日現在。

森田尚人「教育の概念と教育学の方法—勝田守一と戦後教育学」森田尚人他編『教育研究の現在』教育学年報1、横浜：世織書房、1992。

長坂寿久『NGO発、「市民社会力」—新しい世界モデル』東京：明石書店、2007。

大西好宣「グローバル人材とは何か—政府等による定義と新聞報道にみる功罪」千葉大学『人文公共学研究論集』第36号（2018）。

塩野谷祐一著『価値理念の構造—効用対権利』東京：東洋経済新報社、1991。

辻　一人「市民社会に期待される役割」下村恭民他『国際協力—その新しい潮流（第3版）』東京：有斐閣、2016。

馬橋憲男『国連とNGO—市民参加の歴史と課題—』東京：有信堂高文社、1999。

吉田　文「『グローバル人材の育成』と日本の大学教育—議論のローカリズムをめぐって」日本教育学会『教育学研究』第81巻第2号（2014）。

由井一成「特別活動を通じたグローバル・シティズンシップの育成—国家政策としてのグローバル人材育成に対する批判的考察」『学習院大学教職課程年報』第9号（2023）。

第2章　コスモポリタニズムの世界市民教育論

Beitz, Charles R. *Political Theory and International Relations: With a new afterword by the author.* Princeton: Princeton University Press, 1979.

エヴァンズ、R.I『エリクソンは語る—アイデンティティの心理学』岡堂哲雄・中園正身訳。東京：新曜社、1981。

グレイ、ジョン『グローバリズムという妄想』石塚雅彦訳。東京：日本経済新聞社、1999。

ガットマン、エイミー「民主的市民権」マーサ・C・ヌスバウム他『国を愛するということ—愛国主義の限界をめぐる論争』辰巳伸知・能川元一訳。京都：人文書院、2000。

――『民主教育論—民主主義社会における教育と政治』神山正弘訳。東京：同時代社、2004。

ヒーター、デレック『市民権とは何か』田中俊郎・関根政美訳。東京：岩波書店、2002。

後藤玲子『正義の経済哲学—ロールズとセン』東京：東洋経済新報社、2002。

井上達夫「正義は国境を越えうるか—世界正義の法哲学的基礎」井上達夫編『現代法哲学講義』東京：東京大学出版会、2009。

Jones, Charles. *Global Justice: Defending Cosmopolitanism.* New York: Oxford University Press, 1999.

ネグリ、アントニオ&ハート、マイケル『＜帝国＞―グローバル化の世界秩序とマルチチュードの可能性』水嶋一憲他訳。東京：以文社、2003。

―――『マルチチュード上・下―＜帝国＞時代の戦争と民主主義』幾島幸子訳。東京：NHK出版、2005。

ネグリ、アントニオ「マルチチュードの現在―原子力国家・反ナショナリズ・力の契機」中村勝己聞き手・訳。『現代思想：特集ネグリ+ハート―＜帝国＞・マルチチュード・コモンウェルス』第41巻第9号（2013年7月号）、東京：青土社、2013。

水嶋一憲「グローバリゼーションをどうとらえるか―＜帝国（Empire）＞の理解をふまえて」日本社会教育学会編『グローバリゼーションと社会教育・生涯学習』日本の社会教育第49集、東京：東洋館出版社、2005。

Nussbaum, Martha C. *Cultivating Humanity: A Classical Defense of Reform in Liberal Education.* Cambridge: Harvard University Press, 1997.

―――*Women and Human Development: The Capabilites Approach.* New York:The University of Chicago, 2000.

ヌスバウム、マーサ・C.他『国を愛するということ―愛国主義の限界をめぐる論争』辰巳伸知・能川元一訳。京都：人文書院、2000。

ヌスバウム、マーサ・C.「愛国主義とコスモポリタニズム」ヌスバウム、マーサ・C.他『国を愛するということ―愛国主義の限界をめぐる論争』辰巳伸知・能川元一訳。京都：人文書院、2000。

―――「返答」ヌスバウム、マーサ・C.他『国を愛するということ―愛国主義の限界をめぐる論争』辰巳伸知・能川元一訳。京都：人文書院、2000。

Pogge, Thomas. *World Poverty and Human Rights.* Cambridge: Polity, 2002.

ロールズ、ジョン『正義論』矢島鈞治監訳。東京：紀伊國屋書店、1979。

―――「正義感覚」田中成明編訳『公正としての正義』岩倉正博訳。東京：木鐸社、1979。

―――「市民的不服従の正当化」田中成明編訳『公正としての正義』平野仁彦訳。東京：木鐸社、1979。

Rawls, John. *The Law of Peoples with "The Idea of Public Reason Revisited".* Cambridge: Harvard University Press, 1999。

リュアノ=ボルボラン、J-C&アルマン、シルヴァン『グローバリゼーションの基礎知識』杉村昌昭訳。東京：作品社、2004。

セン、アマルティア『合理的な愚か者―経済学=倫理学的探求』大庭健・川本隆史訳。東京：岩波書店、1992。

シンガー、ピーター『グローバリゼーションの倫理学』山内友三朗・樫則章監訳。京都：昭和堂、2005。

スティーガー、マンフレッド・B『グローバリゼーション（新版）』櫻井公人他訳。東京：岩波書店、2010。

スティグリッツ、ジョセフ・E『世界を不幸にしたグローバリズムの正体』鈴木主税訳。東京：徳間書店、2002。

―――『世界に格差をバラ撒いたグローバリズムを正す』楡井浩一訳。東京：徳間書店、2006。

山田敦「反グローバリゼーションの諸位相」一橋大学院法学研究科『一橋法学』第1巻第2号（2002）。

山脇直司「グローカル公共哲学の構想」佐々木毅・金泰昌編『21世紀公共哲学の地平』公共　哲学10、東京：東京大学出版会、2002。

――『公共哲学とは何か』東京：筑摩書房、2004。

第3章　コスモポリタンと成人教育

Beitz, Charles R., *Political Theory and International Relations: with a new afterword by the auther,* Princeton: Princeton University Press, 1999.

カクチ、スベンドリニ『あなたにもできる災害ボランティア―津波被害の現場から』大倉弥生訳。東京：岩波書店、2005。

後藤玲子『正義の経済哲学―ロールズとセン』東京：東洋経済新報社、2002。

小林建一『社会教育の規範理論―リベラルな正義論との対話』東京：文化書房博文社、2006。

林美輝「「世界シティズンシップ」に向けた成人教育―M. C. ヌスバウムの議論を手がかりに」日本社会教育学会編『グローバリゼーションと社会教育・生涯学習』日本の社会教育第49集、東京：東洋館出版社、2005。

伊藤恭彦『多元的世界の政治哲学―ジョン・ロールズと政治哲学の現代的復権』東京：有斐閣、2002。

――「リベラリズムとグローバリゼーション―リベラルなコスモポリタンは可能か」『思想』No. 965、2004年9号、東京：岩波書店。

――『貧困の放置は罪なのか―グローバルな正義とコスモポリタニズム』京都：人文書院、2010。

箕浦康子『地球市民を育てる教育』東京：岩波書店、1997。

三輪建二「成人の学習」日本社会教育学会編『成人の学習』日本の社会教育第48集、東京：東洋館出版社、2004。

ネグリ、アントニオ&ハート、マイケル『〈帝国〉』水嶋一憲他訳。東京：以文社、2003。

日本ボランティア学習協会編『英国の市民教育』東京：日本ボランティア協会、2000。

Nussbaum, Martha C. *Cultivating Humanity: A Classical Defense of Reform in Liberal Education.* Cambridge: Harvard University Press, 1997.

ヌスバウム、マーサ・C・ヌスバウム他（辰巳伸知・能川元一訳）『国を愛するということ―愛国主義の限界をめぐる論争』京都：人文書院、2000。

パイク、グラハム／セルビー、デビット『地球市民を育む学習―Global Teacher, Global Learner』中川喜代子監修・阿久澤麻理子訳。東京：明石書店、1997。

ポッゲ、トマス「現実的な世界の正義」児玉聡訳。『思想』No. 993、2007年1月号、東京：岩波書店。

――『なぜ遠くの貧しい人への義務があるのか―世界的貧困と人権』立岩真也監訳。東京：生活書院、2010。

ロールズ、ジョン『正義論』矢島鈞次監訳。東京：紀伊国屋書店、1979。

――『公正としての正義再説』田中成明・亀本洋・平井亮輔訳。東京：岩波書店、2004。

Rawls, J. *The Law of Peoples with "The Idea of Public Reason Revisited".* Cambridge: Harvard University Press, 1999.

高橋満「地球時代に求められる教育改革の原理」日本社会教育学会50周年記念講座刊行委員会編『現代教育改革と社会教育』講座現代社会教育の理論I、東京：東洋館出版社、2004。

柳澤有吾「国家の枠組みを超えられるか―世界市民的公共性」安彦一恵・谷本光男編著『公共哲学を学ぶ人のために』世界思想社、2004。

渡辺幹雄『ロールズ正義論の行方―その全体系の批判的考察（増補新装版）』東京：春秋社、2000年。

第4章　グローバルな正義と「社会的企業」の教育力

朝日新聞「世界発2006」2006年5月4日。

――「ロスト・ジェネレーション―25～35歳」2007年1月7日。

――「b3, be Report」2007年1月27日。

ビッグイシュー・スコットランドの歩み
　　http://www.bigissuescotland.com/ 2007年12月3日現在。

ボルザガ C.／ドゥフルニ J.編『社会的企業―雇用・福祉のEUサードセクター』内山哲朗他訳。東京：日本経済評論社、2004。

土肥将敦「ソーシャル・アントレプレナー（社会的企業家）とは何か」谷本寛治編『ソーシャル・エンタープライズ―社会的企業の台頭』東京：中央経済社、2006。

土肥将敦・唐木宏一・谷本寛治「日本におけるソーシャル・エンタープライズの胎動」谷本寛治編『ソーシャル・エンタープライズ―社会的企業の台頭』東京：中央経済社、2006。

早尻正宏他『地域の再生と多元的経済―イギリスのサードセクターと社会的企業に学ぶ』札幌：北海学園大学出版会、2021。

稗田和博『ビッグイシュー突破する人々―社会的企業としての挑戦』東京：大月書店、2007。

福間聡『ロールズのカント的構成―理由の倫理学』東京：勁草書房、2007。

藤井敦史他編『闘う社会的企業―コミュニティ・エンパワーメントの担い手』東京：勁草書房、2013。

藤井敦史『社会連帯経済―地域で社会のつながりをつくり直す』東京：彩流社、2022。

神島裕子「国境を越える『正義の義務』はあるのか―グローバルで社会的な正義の行方」『思想№993』2007年1月号、東京：岩波書店。

小林建一「『社会教育の公共性』の規範的根拠―J.ロールズの『社会的共同資産』観にみる規範的理論の有効性を問う」日本社会教育学会編『日本社会教育学会紀要』第32号（1996）。

――『社会教育の規範理論―リベラルな正義論との対話』東京：文化書房博文社、2006。

――「成人教育としてのコスモポリタン教育―グローバルな正義とコスモポリタンのアイデンティティ形成の学習実践」『社会教育学研究第12号』大阪教育大学社会教育学研究室（2007）。

小磯明『イギリスの社会的企業と地域再生』東京：同時代社、2020。

久保田賢一「NGOの役割と動向」内海成治編『新版国際協力を学ぶ人のために』京都：世界思想社、2016。

ランサム、デイヴィッド『フェア・トレードとは何か』市橋秀夫訳。東京：青土社、2004。

三好亜矢子「イギリスにおけるNGOと政府―国際NGO、オックスファムをはじめとして」若井晋他編『学び・未来・NGO―NGOに携わるとは何か』東京：新評論、2001。

村田武『コーヒーとフェアトレード』筑波書房ブックレット暮らしのなかの食と農28、筑波書房、2006。

中川雄一郎『社会的企業とコミュニティの再生―イギリスの経験に学ぶ』東京：大月書店、2005。

Nussbaum, Matha C. *Frontiers of Justice:Disability, Nationality, Species Membership.* Cambridge: Harvard University Press, 2006.

大橋正明「日本におけるNGO活動の実態と類型」美根慶樹編『グローバル化・変革主体・NGO—世界におけるNGOの行動と理論』東京：新評論、2011。

大室悦賀・谷本寛治「イギリスにおけるソーシャル・エンタープライズと市場社会」谷本寛治編『ソーシャル・エンタープライズ—社会的企業の台頭』東京：中央経済社、2006。

大高研道「イギリス社会的企業による就学・自立支援の地域的展開」『日本社会教育学会紀要』第44号（2008）。

――「社会的企業—社会的排除層の社会的参加を確保するツールとして」『犯罪社会学研究』第34号（2009）。

――「社会的排除問題に取り組むイギリス型社会的企業」鈴木敏正編著『排除型社会と生涯学習』札幌：北海道大学出版会、2011。

――「社会的企業のコミュニティ媒介機能—産直市場グリーンファームが生み出す創造的自由空間」神田健策編『新自由主義下の地域・農業・農協』東京：筑波書房、2014。

――「持続可能な働き方を可能とする社会的企業の試みと学び」日本の社会教育第59集『社会教育としてのESD』東京：東洋館出版社、2015。

――「社会的企業から地域の共同へ」佐藤一子編『地域学習の創造』東京：東京大学出版会、2015。

オックスファム・インターナショナル『コーヒー危機—作られる貧困』日本フェアトレード委員会訳・村田武監訳。東京：筑波書房、2003。

Pogge,Thomas.*World Poverty and Human Rights:Cosmopolitan responsibilities and Reforms.* Cambridge: Polity Press, 2002.

ポッゲ、トマス「現実的な世界の正義」児玉聡訳。『思想』No.993、2007年1月号、東京：岩波書店。

ロールズ、ジョン「公正としての正義」田中成明訳。『公正としての正義』田中成明編訳。東京：木鐸社、1979。

――「正義感覚」岩倉正博訳。『公正としての正義』田中成明編訳。東京：木鐸社、1979。

――『正義論』矢島鈞次監訳。東京：紀伊國屋書店、1979。

――『公正としての正義再説』田中成明他訳。東京：岩波書店、2004。

――『万民の法』中山竜一訳。東京：岩波書店、2006。

佐藤一子編『NPOの教育力—生涯学習と市民的公共性』東京：東京大学出版会、2006。

――「NPOの教育力と協働・参画型社会の構築」佐藤一子編『NPOの教育力—生涯学習と市民的公共性』東京：東京大学出版会、2006。

下村恭民他『国際協力—その新しい潮流（第3版）』東京：有斐閣、2016。

成玖美「国際NPOがひらく平和と共生の社会」佐藤一子編『NPOの教育力—生涯学習と市民的公共性』東京：東京大学出版会、2006。

スティグリッツ、ジョセフ・E『世界に格差をバラ撒いたグローバリズムを正す』楡井浩一訳。東京：徳間書店、2006。

鈴木敏正「社会的企業の現代的意義と存立根拠について」『北海学園大学経営論集』第2巻第4号、北海学園大学（2005）。

――「脱官僚化・脱商品化と社会的共同のハイブリッド的展開—社会的企業分析の前提」『北海道大学大学院教育学研究科紀要』第97号（2005）。

――『教育の公共化と社会的協同—排除か学び合いか』東京：北樹出版、2006。

谷本寛治編『ソーシャル・エンタープライズ—社会的企業の台頭』東京：中央経済社、2006。

The International Network of Street Papers
　　http://www.bigissue.com/2007年12月3日現在。

第5章　コスモポリタン・シティズンシップとアイデンティティ

デランティ、ジェラード『グローバル時代のシティズンシップ—新しい社会理論の地平』佐藤康行
　　訳。東京：日本経済評論社、2004。

Gilligan,Carol. *In a Different Voice:Psychological Theory and Women's Development*.
　　Cambridge: Harvard University Press, 1993.

林美輝「『世界シティズンシップ』に向けた成人教育—M.C.ヌスバウムの議論を手がかりに」日本
　　社会教育学会編『グローバリゼーションと社会教育・生涯学習』東京：東洋館出版社、
　　2005。

福間聡『ロールズのカント的構成主義—理由の倫理学』東京：勁草書房、2007。

今田高俊「福祉国家とケアの倫理—正義の彼方へ」塩野谷祐一他編『福祉の公共哲学』東
　　京：東京大学出版会、2004。

伊藤博美「正義対ケア論争」中野啓明他編著『ケアリングの現在—倫理・教育・看護・福祉
　　の境界を越えて』晃洋書房、2008。

岸田由美「今なぜシティズンシップ教育か」嶺井明子編著『世界のシティズンシップ教育—グ
　　ローバル時代の国民／市民形成』東京：東信堂、2008。

小林建一「成人教育としてのコスモポリタン教育—グローバルな正義とコスモポリタンのアイデン
　　ティティ形成の学習実践」『社会教育学研究』第12号、大阪教育大学社会教育学研
　　究室（2007）。

――「コスモポリタニズムの世界市民教育論—コスモポリタンの生涯にわたるグローバルな正
　　義感覚の形成をめぐって」『聖園学園短期大学研究紀要』第40号（2010）。

メイヤロフ、ミルトン『ケアの本質—生きることの意味』田村真・向野宣之訳。東京：ゆみる出版、
　　1993。

中村清『国家を越える公教育—世界市民教育の可能性』東京：東洋館出版社、2008。

西平直『エリクソンの人間学』東京：東京大学出版会、1993。

Noddings, Nel. "Global Citizenship: Promises and Problem", in Nel Noddings(ed.).
　　Educating Citizens for Global Awareness. New York and London: Teachers
　　College Columbia University, 2005.

ノディングズ、ネル『ケアリング—倫理と道徳の教育：女性の視点から』立山善康他訳。京都：
　　晃洋書房, 1997。

――『学校におけるケアの挑戦—もう一つの教育を求めて』佐藤学監訳。東京：ゆるみ出版,
　　2007。

Nussbaum, Martha C. *Cultivating Humanity*, Cambridge: Harvard University Press,
　　1997.

オスラー、オードリー＋スターキー、ヒュー『シティズンシップと教育—変容する世界と市民性』清
　　田夏代＋関芽訳。東京：勁草書房、2009。

ロールズ、ジョン『正義論（改訂版）』川本隆史・福間聡・神島裕子訳。東京：紀伊國屋書
　　店、2010。

田中智志「ケアリングのモラル形成—対話的関係のなかの倫理」越智貢編『教育』岩波応用
　　倫理学講義6、東京：岩波書店、2005。

第6章　シティズンシップと道徳的能力—正義感覚の能力とケアする能力

Clement, Grace. *Care, Autonomy, and Justice: Feminism and the Ethics of Care*.
　　Boulder: WestviewPress, 1996.

クリック、バーナード『シティズンシップ教育論―政治哲学と市民』関口正司監訳・大河原伸夫他訳。東京：法政大学出版局、2011。

デランティ、ジェラード『グローバル時代のシティズンシップ―新しい社会理論の地平』佐藤康行訳。東京：日本経済評論社、2004。

Gilligan,Carol. *In a Different Voice: Psychological Theory and Women's Development.* Cambridge: Harvard University Press,1993.

林　泰成編『ケアする心を育む道徳教育―伝統的な倫理学を超えて』京都：北大路書房、2000。

Held,Virginia. *The Ethics of Care: Personal, Political and Global.* Oxford : Oxford University Press, 2006.

細見和之『アイデンティティ／他者性』東京：岩波書店、2002。

藤川吉美『公正としての正義の研究―ロールズの正義概念に対する批判的考察』東京：成文堂、1992。

今田高俊「福祉国家とケアの倫理―正義の彼方へ」塩野谷祐一他編『公共哲学叢書⑤福祉の哲学』東京：東京大学出版会、2004。

伊藤博美「正義対ケア論争」中野啓明他編著『ケアリングの現在―倫理・教育・看護・福祉の境界を越えて』京都：晃洋書房、2008。

川本隆史『現代倫理学の冒険―社会理論のネットワーキングへ』東京：創文社、1995。

――『共生から』双書哲学塾、東京：岩波書店、2008。

キテイ、エヴァ・フェダー『愛の労働あるいは依存とケアの正義論』岡野八代・牟田和恵監訳。東京：白澤社、2010。

小玉重夫「シティズンシップ」木村元・小玉重夫・船橋一男『教育学をつかむ』東京：有斐閣、2009。

マッキンタイア、アラスデア『美徳なき時代』篠﨑榮訳。東京：みすず書房, 1994。

メイヤロフ『ケアの本質―生きることの意味』田村真・向野宣之訳。東京：ゆみる出版、1987。

中野啓明他編著『ケアリングの現在―倫理・教育・看護・福祉の境界を越えて』京都：晃洋書房、2008。

ノディングズ、ネル『ケアリング―倫理と道徳の教育：女性の観点から』立山善康他訳。京都：晃洋書房、1997。

――『学校におけるケアの挑戦―もう一つの教育を求めて』佐藤学監訳。東京：ゆみる出版、2007。

オスラー、オードリー+スターキー、ヒュー『シティズンシップと教育―変容する世界と市民性』清田夏代+関芽訳。東京：勁草書房、2009。

Rawls, John. "The Sense of Justice", *Jhon Rawls: Collected Papers*. Edited by Samuel Freeman. Cambrigde: Havard University Press, 1999.

ロールズ、ジョン『正義論（改訂版）』川本隆史・福間聡・神島裕子訳。東京：紀伊國屋書店、2010。

ローチ、M・シモーヌ『アクト・オブ・ケアリング―ケアする存在としての人間』鈴木智之他訳。東京：ゆみる出版、2007。

笹谷春美「ケアワークのジェンダー・パースペクティブ」女性労働問題研究会『女性労働研究』第36号（2001）。

品川哲彦『正義と境を接するもの―責任という原理とケアの倫理』京都：ナカニシヤ出版、2008。

塩野谷祐一『経済と倫理―福祉国家の哲学』公共哲学叢書①、東京：東京大学出版会、

2003。

田中智志「ケアリングのモラル形成―対話的関係のなかの倫理」越智貢他編『岩波応用倫理学講義6教育』東京：岩波書店、2005。

立山善康「正義とケア」杉浦宏編著『アメリカ教育哲学の動向』京都：晃洋書房、1995。

上野千鶴子『ケアの社会学―当事者主権の福祉社会へ』東京：太田出版、2011。

山根純佳『なぜ女性はケア労働をするのか―性別分業の再生産を超えて』東京：勁草書房、2011。

第7章　人権感覚を育むコスモポリタン教育

芦部信喜著・高橋和之補訂『憲法（第四版）』東京：岩波書店、2007。

江島晶子「日本における『国際人権』の可能性―日本国憲法と『国際人権』の共生」長谷部恭男他編『岩波講座憲法5グローバル化と憲法』東京：岩波書店、2007。

深田三徳『現代人権論―人権の普遍性と不可譲性』東京：弘文堂、1999。

服部高宏「法システム」平野仁彦・亀本洋・服部高宏『法哲学』東京：有斐閣、2003。

平沢安政「これからの人権教育の創造に向けて」平沢安政編『人権教育と市民力―「生きる力」をデザインする』大阪：解放出版社、2011。

生田周二『人権と教育―人権教育の国際的動向と日本的性格』京都：部落問題研究所、2007。

伊藤恭彦『貧困の放置は罪なのか―グローバルな正義とコスモポリタニズム』京都：人文書院、2010。

井上達夫「人権はグローバルな正義たり得るか」井上達夫編『人権論の再構築』講座人権論の再定位第5巻、京都：法律文化社、2010。

井上達夫編集代表『講座人権論の再定位』京都：法律文化社、2010-2011。

神島裕子「国境を越える『正義の義務』はあるのか―グローバルで社会的な正義の行方」『思想』第993号、2007年第1号、東京：岩波書店。

――「コスモポリタニズムとの論争」施光恒・黒宮一太編『ナショナリズムの政治学―規範理論への誘い』京都：ナカニシヤ出版、2009。

河内徳子『人権教育論』東京：大月書店、1990。

キテイ、エヴァ・フェダー『愛の労働あるいは依存とケアの正義論』岡野八代+牟田和恵監訳。東京：白澤社、2010。

キムリッカ W.『新版現代政治理論』千葉眞・岡崎晴輝訳者代表。東京：日本経済評論社、2011。

小林建一「成人教育としてのコスモポリタン教育―グローバルな正義とコスモポリタンのアイデンティティ形成の学習実践」『社会教育学研究』第12号、大阪教育大学社会教育学研究室（2007）。

――「コスモポリタニズムの世界市民教育論―コスモポリタンの生涯にわたるグローバルな正義感覚の形成をめぐって」『聖園学園短期大学研究紀要』第40号、聖園学園短期大学（2010）。

――「世界市民教育におけるグローバル・シティズンシップ育成の心理社会的課題―ネル・ノディングズの『ケアリング』の意味構造との関連で」『社会教育学研究』第21号、大阪教育大学社会教育学研究室（2011）。

西平直『エリクソンの人間学』東京：東京大学出版会，1993。

ノディングズ、ネル『ケアリング―倫理と道徳の教育：女性の視点から』立山善康他訳。京都：

249

晃洋書房，1997。

――『学校におけるケアの挑戦―もう一つの教育を求めて』佐藤学監訳。東京：ゆみる出版，
　　2007。

Noddings, Nel. "Global Citizenship: Promises and Problems", in Nel Noddings (ed.),
　　Educating　Citizens for Global Awareness, New York: Teachers College Colum-
　　bia University, 2005 .

野崎志帆「『国際理解』教育から市民性教育へ―人権教育の果たす役割」平沢安政編『人
　　権教育と市民力―「生きる力」をデザインする』大阪：解放出版社、2011。

ススバウム、マーサ・C「愛国主義とコスモポリタニズム」マーサ・C・ススバウム他『国を愛する
　　ということ―愛国主義の限界をめぐる論争』辰巳伸知・能川元一訳。京都：人文書院，
　　2000。

――『正義のフロンティア―障碍者・外国人・動物という境界を越えて』神島裕子訳。法政大
　　学出版局、2012。

Nussbaum, Martha C. *Cultivating Humanity: A Classical Defense of Reform in
　　Liberal Education,* Cambridge: Harvard University Press, 1997.

岡野八代『フェミニズムの政治学―ケアの倫理をグローバル社会へ』東京：みすず書房，2012。

大沼保昭『人権、国家、文明―普遍的人権観から文際的人権観へ』筑摩書房、1998。

ポッゲ、トーマス・W『なぜ遠くの貧しい人への義務があるか―世界的貧困と人権』立岩真也
　　監訳。東京：生活書院、2010。

ローティ、リチャード「人権、理性、感情」シュート、スティーヴン／ハーリー、スーザン編『ジョ
　　ン・ロールズ他人権について―オックスフォード・アムネスティ・レクチャーズ』中島吉弘・
　　松田まゆみ訳。東京：みすず書房、1998。

ロールズ、ジョン『正義論（改訂版）』川本隆史・福間聡・神島裕子訳。東京：紀伊國屋書店，
　　2010。

施光恒『リベラリズムの再生―可謬主義による政治理論』東京：慶應義塾大学出版会、2003。

――「人権―グローバル化の進展のなかで」有賀誠・伊藤恭彦・松井暁編『現代規範理論
　　入門―ポスト・リベラリズムの新展開』京都：ナカニシヤ出版、2004。

清水奈名子「人道的介入と規範的秩序―立憲主義的な世界秩序の可能性」長谷部恭男他
　　編『岩波講座憲法5グローバル化と憲法』東京：岩波書店、2007。

シュート、スティーヴン／ハーリー、スーザン「序文」シュート、スティーヴン／ハーリー、スーザ
　　ン編『ジョン・ロールズ他人権について―オックスフォード・アムネスティ・レクチャーズ』
　　中島吉弘・松田まゆみ訳。東京：みすず書房、1998。

鈴木敏正「現代的人権と社会教育の価値」日本社会教育学会編『現代的人権と社会教育の
　　価値』講座現代社会教育の理論II、東京：東洋館出版社，2004。

田中成明『現代法理論』東京：有斐閣、1990。

柳澤有吾「国家の枠組みは超えられるか―世界市民的公共性」安彦一恵・谷本光男編『公
　　共性の哲学を学ぶ人のために』京都：世界思想社、2004。

渡辺康行「人権理論の変容」岩村正彦他編『現代国家と法』岩波講座現代の法I、東京：
　　岩波書店、1997。

第8章　コスモポリタニズムと「愛国主義」

バーバー、ベンジャミン・R「憲法への忠誠」ススバウム、マーサ・C他『国を愛するということ―
　　愛国主義の限界をめぐる論争』辰巳伸知・能川元一訳。京都：人文書院、2000。

藤田昌士『学校教育と愛国心—戦前・戦後の「愛国心」教育の軌跡』東京：学習の友社、2008。

樋本真美代・猪口綾奈「グローバリゼーション下における地域に根ざした教育の可能性について—「場」とつながるPBE（Place Based Education）を参考に」立教ESDジャーナル第2号、(2014)。

市川正午『愛国心—国家・国民・教育をめぐって』東京：学術出版会、2011。

Jones, Charles. *Global Justice: Defending Cosmopolitanism*. New York：Oxford University Press, 1999.

ローエン、ジェームズ・W『アメリカの歴史教科書問題—先生が教えた嘘』富田虎男監訳。東京：明石書店、2003。

中村清『国家を越える公教育—世界市民教育の可能性』東京：東洋館出版社、2008。

ノディングズ、ネル『ケアリング—倫理と道徳の教育：女性の観点から』立山義康他訳。京都：晃洋書房、1997。

Noddings, Nel. "Global Citizenship: Promises and Problems". In Noddings, Nel (ed.) *Educating Citizens for Global Awareness*. New York：Teachers College, Columbia University, 2005.

—— "Place-Based Education to Preserve the Earth and Its People". In Noddings, Nel (ed.) *Educating Citizens for Global Awareness*. New York：Teachers College, Columbia University, 2005.

—— *Peace Education: How We Come to Love and Hate War*. New York：Cambridge University Press, 2012.

ヌスバウム、マーサ・C他『国を愛するということ—愛国主義の限界をめぐる論争』辰巳伸知・能川元一訳。京都：人文書院、2000。

ヌスバウム、マーサ・C「愛国主義とコスモポリタニズム」ヌスバウム、マーサ・C他『国を愛するということ—愛国主義の限界をめぐる論争』辰巳伸知・能川元一訳。京都：人文書院、2000。

——「返答」ヌスバウム、マーサ・C他『国を愛するということ—愛国主義の限界をめぐる論争』辰巳伸知・能川元一訳。京都：人文書院、2000。

Nussbaum, Martha C. with Respondents; edited by Joshua Cohen. *For Love of Country: In a New Democracy Forum on the Limits of Patriotism*. Boston: Beacon Press, 1996, 2002.

小熊英二『＜民主＞と＜愛国＞—戦後日本のナショナリズムと公共性』東京：新曜社、2002。

高野孝子「地域に根ざした教育の概観と考察—環境教育と野外教育の接合領域として」日本環境教育学会『環境教育』VOL.23-2、(2013)。

辰巳伸知・能川元一「訳者まえがき」ヌスバウム、マーサ・C他『国を愛するということ—愛国主義の限界をめぐる論争』辰巳伸知・能川元一訳。京都：人文書院、2000。

柳澤有吾「国家の枠組みは超えられるか—世界市民的公共性」安彦一恵・谷本光男編『公共性の哲学を学ぶ人のために』京都：世界思想社、2004。

山脇直司『公共哲学とは何か』東京：筑摩書房、2004。

第9章　コスモポリタンを育てる平和教育

Chappel, Devid W. ed. *Buddhist Peacework: Creating Cultures of Peace*, Boston: Wisdom Publications, 1999.

Held, Virginia. *The Ethics of Care: Personal, Political, and Global,* Oxford: Oxford University Press, 2006.

平和教育学研究会「平和教育学事典」編集委員会編『平和教育学事典』2017。 https://kyoiku.kyokyo-.ac.jp/gakka/heiwa_jiten/pdf　2023年4月17日現在。

伊藤博美「戦争と平和をめぐる心理の両価性（ambivalence）─Noddingsの『平和教育』から」名古屋経済大学短期大学部教育保育研究会『教育保育研究紀要』第1号、(2015)。

小林建一「『教育行政の中立性』の擬制性─立憲民主主義との関連で」秋田県立大学総合科学教育研究センター『秋田県立大学総合科学研究彙報』第23号、(2022)。

万羽晴夫「平和教育」平原春好・寺﨑昌男編集代表『新版教育小事典＜第3版＞』東京：学陽書房、2011。

松元雅和『平和主義とは何か─政治哲学で考える戦争と平和』東京：中央公論新社、2016。

宮田光雄『非武装国民抵抗の思想』東京：岩波書店、2004。

村上登司文「2000年代の日本の平和教育─社会学的研究方法による分析」日本平和学会『平和研究』58巻、(2022)。

最上敏樹『いま平和とは─人権と人道をめぐる9話─』東京：岩波書店、2022。

中原澪佳「社会変革のための平和教育へ─パウロ・フレイレの視点」高部優子・奥本京子・笠井綾編『平和創造のための新たな平和教育─平和学アプローチによる理論と実践』京都：法律文化社、2022。

日本平和学会「分科会一覧⑧平和教育」日本平和学会ホームページ https://www.psaj.org/bunkakai08/　2023年4月18日現在。

Noddings, Nel. *The Maternal Factor: Two Paths to Morality.* Berkeley: University of California Press, 2010.

──── *Peace Education: How We Come to Love and Hate War.* New York: Cambridge University Press, 2012.

ヌスバウム、マーサ・C「愛国主義とコスモポリタニズム」マーサ・C・ヌスバウム他『国を愛するということ─愛国主義の限界をめぐる論争』辰巳伸知・能川元一訳。京都：人文書院、2000。

──── 「返答」マーサ・C・ヌスバウム他『国を愛するということ─愛国主義の限界をめぐる論争』辰巳伸知・能川元一訳。京都：人文書院、2000。

奥本京子・高部優子・笠井綾「新たな平和教育からみえる課題と展開」高部優子・奥本京子・笠井綾編『平和創造のための新たな平和教育─平和学アプローチによる理論と実践』京都：法律文化社、2022。

佐貫浩「平和教育」『日本大百科全書 (ニッポニカ)』。 https://kotobank.jp/woerd/平和教育-867672　2023年4月17日現在。

杉浦真理「シティズンシップ教育と平和教育」平和教育学研究会「平和教育学事典」編集委員会編『平和教育学事典』2017。 https://kyoiku.kyokyo-.ac.jp/gakka/heiwa_jiten/pdf/sitizunsipu.pdf　2023年4月17日現在。

高部優子「平和想像力を培う『積極的平和教育』─平和教育プロジェクト委員会の実践から」高部優子・奥本京子・笠井綾編『平和創造のための新たな平和教育─平和学アプローチによる理論と実践』京都：法律文化社、2022。

高部優子・奥本京子・笠井綾編『平和創造のための新たな平和教育─平和学アプローチによる理論と実践』京都：法律文化社、2022。

252

竹内久顕「平和教育学の研究課題」平和教育学研究会「平和教育学事典」編集委員会編
　　『平和教育学事典』2017。
　　https://kyoiku.kyokyo-ac.jp/gakka/heiwa_jiten/pdf/kenkyukadai.pdf　2023年4
　　月17日現在。

第10章　コスモポリタン・シティズンシップ育成のリアル—ユネスコスクール

ボーマン、ジェームズ／ルッツ-バッハマン、マティアス編『カントと永遠平和—世界市民という理
　　念について』紺野茂樹・田辺俊明・舟場保之訳。東京：未来社、2006。
ブリタニカ編『国際大百科事典（小項目電子辞書版）』東京：ブリタニカ・ジャパン、2007。
クリック、バーナード『シティズンシップ教育論—政治哲学と市民』関口正司監訳。東京：法政
　　大学出版会、2011。
デランティ、ジェラード『グローバル時代のシティズンシップ—新しい社会理論の地平』佐藤康行
　　訳。東京：日本経済評論社、2002。
Habermas, J.*Between Facts and Norms: Contributions to a Discourse Theory of
　　Law and Democracy.* Cambridge: Polity, 1996.
ハーバーマス、ユルゲン『他者の受容—多文化社会の政治理論に関する研究』高野昌行訳。
　　東京：法政大学出版局、2005。
——「二百年後から見たカントの永遠平和という理念」ボーマン、ジェームズ／ルッツ-バッハマ
　　ン、マティアス編『カントと永遠平和—世界市民という理念について』紺野茂樹・田辺俊
　　明・舟場保之訳。東京：未来社、2006。
原田亜紀子「グローバル・シティズンシップ教育に関する研究動向」東京大学『東京大学大学
　　院教育学研究科紀要』第59号（2019）。
ヘルド、デビット『デモクラシーと世界秩序—地球市民の政治学』佐々木寛他訳。東京：
　　NTT出版、2002。
——『コスモポリタニズム—民主政の再構築』中谷義和訳。京都：法律文化社、2011。
ヒーター、デレック『市民権とは何か』田中俊郎・関根政美訳。東京：岩波書店、2002。
市川昭午『愛国心—国家・国民・教育をめぐって』東京：学術出版会、2011。
稲田恭明「コスモポリタン・シティズンシップの射程と限界」日本法哲学会『法哲学年報』2006
　　巻、東京：有斐閣（2007）。
井上達夫『世界正義論』東京：筑摩書房、2012。
河野哲也「コスモポリタン教育に向けて」教育哲学会『教育哲学研究』第108号（2013）。
カント『永遠平和のために』宇都宮芳明訳。東京：岩波書店、2022。
北村友人「グローバル時代の教育—主体的な『学び』とシティズンシップの形成」小玉重夫編
　　『教育の再定義』岩波講座教育変革への展望1、東京：岩波書店、2016。
　　　「グローバル時代における「市民」の育成」北村友人編『グローバル時代の市民形成』
　　岩波講座教育変革への展望7、東京：岩波書店、2016。
小玉重夫「シティズンシップ」木村元・小玉重夫・船橋一男『教育学をつかむ』東京：有斐閣、
　　2009。
小林建一「コスモポリタニズムの世界市民教育論—コスモポリタンの生涯にわたるグローバルな
　　正義感覚の形成をめぐって」『聖園学園短期大学研究紀要』第40号（2010）。
——「世界市民教育におけるグローバル・シティズンシップ育成の心理社会的課題—ネル・ノ
　　ディングズの『ケアリング』の意味構造との関連で」大阪教育大学社会教育学研究室『社
　　会教育学研究』第21号（2011）。

――「支援の原理としてのケアの哲学」高橋満・槇石多希子編『対人支援職者の専門性と学びの空間―看護・福祉・教育職の実践コミュニティー』東京：創風社、2015。

小林亮『ユネスコスクール―地球市民教育の理念と実践』東京：明石書店、2014。

文部科学省ホームページ

https://www.mext.go.jp/unesco/001/2018/1411469_00001/htm　2022年10月7日現在。

新村出編『広辞苑第六版』東京：岩波書店、2008。

ヌスバウム、マーサ・C「愛国主義とコスモポリタニズム」ヌスバウム、マーサ・C他『国を愛するということ―愛国主義の限界をめぐる論争』辰巳伸知・能川元一訳。京都：人文書院、2000。

Nussbaum, Martha C. *Cultivating Humanity: A classical defense of reform in liberal education.* Cambridge: Harvard University press, 2003.

オスラー、オードリー／スターキー、ヒュー『シティズンシップと教育―変容する世界と市民性』清田夏代・関芽訳。東京：勁草書房、2009。

ルッツ‐バッハマン、マティアス「カントの平和理念と世界共和国の法哲学的構想」ボーマン、ジェームズ／ルッツ‐バッハマン、マティアス編『カントと永遠平和と世界市民という理念について』紺野茂樹、田辺俊明、舟場保之訳。東京：未来社、2006。

瀧川裕英「正義の宇宙主義から見た地球の正義」宇佐美誠編著『グローバルな正義』東京：勁草書房、2014。

ユネスコスクールホームページ

https://www.unesco-school.mext.go.jp/about-unesco-school/　2022年11月25日現在。

山内進「コスモポリタニズムと友好の権利」EUSI Commentary Vol.82（2016年9月11日）https://www.hit-u.ac.jp/kenkyu/eusicommentary/vol.82.pdf　2022年10月5日現在。

山田竜作「グローバル・シティズンシップの可能性―地球時代の『市民性』をめぐって」藤原孝・山田竜作編『シティズンシプの射程』東京：日本経済評論社、2010。

第11章　コスモポリタン・シティズンシップ育成のメソッド―ナラティヴ・メソッド

林　美輝「『世界シティズンシップ』に向けた成人教育―M.C.ヌスバウムの議論を手がかりに」日本社会教育学会年報編集委員会編『グローバリゼーションと社会教育・生涯学習』日本の社会教育第49集、東京：東洋館出版社、2005。

伊勢俊彦「現代アメリカにおける教育の古典的理念と文化の多元性―マーサ・ヌスバウム著、*Cultivating Humanity*を評す」『立命館教育科学研究』第13号（1998）掲載予定。https://www.ritsumei.ac.jp/~tit03611/nsbm.html　2023年4月5日現在。

神島裕子「訳者あとがき」ヌスバウム、マーサ・C『正義のフロンティア―障碍者・外国人・動物という境界を越えて』神島裕子訳。東京：法政大学出版局、2012。

小林建一「コスモポリタニズムの世界市民教育論―コスモポリタンの生涯にわたるグローバルな正義感覚の形成をめぐって」『聖園学園短期大学研究紀要』第40号（2010）。

――「シティズンシップ教育における『正義』と『ケア』の統合の意味構造―『正義感覚』の能力と『ケア』の能力の相互補完関係をめぐって」『聖園学園短期大学研究紀要』第42号（2012）。

――「人権教育としてのコスモポリタン教育―国境を超えるケアの倫理の視点から」『聖園学

園短期大学研究紀要』第43号（2013）。

無藤隆「情動―生きる喜びと悲しみ」無藤隆・森敏昭・遠藤由美・玉瀬耕治『心理学』東京：有斐閣、2005。

新田倫義「想像」大山正・藤永保・吉田正昭編『心理学小辞典』東京：有斐閣、2008。

野家啓一『物語の哲学』東京：岩波書店、2010。

Nussbaum, Martha C. *Poetic Justice: the Literary Imagination and Public Life*. Boston: Beacon Press, 1995.

――*Cultivating humanity: A Classical Defense of Reform in Liberal Education*. Cambridge, Massachusetts and London, England: Harvard University Press, 1997.

――*Creating Capabilities: the Human Development Approach*. Cambridge: Belknap Press of Harvard University Press, 2011.

Nussbaum, Martha C. with Respondents; edited by Joshua Cohen. *For Love of Country: In a New Democracy Forum on the Limits of Patriotism*. Boston: Beacon Press, 1996, 2002.

ヌスバウム、マーサ・C「愛国主義とコスモポリタニズム」ヌスバウム、マーサ・C他『国を愛するということ―愛国主義の限界をめぐる論争』辰巳伸知・能川元一訳。京都：人文書院、2000。

――『正義のフロンティア―障碍者・外国人・動物という境界を越えて』神島裕子訳。東京：法政大学出版局、2012。

荻野亮吾「生涯学習へのナラティヴ・アプローチ」立田慶裕他『生涯学習の理論―新たなパースペクティブ』東京：福村出版、2011。

岡本祐子『アイデンティティの生涯発達の射程』京都：ミネルヴァ書房、2002。

佐藤学・今井康雄『子どもたちの想像力を育む―アート教育の思想と実践』東京：東京大学出版会、2003。

竹中治彦「同情・共感」大山正・藤永保・吉田正昭編『心理学小辞典』東京：有斐閣、2008。

辰巳伸知「訳者解説―アメリカ的愛国主義とその外部」マーサ・C・ヌスバウム他『国を愛するということ―愛国主義の限界をめぐる論争』辰巳伸知・能川元一訳。京都：人文書院、2000。

内田伸子『想像力―創造の泉を探る』東京：講談社、1994。

――『発達心理学―ことばの獲得と教育』東京：岩波書店、1999。

――『想像力―生きる力の源をさぐる』東京：春秋社、2023。

やまだようこ「ナラティヴ研究」やまだようこ編『質的心理学の方法―語りをきく』東京：新曜社、2008。

山崎広光「共感と想像力」『朝日大学一般教育紀要』No.37（2011）。

【著者略歴】

小林建一（こばやしけんいち）

1948（昭和23）年秋田県生まれ。東北大学大学院教育学研究科博士課程後期修了。博士（教育学）。専攻は社会教育学・生涯学習論。秋田市教育委員会社会教育主事、聖園学園短期大学教授、秋田大学非常勤講師などを経て、現在、秋田県立大学、秋田公立美術大学、日本赤十字秋田看護大学非常勤講師。

＜主著＞

『社会教育の規範理論 ― リベラルな正義論との対話』（単著、文化書房博文社、2006年）、『教育法体系の改編と社会教育・生涯学習』（共著、東洋館出版社、2010年）、『わたしたちの生活と人権』（共著、教育情報出版、2014年）、『対人支援職者の専門性と学びの空間―看護・福祉・教育職の実践コミュニティ』（共著、創風社、2015年）、『自治体社会教育・学校教育行政論―ライフ・ヒストリーの視点』（単著、三恵社、2017年）、『市民的不服従のはじまり ― イージス・アショア配備反対運動へのアクション・リサーチ 秋田からの報告』（単著、三恵社、2019年、第3回むのたけじ地域・民衆ジャーナリズム賞優秀賞受賞）など。

コスモポリタン教育論
グローバルな正義とケアの視点

2025年3月31日　初版第1刷発行

著　者　小林建一
発行者　浜田和子
発行所　株式会社本の泉社
　　　　〒160-0022　東京都新宿区新宿2-11-7
　　　　第33宮庭ビル1004
　　　　TEL：03-5810-1581　FAX：03-5810-1582

印刷・製本　株式会社ティーケー出版印刷
装丁・DTP　本間達哉

©2025, KENICHI Kobayashi Printed in Japan
ISBN978-4-7807-2261-1 C0037
※定価はカバーに表示してあります。本書を無断で複写複製することはご遠慮ください。